現場で磨くケースワークの技

「バイステックの原則」を基に

高山俊雄 編著

現代書館

巻頭言

　ソーシャルワーカーとして、現場でその技を積み上げつつある有志たちが、バイステックの「ケースワークの原則」に則し、現在最も関心のある、外国人医療の問題と労働災害の問題にたまたま焦点を合わせて、その全業をできるだけ的確に伝えようとしてつくり上げる労作の作業に、たまたま加えて頂いて、実に大きな成果を頂いた。そのことを本書の冒頭に記して感謝の意を表したい。
　面接は、それぞれの人の人生と周囲の人々と歴史と未来に深くかかわって、人生の大切な生活の中の重要事項への対処を求め続ける。その時に人が自分の思考を固め、対応を決め、周りへの心配りを担い、一歩先を決めていくその傍らにいて、手を貸すのは、ソーシャルワーカーである。従って、ソーシャルワーカーの第一の特技は、相手の衝動、思考、認知、行動に深くかかわって、そのことを的確に理解し、その中に入り込んで、共に考える力である。
　そのことのなかで、ソーシャルワーカーは自分を鍛えねばならない。面接は、優れて理論・言語的であるが、その何十倍も音声的である。ソーシャルワーカーは言葉を知り、言葉を使い、言葉で十分なことが言えなければならないけれども、しかし、言葉そのものよりも、その音声、ピッチ、高さ、早さ、力強さ、力弱さ、曖昧さ、美しさ、確かさ、危うさ、不安、等によって伝えるものは何十倍も多い。それをどれほど意識して鍛え、どれほどわが物にしているかが、ソーシャルワーカーの腕である。
　心して磨け。言葉を、声を、調子を、笑いを、表情を、声の柔らかさと硬さを、真面目さを磨け。

2014年3月28日　　　　　　　　　　　　　　　　　　　　　　窪田暁子

（2014年3月28日、厚生中央病院に入院中、窪田先生のご了解のもと、本書のまとめ用に口述されたものを病床にて高山が録音し、起こしたものです。その後、先生は4月24日午前7時4分、厚生中央病院にて永眠されました。この間のご教授に感謝し、ご冥福をお祈りいたします。）

現場で磨くケースワークの技＊目次

巻頭言 ……………………………………………………… 窪田暁子　1
はじめに …………………………………………………… 高山俊雄　4

第Ⅰ部　ケースワークの原則から現場対応を考える ── 9

序　章　ケースワーク原則とNPOの相談方法 ………… 高山俊雄　10
第1章　相談者をかけがえのない個人として捉える …… 山名友紀子　24
　　　　── 個別化の原則 ──
第2章　相談者の感情表現を大切にする ………………… 伊藤正子　49
　　　　── 意図的な感情表出の原則 ──
第3章　相談者の感情、思いを受容するために ………… 鶴田光子　72
　　　　──「統制された情緒的関与」と「受容」──
第4章　非審判的態度をとるということ ………………… 安仁屋衣子　90
　　　　── 非審判的態度の原則 ──
第5章　自己決定するために ……………………………… 大川昭博　103
第6章　秘密が守られることで成り立つ相談関係 ……… 山根珠妃　142
　　　　── 秘密保持の原則 ──
補　論　MSWのための外国人医療入門 ………………… 鶴田光子　161

第Ⅱ部　事例:「バイステックの原則」から見た面接場面 — 173
　はじめに ……………………………………………………………… 174
　離婚後、独りで生きていく決意をした独居男性の転院と家族援助事例 ‥ 175
　参考　MSW の労災入門 ……………………………… 高山俊雄　228

第Ⅲ部　ソーシャルワークの行動原則 ——————— 237
　はじめに ……………………………………………………………… 238
　私の考えるソーシャルワーク原則 ……………………… 高山俊雄　239

　あとがき ……………………………………………… 高山俊雄　257

装幀　尾形まどか

はじめに

　人は誰でも、「病(やまい)」を避けて通ることはできません。そして「病」を得ても生活をやめることはできません。そのうえ「病」を得ての「生活」は、自分の力だけで乗り越えることはむつかしいでしょう。多くの人の支えによって、助けによってこれを克服する力が得られるでしょう。本来の人間社会とは、どれ程の貧しい人にも、国籍がどのように異なろうとも、どのような宗教の人にも、「病」を得、「生活」が困難であれば、等しく手を差し延べ、生きることの困難さを分かち合おうとするものではなかったでしょうか。そうした一人ひとりの心が国という組織をつくり、「病」や「生活」の困難さへの援助をすることが当然であると考えられてきたのではなかったでしょうか。しかし私たちの周りを見渡すと、医療事故や薬の被害者に対して、路上生活者に対して、外国人労働者に対して、様々な障害者に対して、国が差し延べる手よりも、こころある国民の一人ひとりの手のほうが、より多く、豊かに広がりつつあるように見えます。

　1985年のプラザ合意の結果、円高ドル安を契機として、日本にも多くの外国人が働くことを目的に入国するようになりました。しかし、日本語を話すことができない、読むことも書くこともできない、文化や生活習慣も違うし、生活場面のあらゆる制度が日本ではどのようになっているのかが分からない。覚悟の上とはいえ、本国とあらゆる面で異なる環境での生活は、想像を絶するストレスが彼らの心と身体を押しつぶそうとします。その結果、本国では生ずることはないであろう病気に襲われることもあります。もちろん、働く目的での入国であれば、そこでの怪我や、労災事故、職場での人間関係のトラブルから精神的な病気が生ずることもあるでしょう。ビザが切れて、その後の手続きに戸惑うこともあるでしょう。日本人との間で子どもを出産することになっても、出産費用を支払えないこともあるでしょうし、未婚のまま、その子どもを育てなければならない場合もあるでしょう。彼らが抱える問題は生活のあらゆる場面に及ぶことになります。

日本国内では、こうした外国人への支援は1987年頃から全国各地で始まりました。これら支援組織（以下、NPO）は、宗教的なバックグラウンドをもって運営されているものもありますが、人として、困っている人に自然に差し延べられた手である場合も多いのです。人々の自然な愛情と善意によって支えられる外国人への支援の多くは、何かの資格をもって相談に応じようと準備されたものは多くありません。このため相談者への対応においても、組織づくりにおいても、試行錯誤の連続といってよいのです。中には、外向けの看板は組織になっていても、個人的活動が顕著である場合もあります。そこに参加する方々は、例外を除けば専従者ではなく、一方で仕事をもちながら、他方で一人のボランティアとして参加しています。そこには、プラスの面とマイナスの面があるといえます。
　プラスの面は、個人の善意に支えられるがために、どのような相談内容にも逃げることなく、自らの時間と労力を惜しまず問題解決まで付き合うという部分です。一方マイナス面は、個人的感情が出やすく、問題への対応が相談を受ける人の価値観に左右されやすい、といった点にあります。しかし、相談である以上、相談を受ける人の価値観に左右されるというのは、好ましいことではありません。

　このようなNPO活動に対して、社会福祉の専門的な知識を学び、社会福祉の現場で相談を仕事としている方々がいます。例えば、医療ソーシャルワーカー（以下、MSW）、精神保健福祉士、児童相談所の相談員や心身障害（児）者施設の相談員、あるいは介護施設などの相談員の多くは社会福祉士の資格を持っています。あるいはケアマネジャーなどがです。
　さて専門的に相談業務を担う方々が教科書としてきたものに「バイステックの7原則」（フェリックス・P・バイステック著、尾崎新・福田俊子・原田和幸訳『ケースワークの原則――援助関係を形成する方法』誠信書房）があります。アメリカで展開されてきたケースワークは、相談現場を長年経験した何人もの方々によって、相談における原則的な対応が整理されてきました。中でもこの「バイステックの7原則」は最も整理された原則として確認され、現在ケアマネジャーや社会福祉士、介護福祉士の研修などにも採用されています。この原則

は、相談を受けるということが、相談をしようとする人の、人としての心理や尊厳、感情や価値の多様性を十分理解した上で、持ち込まれた問題をどのように受け入れていったら良いのか、そのことの大切さを整理し、相談対応の原則としてまとめられたものです。

　今回本書を上梓するにあたっては、必然的な流れがありました。医療の現場では、入国から20年を経過したにもかかわらず、非定住外国人（超過滞在者や短期滞在者の総称）へのサポートのありように基本的な問題が生じていました。特に医療費やビザの問題に苦労する外国人に対して、本来はMSWとNPOは外国人への問題解決に共に力を合わせるべき両者であるのに、MSWが、NPOへ相談の丸投げを行っているということを耳にしたのです。この問題を少しでも改善するために、2005年〜06年にかけて、NPOの方々を講師に、MSWがNPOの活動から学ぶ講座を5回開催しました。その講義録を基に2006年12月『講座　外国人の医療と福祉——NGOの実践事例に学ぶ』（移住労働者と連帯するネットワーク発行。現代人文社・大学図書発売）を出版しました。出版後、NPOの方々から次のようなご意見を頂いたのです。NPO組織の中では、相談事に対して、逃げずに対応していることは事実だが、相談ケースへの対応がばらばらで、個人の判断に任せられているようなところがある。これをなんとか改善することはできないものだろうかと。

　このようなご意見を伺ったことから、今回の出版の基になる新しい講座が企画されました。言ってみればこの両者の立場を入れ替え、NPOの方々がMSWから「バイステックの7原則」を学ぶことを主眼にした講座「ケースワークの原則的対応からNGOの現場対応を考える」の企画です。

　これは2007年〜08年にかけて7回講座として行われました。ただ、今回の出版に当たっては、この講座の内容を基本としつつ、聞く講座から読む出版への理解のため、全員で原稿の読み合わせを各5回行い、大幅に加筆、訂正が行われました。その大きな部分は、講座ではNPOの外国人支援組織を意識して行われましたが、本書では、外国人支援組織だけではなく、障害者やホームレス、シングルマザーなど、様々な困難を抱える人たちの支援組織であるNPOや当事者団体の方々、そしてMSWとしては経験年数が少ない方々、更に社会

福祉を目指して勉強している学生の方々をも対象に読んでいただくことを意識して加筆、訂正を行いました。4巡目から冒頭の巻頭言を頂いた窪田暁子先生に加わっていただき、私たちの議論の幅と深さ、質が一段高いレベルのものになり非常に有意義な編集会議となっていきましたが、それを各自の中で整理し原稿に落とし込んでいくのは実に苦しい作業でした。しかし、この出版の底流にあるものは、丸投げしてきたMSWからNPOの方々への真摯な気持ちでのお礼であることが第一です。このことを深いところで受け止めていただきたいと思います。

　講座から出版の中で大きな変更となったのは、読んでいただく対象者だけではありませんでした。講座の内容をそのまま文字にしたのでは、講座という限られた空間の共有者には理解できても、講座の内容を知らない読者には、思うところを充分伝えきれないのではないかと考えました。また、外国人の相談活動に携る方だけでなく、いろいろな相談活動に従事する方々に本書を利用していただくためには、バイステックの原則だけでなく、動きのある現場に即した原則も必要なのではないかという意見が出されました。現場に即して経験則としての行動原則を提示した者もありますが、中には経験則を整理できず、自分の失敗経験の中から失敗を繰り返さないために、それらを整理し、原則となるようなものを捻り出した者もあります。これらは共に現時点では提案の域を出ておりません。むしろ多くの長い現場経験者にとっては、自分なりの行動原則がつくられていることと思います。従って第Ⅲ部「私のソーシャルワーク原則」はここでは、行動原則試案として参考にしていただければ幸いです。

　また、本書は「バイステックの7原則」の解説書ではないという点を強調しておく必要があります。この講座の講師を務めた者は、大部分が現場のソーシャルワーカーであったり、かつて現場を踏んだ経験のある者です。中に研究者もおりますが、バイステックを研究テーマとしている者は一人もおりません。ですからどのようなことを読者にお伝えしようとするのかといえば、何より現場の立場から現場の言葉で、バイステックの原則を学びながらも、現代という時代にその原則を照らして考えてみる。すると、その原則の堅持が困難になっていたり、原則を考えるための労働条件がかなり違っていたりする。そうした課題解決を求めて、同じように現場で苦闘する相談員に向けて、執筆者なりの

提案を大胆に語りかける本を目指したいと考えたのです。つまり、バイステックのエッセンスは分かっていても現場的にはいろいろな失敗がある。それらを正直に語ること、そしてそれをどう乗り越えたらよいのかの提案を心がけたのです。

その提案の具体例として、第Ⅱ部で具体的なケースを展開し、「バイステックの7原則」からMSWの対応を見ていくことで、日常的な業務の中で原則的な対応がどのように活かされているか、いないのかを検討をしています。

また、「バイステックの7原則」の中で、3番目の原則「統制された情緒的関与」と4番目「受容」を一つながりのものとして講座では行われました。これは、共に援助者の感情のコントロールを求めているものですが、前者が相談者をひとりの尊厳をもつ人間として、その感情を理解しようとするとき、援助者の感情が統制されていなければ援助関係の継続が困難となること。それができておれば、後者の自然に相談者の訴えをそのまま受け入れることができるということにつながる。つまり、一体の原則として捉えるほうが、別々に行うよりも分かりやすいと考えました。当然異論があり得ることを承知のうえで行いましたので、講座同様、本書においてもその立場は堅持させていただきました。

これまでの経緯から、本書に収められているものは、基本的には外国人の事例ですが、外国人の事例でないものも多く掲載させていただいています。それは相談者を個人として尊重する姿勢、相談者が発する個人としての思いや希望、そして価値観などをどのように受け止めたらよいのかという援助者としての基本的姿勢は、どのような問題にも通底すると考えたからです。ただし、本書の出発が外国人への援助から始まった関係もあり、また今後の日本の労働力確保の現状からあらゆる相談現場では多くの外国人からの相談が想定されることもあり、外国人相談における留意すべき点を参考資料として第Ⅰ部の最後に掲載させていただきました。

多くの相談業務に携わる方々に、本書を是非手にとっていただき、相談の現場で活用していただく一助になれば、望外の喜びです。

2015年1月末日

　　　　　　　　　　　　　　　　編集委員会を代表して　　高山俊雄

第Ⅰ部

ケースワークの原則から現場対応を考える

序章　ケースワーク原則とNPOの相談方法

高山俊雄（亀戸ひまわり診療所）

はじめに

　本書では様々な相談支援に関わる市民団体（以下、法人格を有するか否かに関係なく、本書では便宜的にこれらの団体をNPOと総称する）の方々が、相談に対してどのような姿勢と態度で臨んだらよいのか、そのエッセンスを7章にわたって考えていきます。ここでお伝えしたいことは次のようなことです。第一に相談者に対して援助者の一人ひとりが自分の価値観や社会の一般常識を基準にして対応しないということです。援助者が個人的な考えで対応しますと、同じ組織の中でも人によって対応が異なることになります。対応が異なることによって、その組織全体の信用がなくなってきます。ではどのようにするのがよいのでしょう。基本は相談者の気持ちに最後まで沿うことです。もう一つは、最初の課題に通じますが、相談を受けるということは、援助者として相談者に何かを教え、伝えることだと錯覚されている方がいますが、相談を受けるということはそういうものではないということです。では具体的にどのようにするのか、以下の章で考えていきたいと思います。

　医療ソーシャルワーカー（以下、MSW）という職種は現時点では、職種としての国家資格はつくられていません。そういう意味では資格をもった専門職とは言えないかもしれませんが、MSWが現在やっている仕事のやり方を検討していただいて、どういう方法でやっていくのがより原則的な相談支援のやり方に近づいていけるのか、考えていただきたいと思います。毎日のように持ち込まれる外国人の方々の相談に逃げることなく取り組んでいるそのこと自体が専門家への道を歩んでいると筆者は思います。したがって一つの組織、団体の中で、相談にみえる方々に、誰が相談に乗っても大きな違いはなく、ある幅で対応できるという内容に近づけるよう、知識と共に実践方法も獲得していただき

たいと思っています。

　そういう前提に立って、実際の相談の中での「ケース記録がどうなっているか」「スーパービジョンがどうなっているか」「組織としてのガイドラインがどうなっているか」等についても考えていきたいと思います。つまり面接の技術的な部分と併せて、相談活動に付随する部分も、きちんと整理することが必要だからです。

1　ケースワークとカウンセリングはどう違うのか

　まず大事なところから始めます。相談を持ち込まれるのはお一人であり、対応するのも一人ということで「カウンセリング」と、「ケースワーク」を同じもの、あるいはどのように違うのか分からず、混同されていることがあります。援助する者を前者は「カウンセラー」後者を「ケースワーカー」と言っていますが、最初にその点から考えていきます。

　一般的に、カウセリングというのは、持ち込まれた問題を個人的な問題であると整理できたところから始まります。つまり、持ち込まれた問題と個人の生育歴や個人的体験であるとか、家族関係、個人が無意識にとる行動とか、それらのこととの関係を確かめていく。つまり「個人」の中のどこに問題の原因があるのかを面接を繰り返しながら確かめていくわけです。その原因が明らかになったとき、あるいは推測できたとき、カウンセラーは、その方自身がその原因と思われる部分と直面する問題に正面から向き合っていけるように働きかけるのです。その向き合いをサポートすること。言い換えれば、その方が抱える問題が個人的な原因によるものであると見定め、だからこそ個人的に解決を図ろうとすることへの技法をカウンセリングといっています。解決へのプロセスはかなり高度な専門的技術を要します。従って、このプロセスは、相談というよりも治療の範疇に入ってきます。

　相談というのは、最初から整理されているわけではありません。ですからその方の中にどういう個人的要素が入っているかをまず引き出していかなくてはいけません。その上で、その方の相談が極めて個人的な問題なのか、あるいは社会的な問題も加味された混在としてある問題なのか、区分けしながら整理

することが必要になります。そのなかでも個人的なアプローチを必要とする場合には、カウンセラー、すなわち臨床心理士と呼ばれる専門職の力を借りることになります。しかし、問題が社会的問題と認識された場合、カウンセリングによる対応では困難になります。

　これに対して、持ち込まれた問題が生活の障害として認識されるような場合、その方個人の問題解決能力と諸制度を含む社会の力を借りながら解決の方向を考えていくのが「ケースワーク」といわれるものです。

　しかし、注意していただきたいのは、現在のケースワークでは、持ち込まれた問題の原因を追究するよりも、その問題解決に力点が置かれていることです。

　アメリカのケースワークの歴史の中では、問題の原因を個人の中に見つけようとし、その発見を通して、本人の生活を見直したり、弱い部分を強化し、本人の力で問題を解決する力を獲得していただくプロセスという考え方が主流の時代がありました。そうした立場を「診断主義」といっています。その一方で、問題の原因の多くは社会の側にあり、従って、解決の方向も社会的な制度の充実によって解決を図るべきとする立場が出てきます。こうした考え方は、様々な問題に対応する制度や諸機関を整備し、それぞれの諸機関の機能によってケースワークは展開されるべきとしたため、「機能主義」と呼ばれました。この時期の二つの考え方はどちらが正しいかという意味で論争を繰り広げましたが、時間経過のなかで、お互いの主張に耳を傾けるようになり、徐々に融合されていきます。原因を追究しても、社会的な制度をつくることも必要であると認識されるようになり、問題解決としての制度づくりと共に、個人の問題への取り組みや考え方や生活への姿勢の変化も必要であると考えられるようになったのです。アメリカの学者の中にも「機能主義」に立って「診断主義」を述べる人や、「診断主義」に立って「機能主義」を述べる立場の人が出てくるようになってきます(注1)。

　さて、ケースワークは、持ち込まれた生活の障害を、根本的な解決でなくとも、とりあえず生活ができるような手立てを一緒に考える技術といってよいかもしれません。そのように整理すると、根本的な解決方法が残されてしまう場合も出てきます。この根本的な解決方法は、一概に述べることはできませんが、ケースワークを含んだいろいろな方法によって検討されなければなりま

せん。社会福祉では、このいろいろな方法を総称して「ソーシャルワーク」と言っています。ケースワークを除けば、グループワーク、コミュニティワーク（コミュニティオーガニゼーションもこの中に含まれます）、ソーシャルリサーチ、ソーシャルアクション、アドミニストレーションです。これら様々な方法を駆使して、問題の根本的解決の方法を探るのが、ソーシャルワークといわれているものです。

次に、本書の主要テーマであるケースワークにおける援助者としての態度を原則的に整理したバイステックの考え方について、全体的に見ていきたいと思います。

2　バイステックの7原則

ケースワークにおけるいろいろな原則的考え方は、アメリカでは、現場を経験された多くの研究者が整理をしています。そのなかでも全体的に一番妥当ではないかと思われているのが、「バイステックの7原則」です。大事なことは、本書では原則を一つひとつばらばらにして章ごとに展開していますが、この七つの原則は、全部がつながりのあるものとして、言い換えれば、全体を一つの形で理解して頂きたいということです。つまり、ある相談のケースがあったら、ある場合は1番目の原則が適用されるとか、あるケースでは3番目の原則で対応するといった原則ではなく、一つの相談を伺うのに、七つ全部の原則が関わっていると理解していただきたいと思います。別な表現をすれば、七つの原則が置かれている順番にも意味があるということです。

それでは、「バイステックの7原則」を筆者の解釈も交えて一つずつ確認していきます。

（1）相談者を個人として捉えること：個別化の原則

1番目に「個別化の原則」があります。ここでのエッセンスは、相談にみえたその個人をかけがえのない個人として受け止め、尊重する姿勢が大切であるとバイステックは述べています。もう少し分かりやすく言えば、一人ひとりが

持ち込む相談事は、その問題の背景や、持ち込んだ人の考え方や、家族を含む人間関係や、その人の経済力や、何より持ち込んできた本人の解決能力などすべてが異なっているのだから、一人ひとりの状況に応じて対応しなければいけないことを語っています。別な表現をすれば、これまでの相談経験から仮に相談事が似ているようなものであっても、相談者を他者とは全く異なる個人として見、「似ているように見えるけれど、実はまったく別な個人がもつ問題」と認識して、相談事を聞いていくことの大切さを述べているのです。私たちはよく相談のなかで、「相談事が似ているから、対応はいつものパターンと同じでよい」と頭の中で捉えてしまいがちです。しかし、実は相談事が「似ているというのは、全然違う相談事」だということです。従ってここでは、相談者を人間として、二人といない個人として接することの重要性を述べているわけです。

（２）相談者の感情表現を大切にすること：意図的な感情表出の原則

　相談にみえる方のなかには、初めて相談に来られて自分の感情を出せない、相談を受ける相手がどういう人なのかもよくわからないことも手伝って、うまくしゃべれないという方がいらっしゃいます。あるいは、どこにぶつけたらよいか本人もよく分からない感情を抱えて相談にみえる方もいます。そのような方を含め相談者の方々に、できるだけ自分の気持ちを吐き出していただけるような態度を援助者側がとらないと、相談内容を相談者から聞きだすことはできなくなってしまいます。例えば、相談者の相談事の話に伴って生じた感情を抑えつけてしまったり、言葉尻を捉えたり、そんな態度では相談には乗れないと口走ってしまったりしたとしましょう。こうした対応は、相談に来られた方の相談への意欲を完全に削いでしまうことになるでしょう。ここは相談する所だから、自分が抱いている感情を吐き出そうと思っていたのに、ここでは無理だと考えてしまうでしょう。これでは、そもそもの相談が成立しなくなってしまいます。相談は、相談者の自由な表現方法で話していただくことができるよう、援助者の態度や言葉で規制することのないよう、心がけることを求めています。

（3）援助者は自分の感情を自覚して吟味すること
　　：統制された情緒的関与の原則

　「援助者の感受性とは、相談者の感情を観察し、傾聴すること」とバイステックは言っていますが、相談者が来られて話をされるときに、援助者側の感情が揺れていると、相談者の感情を素直に聞くことができないことがあります。あるいは、相談に来られた方の言葉使いや服装、態度によって、「この人はこういう人であろう」と推測して、その思い込みで対応してしまうことがあります。こうした態度を戒めているのが、この原則です。つまり、相談者の話を伺うときには、援助者側の感情のコントロールをかなりきちんとしないといけないと同時に、思い込みで対応してはいけないということです。これはなかなか難しい。

　しかし可能なことは、自分自身の感情の傾向を日頃から知っておくということです。それを分かって面接のときに意識して対応する。日頃の訓練が面接時に役に立つというわけです。人間には感情というものが必ずあり、感情を全くなくすことはできません。ですから援助者として感情の振り幅をできるだけ少なくすることが、相談者の感情の動きを的確にキャッチすることになり、そのキャッチが相談者の抱える問題とその深さを理解することにつながるといっているわけです。

（4）受容すること

　まず相談者の相談事や面接の過程で発せられる相談者の言葉そのものを「是か非か」として捉えるのではなく、その言葉そのものとして受け取ることから始めなさい、という意味です。もちろん、その言葉に対する相談者への疑問や質問したいことや明らかに誤っていると思えることがあるかもしれません。しかし、相談者が発した言葉は、それとして受け止める。援助者の中には、相談の話の途中や、相談事を話し終わるや否や、その相談事自体の非難を始める人がいます。相談者は最初からの相談を色眼鏡で見られていると感じたら、とても相談を続けようとは思わないでしょう。ですから援助者には面接のすべての過程でこの態度が貫かれる必要があります。ただ、援助者がどのような相談事

にもこのような態度を取るには、悩み抜いて相談室にたどり着いたであろう相談者への深い思いやりと、そうした個人への尊敬がなければ、成立しないであろうと思います。

（5）非審判的態度をとること

　相談者は、援助者を求めて相当な覚悟で援助機関を訪れます。その覚悟の理由は、自らの相談事は自分自身が原因をつくってしまっているといった悔恨の念です。実際に本人はそれなりに頑張ったけれど、多くの収入を得られなかった、あるいは仕事そのものを見つけることができなかった。だから生活費が足りなくなったとか、医療費が支払えなくなったといった相談事の中に、本人だけの問題でない場合もあるわけです。例えば景気の動向などはその良い例です。しかし相談者の気持ちは、もっと早くから仕事を見つける努力をしていたらとか、前の仕事をつまらない理由で止めなければよかったとか、悩みながら援助機関へ訪問しているのです。従って、援助者が、何故そういう相談事をするようになったのか、その経緯を問うことはあっても、その経緯を一方的に非難する形で問うことは、相談関係そのものが成立しなくなると、バイステックは述べています。

　ところが、バイステックは相談事に至る理由の中には、相談者の法律的、道徳的に違反する行動まで認めてはいけないとも言っています。もちろん、認めないという態度は、非難するという態度とは異なるとも言っていますので、なかなかに難しい。筆者は、法律違反をしていることは、それとして指摘する必要はありますが、それを非難する態度は良くないと言っていると考えています。ただ、道徳の問題になりますと、少し難しくなりますが、ここは、他人に迷惑をかけている態度には、きちんと指摘すべきだと述べていると考えています。

（6）相談者自身による自己決定で解決の第一歩を踏むということ

　相談者が自分で決めていただくということが重要であって、援助者側がこういうふうにしたほうがいいですよ、と言うのは専門的な援助者の態度ではないと言っています。別な表現をしますと「相談を受けるときには、近所のおじさん、おばさんになってはいけない」ということです。近所のおじさん、おば

さんというのは、「ちょっと、こういうことで困っちゃったんだけど、どうしたらいいかなあ」と聞くと、「こういうふうにしたら、いいんじゃないの」と言ってくれます。あるいは「これがダメだったら、こうしたらいいかもしれないよ」と。でもそれは、近所のおじさん・おばさん個人の人生経験から発せられた言葉です。ですからその言葉の中に人生の先輩の含蓄ある内容を読み取ることも当然ありうると思います。しかし、その言葉はあくまで、その方個人の意見です。

しかし専門的な相談を受ける立場というのは、援助者の個人的意見を求められているわけではないということです。何故なら、人は自分で決められなかった問題を人に問い、一定の方法を教えられ、その方法で良い結果が出なかった場合に、その責任を自らにではなく、アドバイスをくれた人に向けてしまうこともよくあることなのです。反対に自分で対応方法を決めた場合、仮に結果が自分で納得いかない場合でも、自分の責任として受け入れていくものだということです。従ってここでは、相談者自身による自己決定ができるようなアプローチを援助者側がしないといけないということを教えています。言い換えますと、ここで言わんとしている自己決定は、相談者自身の抱える問題に対して、本人が本人の力で一つの結論にストンと落ちるような面接をしなさいということです。

（7）秘密保持をすること

これは当然といえば当然の話ですが、面接の中で相談者が話したり漏らした感想などが、その相談者が語ったという形で第三者に漏れてしまうことがあってはならないという原則です。何故このことが重要であるかと言いますと、秘密が漏れるということは、相談者と援助者の基本的な信頼関係が崩れ、相談者は二度とその援助者に相談するのはやめようということになってしまうからです。

これら七つの原則を援助者としてどうやって身につけていくのか。2章以降、一つひとつ、一緒に考えていきたいと思います。

3　組織におけるケース記録、スーパービジョン、ガイドライン、統計について

　これまで相談関係での原則をバイステックの原則に即して見てきました。しかし、個人としての相談の仕方を学べても、相談関係における記録はどのように保管されているのか、その相談が本当に個人的判断での対応ではなかったと言いうるのか、そのために他の相談員との意見交換、あるいはケースカンファレンスはどのようになっているのか、更にカンファレンスを越えて、経験豊かな方や他の機関から来ていただいてのスーパービジョンはどのように行われているのか、そして団体として最も重要な、相談者とのコンタクトはどのように行われているのか、借金や保証人を頼まれた際への対応は組織としてどうすべきか決められているのか等々、相談と並行して整理すべき課題をここでは取り上げ、検討してみたいと思います。

（1）ケース記録について

①ケース記録はなぜ必要か

　まず「なぜケース記録は書く必要があるのか？」ということから考えてみたいと思います。私は、MSWとして40年くらい仕事をしてきた経験から、次の3点が相談記録を必要とする理由ではないかと考えています。

　まず一つは、相談経過の記録です。相談者が持ち込んできたのはどういう相談事であるのか、そしてその相談事は、どのような方向性で解決を目指したら良いのかが、整理されている必要があります。整理することで、相談者に再度確認すべきことを見つけることもあります。この記録がないとどのような相談であったのか、次回以降の相談が難しくなります。もう一つは、次の面接までに、相談者にどういうことをやってきていただくかを記録として書いておきます。それと同時に、援助者自身がどういうことを宿題としたのかを必ず書きます。相談者と援助者がそれぞれ、どんなことを次回までの役割として負っているかを書いておく必要があるわけです。3番目に、実はこれも非常に重要なのですが、相談者が必ずしもアポイントメント通りにではなく、突然来られることがよくあります。相談を受ける側も担当者がいつも在室しているとは限りませんので、そうすると担当者とは別な人が対応しなくてはならくなります。も

ちろんそんなに急いでいる話でなければ、申し訳ないけれどもう1回担当者がいるときに来ていただくことになりますが、相談者にとっては早急に結論を出さなくてはいけないという場合もあります。そういうときには別の相談員が対応しなくてはならないということになります。別な相談員が記録を見て、その方の相談の経過、今何が課題になっていてどういう方向性で進めているのかということが分かったほうが相談に乗りやすい。そうでないと、最初から聞きなおさなければいけないことになります。このように別な援助者が相談を受けざるを得ないということはありうるわけで、そのためには記録が大変重要になってきます。

②ケース記録の書き方、整理の方法

次に、記録の書き方と記録の整理の仕方について、これまで筆者が行ってきた方法をもとに若干触れてみたいと思います。

相談というのは、1回で終わってしまう相談と、数回で終わる相談と、比較的長く相談を受ける場合とがありますが、それらを全部、同じ記録・整理の仕方にしたほうがいいのでしょうか？

1回しか相談に来ないのに、いちいち表紙をつけて個別にファイルするのは現実的ではありません。筆者は、1～3回くらいまでで終わるケースは、記録された記録用紙を重ねておき、最初の面接日ごとに「初回面接ファイル」というタイトルのリングのあるバインダーに整理します。それ以上の面接回数になった場合、1ケースごとに表紙を付けて個別にファイルする方法をとっています。ファイルの方法を3回までのものと、4回以上のものとに分け、二つで整理しています。ケース記録用紙の最上部に「受付日付」と「担当者」と書いてあります。この「受付日付」がとても大事になります。「担当」は、その日に担当した相談員の名前を書くようにしています。

3回までのケース記録に項目として抜けているのが、フェースシートに該当する項目です。筆者は既述のように面接や動きが多いケースを記録する場合に限って表紙をつけています。その表紙の裏側に、そのケースの基本的なことがわかる情報源を、フェースシートとして印刷していました。例えば、家族構成やその状況、保険の有無、外国人であればビザの種類・状況、仕事は何をし

ているか、などの情報です。ケース記録用紙1枚のときは表紙が使えないので、フェースシートに相当する項目は必要に応じて、手書きで「家族」「保険」として、内容を記入します。1枚で書ききれなければ2枚に書き、それをセットにすればいいと思います。要するに記録用紙を作ったほうがいいということです。

　次にこれら記録の保管の仕方です。まず、長期のファイルは、ケースナンバーを付してキャビネットに番号順に整理します。短期の1回から3回までのケース記録は、記録を足したり、出したりできるリングファイル式のバインダーに整理します。短期の方は「初回面接」ファイルの日付け順にバインダーにファイルしますので、数カ月ごとでバインダーが一杯になります。バインダー自体に古い順から番号を振り、何年何月から何年何月までと日付けを書きます。一つひとつのバインダーごとに索引簿をつくり、あ行、か行、さ行の索引で整理をします。例えば「アキヤマ〇〇さん」のケース記録があったとします。索引簿のあ行の分類に、「アキヤマ〇〇さん」のお名前と相談日を書き入れます。バインダーにケース記録を入れていくときは、一番下に一番日付の古いものから上に積み上げていき、相談日付で拾っていけば、どこに何が入っているかをすぐ見つけることができます。このようにファイルして、自分で短期ケースではなくなったと感じたときに長期のファイルに切り替えれば良いのです。要するに長期のケースと短期のケースの整理の仕方というのがあって、それをうまく関連づけながら整理をしていけば、整理は可能だろうと思います。

　問題は事務所が固定的にない組織に属している場合です。相談員一人ひとりがノートで記録し、それを個々人が保管する形をとるしかなくなります。その場合でも、記録用のノートは、一般的なノートではなく、紙を追加できるルーズリーフタイプが良いと思います。その上で、記録をケースごとで区分できるようにするため、ケースの初めにフェースシートを先に印刷しておき、新しいケースになるごとにフェースシートを挟んでいくという方法が現実的だと思います。

（2）スーパービジョンについて

　スーパービジョンは、それぞれのケースの進め方について見落としがなかっ

たか、言葉の取り違いはなかったか。あるいは、患者さんの言葉や態度をどのように受け止めたかなどを通して、ワーカーとして気づくべき視点の指摘を受け、自らのソーシャルワークの技術を向上させようとするものです。このようなスーパーバイザーを外部からお招きする方法もありますが、本来は、職場の中で、経験豊かな上司がスーパーバイザーとしての役割を果たすのが望ましいものです。それは事例を通してスーパービジョンを受けたとき、職場というものを含めて変えていかざるを得ない場合もあるからです。そのような場合、相談員が一丸となって組織に対して変更を求めることがしやすいという利点があります。

　しかしそれは現実的には難しいというところもあるでしょう。その場合には、月に1回でもスーパーバイザーの方に来てもらって、スーパーバイズを受けるという方法を考えたほうがよいと思います。現実にそういうことをやっておられる団体もあるようですが、なかなか現実的には難しいのかもしれません。

　注意して頂きたいのは、スーパーバイズを受けるということと相談員同士が行うケースカンファレンスは違うことだということです。カンファレンスをするというのはメンバー同士でそのケースに関して議論すること。スーパーバイズというのはあくまでもスーパーバイザーからワーカーとして「気づくべき内容」や「問題の捉え方」「対応のあり方」などを具体的に指摘を受けることですから、同じことではありません。ただ組織内でのカンファレンスも必要ですし、スーパーバイザーに月に1回くらい来ていただくということも大事なことです。それをどう保障していったらよいか、それぞれの組織で検討していただきたいと思います。

（3）ガイドラインについて

　ここでは相談支援に携わる団体の相談者への対応ガイドラインについて考えてみたいと思います。ガイドラインというのは、別な表現をすれば「組織の内部的なルール」と言ったほうが分かりやすいかもしれません。

　もう少し、具体的な例でお話ししてみます。例えば、相談者に、援助者個人の連絡先として自分の携帯や自宅の電話番号を教えるのかどうか。あくまでも事務所への連絡というかたちでしか教えていないのか、それをどうするのかと

いうことです。あるいは相談者から借金を求められたときにはどうするのか。また、相談を受けると、なかに謝礼を持っていらっしゃる方がいますが、その時どう対応するのかを決めているかどうか。さらに、相談者が部屋を借りるときに保証人になるのか、ならないのか。保証人にはならないほうがいいと結論されている場合は、例えば保証人協会のようなところを紹介すると決め、あくまでも団体としては保証人にならないと決めるのかどうかということです。

　そういったルール、つまり組織としての相談者との対応ガイドラインを団体内で決めているのかどうかということです。何故、こうしたことを課題として提示するかといいますと、援助者の側がバラバラで、人によって対応が異なる場合、相談者は自分の都合が良い相手を相談者に選ぶようになりかねないからです。例えば、Aさんはいつも困ったときにお金を貸してくれるが、他の人は貸してくれないから、いつも相談はAさんにするというようになります。しかし、組織で決めていないために、相談者からの返金がなければAさん個人が負担していくことになります。これでは、何故組織として看板を出しているのか分からなくなります。筆者はここで、何はこうあるべきなどと言いたいのではありません。どのような結論であってもよいと思います。大切なことは、組織内で議論し、一致したところで共通の対応ができるようにしなければいけないということです。

（4）業務統計について

　ソーシャルワークの仕事をどのように評価するかの一つの方法は、どのような仕事をどれくらいしたのかということになります。それが通常は「業務統計」という形で表されるものです。NPOの組織では、なかなかそこまで手が廻らないかもしれません。しかし、この統計のもつ意味は大切です。これからの時代は、様々な問題に対して行政の力だけではなかなか手が廻りません。いろいろな分野でNPOの活動が求められてくると思います。そうした時に、行政はそのNPO活動に援助しようと考えます。その時、どのNPOはどのような内容の相談をどれくらいやっているのか、ということが援助額に反映されます。もちろん、そのために統計を取るわけではありません。統計を取る一つの理由は、NPO間での比較です。比較はお互いの合同ケース検討の可能性を

引き出すでしょう。それを契機に相互交流をももたらすでしょう。これまでは、NPO同士が一緒にケースの話し合いをもつというようなことはありませんでした。つまり、NPO同士のつながりをもつという意味で重要なのです。

そのためには大きな組織が中心となり、どのような統計の取り方をすべきか、検討する委員会のようなものをつくる必要があります。都立病院のMSW、PSW（精神保健福祉士）は『医療におけるソーシャルワーク確立のために（改訂版）』(注2)を作っています。これは都立病院のワーカーが毎月会議を重ね、十数年かかって自分たちの仕事について整理をしたものです。そんなに細かくなくてもよいのですが、こうした作業に是非取り組んでいただきたいと思います。

注
1 以下の立場の認識は、筆者が30年前所属していた「方法論研究会」で、当時日本福祉大学助教授の窪田暁子先生よりご教授いただいたものです。
　・診断主義の立場の理論：
　　シャルロット・トール著、小松源助訳『コモン・ヒューマンニーズ——社会福祉援助の基礎』中央法規出版、1990年。
　　ゴードン・ハミルトン著、四宮恭二監修『ケースワークの理論と実際』（上巻・三浦賜郎訳、1960年、下巻・仲村優一訳、1964年）有斐閣。
　・機能主義の立場の理論：
　　バージニア・ロビンソン著、杉本照子訳『ケースワーク——心理学の変遷』岩崎学術出版、1969年。
　・折衷派の理論：
　　アプテカー著、黒川昭登訳『機能主義ケースワーク入門』岩崎学術出版、1968年。
　　アプテカー著、坪上宏訳『ケースワークとカウンセリング』誠信書房、1964年。
　　ヘレン・パールマン著、松本武子訳『ソーシャルワーク－問題解決の過程』全国社会福祉協議会、1967年。
　　ヘレン・パールマン著、仲村優一・横山薫訳「ケースワークは死んだ」『社会福祉研究』8号、鉄道弘済会、1971年。
2 『医療におけるソーシャル・ワーク確立のために——業務分類と統計に関する報告（平成元年6月）』（改訂版、1989年、東京都）

第1章　相談者をかけがえのない個人として捉える
──個別化の原則──

山名友紀子（元医療ソーシャルワーカー）

はじめに

　相談者が相談機関やNPOを訪れるとき、様々な思いを抱えています。援助者に対して《どんな対応をされるのかな？》《きちんと受けとめてくれるのかな？》という思いがあるでしょう。あるいは、自分では解決できない問題があって何とかしたい、しなければならないという気持ちはあっても、《本当に相談するべきなのかどうか》、《自分でなんとかならないのか》など相談すること自体をためらっている場合もあるでしょう。相談を受ける援助者も自分が相談者として相談機関を利用した場合を想像してみることで、ある程度理解することができるのではないでしょうか？　人は誰でも「ひとりのかけがえのない個人として対応されたい」という強い思いをもっていることを物語っています。
　相談者と援助者の相互の関係は、相談者が自分自身のことや、相談せざるを得ない事情について、あるいは現状に対して抱いている感情を、援助者に受け止められたと感じたり、ひとりの個人として尊重されていると感じたときに、少しずつ変わってくるものです。当初は緊張して十分に話ができなかった場合でも、援助者との時間をかけたやり取りを通して、相談者はより積極的に話したいという感情を抱いて表出できるようになり、自由に話したり聞いてもいいのだと感じて発言できるようになります。こうした相談者と援助者の相互のかかわり、すなわち援助関係を築くことによって相談者は自分の気持ちを整理し、自ら選択することができるようになって、解決の方向へと進んでいけるのです。
　相談を進めていくに当たって援助関係を築いていけるかどうかは、相談者一人ひとりを大切にして、個人として捉えることができるかどうかにかかっているといえます。バイステックの原則の1番目に「個別化の原則」がある意味も、

はじめに援助関係を構築することが重要だからではないでしょうか。

1　相談者をかけがえのない個人として捉える意味

「個別化の原則」とは、相談者をひとりの個人として捉える、ということです。この「ひとりの個人として捉える」というのは、相談者をこういう人だろうとか、たぶんこういうことを言っているのだろうと、いわば援助者の直感だけで捉えないということです。援助者が相談者を理解しようと努める態度を言っています。それに加えて、バイステックは単に「ひとりの人間」としてだけではなく、それぞれ異なる、独特の、固有の問題をもつ「特定のひとりの人間」として対応されるべきであるという、人権に基づいた原則であると述べています。

一人ひとりに人間性があり、それぞれ個別的な形で存在しています。性別や生まれ育った環境、個人の能力や物事に対する関心や意欲の程度は、人それぞれ違い、個性があります。また、その人がこれまで生きてきた過去の様々な生活体験から、その人特有のものの考え方や感じ方、そして行動パターンをもっています。言い換えれば日常の場面において人はそれぞれ「こういう場合にはこうすればうまくいく、こういう時はこうしたほうがよいだろう」といった過去の経験を踏まえたうえでの自分なりの判断基準があり、それに基づいて行動していきます。ですから相談場面では、相談者の抱える問題の表れ方は相談者の置かれている社会的背景、個別の状況ごとにすべて異なっているということを援助者が認識する必要があります。その上で、その人独特の価値観や希望を認め、相談者の個々の能力や資源をそのまま活用して、個別の情況に即して問題解決が進められるようにしていかなければならないのです。

同様に援助者も独自の価値観をもち、感じ方や考え方、行動パターンの傾向をもっていますから、自分の傾向を認め、知っておく必要があります。援助者の価値観で相談者を判断することのないように戒めることによって、相談者の価値観を認めることができるようになります。

人はひとりの個人として対応されたいという強い希望をもっています。相談援助とは、相談者が相談機関を利用することで、援助者とのかかわりを通して、

相談者が自ら自分の問題に気づき、ある時、自然と「こうしていきたい」と求め、自ら進んでいけるようにすることです。援助者は適切な態度や効果的な質問によって、そのプロセスを支えていくことが援助関係であるといえます。相談者をひとりの個人として捉えることは、相談者との援助関係を築くうえでの出発点といえるでしょう。

　しかし、援助者にとっての個別化とは、単に相談者一人ひとりを「個別に」受け止めればよいということだけではありません。援助者として身に着けておかなければならない認識として、MSWの勉強会で、窪田暁子先生は「相談内容を、十把一絡げにして認識するのもよくないが、その相談は、百人百とおりだと認識するのも誤りである」と指摘されています。

　この言葉を聴いて私は雷に打たれたような衝撃を受けました。それまで「一人ひとりが別々だ」と捉えるのが個別化だと思っていましたが、何か釈然としませんでした。しかし、面接の場面で相談者その人独特の主張の仕方や考え方に触れたとき、私の頭の中では、通常、人はこういう場面では大方こういう反応をするであろうに、と常に一般化との対比の中でその人を見ているのであって、決して何の手がかりもない中でその人を捉えているわけではないことに気づいたのです。つまり、ソーシャルワーカーとしてのアセスメントは、この時代、この年齢、この職業、この家族構成など、常に一般的な状況を念頭に置いた上で、その人個人のもつ特徴や特殊性を浮き彫りにしていくということが大切なのです。そうすることで、その人独特のこだわりやしがらみといったもの、あるいは人とのかかわり、社会とのつながり方など、その人が置かれている状況とその人が抱えている問題の深刻さ、切実さが見えてきます。このことは、私たちソーシャルワーカーが社会的な援助を担う者として、ある種の客観的認識の上に個別の問題を置いて理解することの重要性を指摘しています。逆説的ですが、個別化をするために、一般化してケースを捉える視野が必要だということです。

　相談者は往々にして「自分の抱える問題は、特殊なものだ」と思い込みがちです。相談者にしてみれば「自分は人とは違う」と思っていることでも、援助者（端）から見れば、実は案外よくある話だったり、たまに起こりうることといったことがあります。これが「相談者が思い込んでいる個別化」です。その

時、援助者が相談者の想いを受け入れながらも、「その問題はあなただけが感じることではない。似たようなケースがないわけでもない」と相談内容を相談者一人ひとりのディティールだけに沿って対応するのではなく、ある類型化の一部分としてケースを捉えることも必要だということです。そうした援助者の認識は、「自分だけが特殊なのではない」と相談者を安心させ、以前よりも積極的に自分の想いを詳しく語ることにつながっていくのです。

　さらに解決の方向に向かって、どのように対応すべきかを援助者が検討する段階においては、各種社会保障制度の活用を考えた場合、ケースのもつ課題を一般化して捉えなおし、ある程度制度の枠に当てはめて考えざるを得ません。例えば、経済的な相談において生活保護制度を活用するかどうかは、同じ屋根の下で暮らし、生計を一つにしている世帯員全員の収入状況を把握し、保護の対象かどうか判断するのが原則です。ですからその中で入院している一人だけを保護することはできません。しかし、入院が必要な期間や退院後引き取れない状況など個別の状況によって、本人のみを一人世帯とみなし保護することはあり得ます。世帯単位の原則に即して実態を捉えなおすことで保護の申請に至るケースもあります。そこで援助者の心構えとしては、相談者がその制度をどう使うかについての考えをまとめておくということになります。制度の説明の仕方や提案の仕方、タイミングなどの工夫もし、現実に即して対応していくことが必要です。

　このように、援助者にとっては、個別化だけでもなく、一般化だけでもない、両側面からケースを捉えることも必要です。次にその具体的なところをみていきましょう。

2　現場で起こりがちな類型化による援助

（1）制度的解決の落とし穴

　私は病院に勤務していましたが、ここで、新人ソーシャルワーカー（以下、MSW）の患者さんとのかかわりを紹介します。

　「あーもう、あんたばかじゃないの？　私は今までどおり働いて、自分ひとりでやっていくんだよ！　第一、働かないと家賃も払っていけないんだから！」

と、ある日、MSWが患者さんから怒鳴られました。この患者さんは、脳梗塞を発症してリハビリテーション病棟に入院中に、退院後の生活についてMSWと面談している最中にこうした発言をしました。

　新人MSWに、なぜそのようなことになったのか聞いてみました。患者さんは単身、独居生活で、年金と経営している飲食店の売り上げで生活をしていたようです。主治医の話では、退院後は家の中で移動はできても、自分の身の回りのことをするのがやっとだろうとのことでした。患者さんは「自宅に帰りたい、帰るつもり」と言ってはいても、元どおりの生活はできそうもなく、MSWとしては患者さんにサービスを利用してより良い生活をしてほしいと考えていました。そうして、介護保険制度や働けない場合の生活保護制度の説明をしていたときに、患者さんに怒鳴られたということでした。

　MSWは面接のあと振り返って、自分の考えを押しつけていたためにこうなってしまったことに気づきました。新人で、まだ慣れないうちは、介護が必要なら介護保険の申請、収入がなければ生活保護制度というように、なんらかの社会福祉制度が活用できないかどうか、はじめに発想しがちです。しかし、働けないから生活保護と単純に類型化し、制度にあてはめることは個別化ではありません。患者さん本人の希望は何なのか？　そのことを確認することがまず何より重要です。それを丁寧に聴くことで、一般的には身体的・経済的に厳しい状況となったらサービスを利用するのが普通となってきた現在の社会においても、この方の場合は、これまでの生活に誇りをもって過ごしてきており、たとえ身体的、経済的につらくても、人の手を借りずに自分で切り抜けていきたいという、生活の仕方や社会との関わり方へのこだわりが見えてきます。そうしてみると、患者さん本人にとっては、元どおりの生活ができるかどうかが大切なのであって、本人の置かれた状況、そうせざるを得ない事情、人に頼らずひとりで生きてきた本人の感情や想いをくみ取って共に考えていく必要があったと分かりました。MSWは、リハビリテーションを担当する理学療法士とも相談し、もう一度、この方にとっての生活を考えていこうと思う、と言っていました。

　新人のときの面接では、往々にして制度から入りやすいものです。相談内容

を聴きながらこの相談にはどの制度が使えるのかを一生懸命、頭の中で考えながら聴いていきます。しかし、そこから相談をスタートすると、制度は限られたものしか対象としていないので、必ずしもそのケースにあてはめて利用できない場合があります。だからこそ、相談者が制度を利用できるように「すり合わせる努力」、「調整していくこと」が必要になってきます。そのため、個別化するには、相談の中で個別の状況を十分聴き取ることが必要になってくるのです。しかしながら、これを援助者の「制度を利用して解決するのがよいこと」という思い込みを優先して行うと、そうとは限らない相談者の想いに気づけなかったり、相談者の置かれた状況を無視してしまうことになりかねず、個別化の原則と正反対の「援助」を行うことになってしまいかねません。結局、このケースは、新人 MSW が制度にあてはめようとする単純な類型化が本人の想いを聴いていない態度となり、相談者の気持ちに寄り添っていないことが原因で生じていたことになります。個別の状況を十分聴き取ること、そのうえで対応の仕方を提案することが個別化として重要なプロセスなのです。

各相談機関で活用されている「マニュアル」などは、便利で、重要な相談ポイントを示していますが、特に新人の場合、マニュアルに示されているいくつかの状況や要件だけで類型にあてはまると安易に考えて即断し、先に相談を進めてしまうと、あとから本人の想いとのギャップに気づくことがあるので気をつけたほうがよいでしょう。

(2) 相談者の想いに対するゆき過ぎた「尊重」

ある日、新人 MSW が患者さんから、「主治医からどう言われても、自分としては入院生活に耐えられないし、自宅に帰ってやることもある。どうしても退院したい」という訴えを聴き、どのように患者さんの気持ちを主治医に伝えたらよいのか、いろいろ考え、準備していました。私は、MSW の準備したシミュレーションを聞いたうえで、「まずは、肩の力を抜いて。今、考えていることを一旦すべて横に置いて、主治医の説明をよく聴き、その説明に患者さんがどのように応えるのか、本人の訴えによく耳を傾けるように。そこからスタートしても遅くはない。そこから始めれば、どのように展開したとしても大きく間違った対応をすることにはならないと思う」と伝えました。彼女は、

ふーっと息を吐き、少し微笑んで、「私はこの話し合いがとても重要なことが分かっていたので、MSWとして失敗してはいけない、何かしなければいけない、と思っていました」と言いました。

特に新人のころは、経験も少ないため相談にあたって心許なく感じて、自分に自信がない分、思いつく範囲の知識や考えで一杯になるものです。けれど一番大切なことは、援助者は、相談に対して何かをしなくてはならないということではなく、まず、相談者の想いを聴く、訴えに耳を傾けて想いを受け止めること。それが相談のスタートラインです。

この事例は、退院したいという患者さんの希望に対して、本人の気持ちを聴き、一緒に考え、手伝うのがMSWの役割だから、退院させてあげることが患者さんの意向に沿うことだと考えています。けれども本人の希望だからといって、医学的な判断や家庭の状況なども把握せずに退院を手伝うことが個別化ではありません。まず、本人が置かれている状況がどうなっているのかを聴き、客観的に捉えていかなければ何が必要なことなのかわかりません。

相談者をありのままに受けとめることはとても大切です。しかし、相談者がおかれた客観的な状況や条件を正確に、具体的に把握することで、現実的で、よりその人に合った柔軟な解決方法を探すことが可能になるのです。

3 類型化をしてしまう現場の置かれた状況とその予防のために

（1）制約された時間のなかでの多様な相談

私は一般病院に勤めていましたが、医療機関の機能分化が進むなか、患者さんは一つの病院に長期間入院していることができなくなりました。病気の種類やその病態によって次々と療養先を替えなくてはならなくなったのです。それに伴い、MSWは退院後の療養先を探すという転院の相談をいくつもかかえています。病院側から、在院日数の短縮やベッドの稼働率を上げるため、早く次の転院先を探すよう求められています。救急告示や2次・3次救急病院などでは次々と患者さんが運ばれてくるために、あらかじめ予定された面談だけではなく、例えば「救急外来に今すぐ、来て欲しい」といった飛び込みの相談が入ることもままあります。限られた時間の中で課題を解決しなければならないと

いう時間的な制約と、MSW の置かれている立場の問題、機関に配置されている MSW の人数と相談件数のアンバランスなど、物理的な問題もあります。こうした環境の中、MSW は優先順位を見極めながら仕事を進めていかなければならないのです。

　ここには転院の相談において、援助者が陥りやすいパターンがあるように思います。それは、早期退院を迫られるなか、どのようにしたら早く退院できるだろうかということにとらわれてしまうことです。その患者さんの置かれている背景や希望に目を向けずに、医療区分や介護度ばかりを見て、受け入れ先をみつけることだけに特化してしまうことが往々にしてあります。いつの間にか「こういう病態像の患者さんにはこの病院しかないだろう」と相談者に会う前から頭の中で類型化し、面接に臨んでしまうことにもなりかねません。これでは相談者の話をじっくり聴くことよりも、「この状態ではここしかありません」と相談者を説得しかねません。このようなことが行われてはたまりませんが、援助者が注意深く個別化の原則を意識していかなければ起こりうることです。

　別の例として、経済的な相談があります。以前私が担当したケースの中に、がんの宣告をされ、入院して治療を受ける際の医療費の支払いについての相談がありました。患者さんの話を聴くなかで、年金のみの生活では医療費だけではなく、そもそも生活費もままならなかったであろうと推測され、生活保護の申請を提案したのですが、患者さんはどうしても生活保護は受けたくないとおっしゃいます。すぐに入院しなければならず、生活保護制度は原則、申請した日から遡及されるため、他に支払いの当てがなければ、今日にでも申請しなければならない状況でした。相談時間も限られていますから、こちらは気がせいてなかば説得に当たりました。そうしたなかで患者さんは、ついに重い口を開きました。実は、息子が同居していること、数年前、借金をかかえ、アパート代を支払うことができなくなり、住むところが無くなって転がり込んできていることを、とつとつと話し始めたのです。そして、そのまま自宅に引きこもりがちになり、働いていないことや、息子のことを知られたくないから生活保護の申請はしたくない、という事情があったことがわかりました。働いていない息子を追い出すことはできないし、役所の人に息子のことを言いたくはない、

自分の年金の中から少しずつでも支払いをしていきたいので待ってもらえないかということが患者さんの相談内容だったのです。私のこれまでの経験から、利用できる制度は生活保護しかないという固定観念で典型例に当てはめてしまい、また生活保護は申請日にしか遡及しないため、今日中に申請しなければと課題をパターン化して受け止め、焦って対応した結果、相談者の想いを汲み取ることができなかったのです。

（2）類型化の本当の問題とは

さてこれまでのケースから援助者は何を学ぶことができるでしょうか。それは、援助者はいつも白紙の状態で相談を受け止めているわけではないということを自覚することであろうと思います。事例でも示したように、援助者のいままでの経験の中から、「たぶんこういう相談なのではないか」という典型例に当てはめたり、「こういうケースにはこういう対応をしていくほうがよい、以前のケースはそれでうまくいった」などと思い込んでしまって、いつの間にか自分の枠組みの中に当てはめ、類型化、パターン化して捉えてしまう危険があるということを理解していただけたでしょうか。経験を積んでいればいるほど陥りやすいことになりますが、先ほどの新人MSWの例のように、本来、患者さんの想いを時間をかけて聴き、受け止めるべきところを、そうせずに、一気に制度に結びつけて、目に見える問題を解決しようとする態度そのものが、個別化の原則に反することになってしまいます。

人は一人ひとり異なる以上、相談の内容もすべて異なっているという大原則に立ったうえで、類型化とは、援助者が最初に「こういう相談だろう」と典型例として捉えたり、パターン化して問題とすること以上に、最後まで最初の類型化にとらわれてしまう態度をこそ問題とすべきなのかもしれません。類型化の問題とは、初回の面談のときから相談者を典型例として見たり、パターン化して判断したりすることだけではなく、面接の過程で最初にもったイメージにとらわれて柔軟に対応できない、つまり主訴に基づいて面接を進められず、援助者のイメージの中で勝手に方向性が組み立てられてしまうことを意味しているといえないでしょうか。

個別化の原則とはまさにこのことを戒め、援助者ができるだけニュートラル

な立ち位置にあって相談者に向き合い、白紙の状態で聴き取り、相談そのものの中身を組み立てることだといえるでしょう。その人にとっての問題、その人の持ち込んできた課題はいったい何なのかということに迫っていく過程で、個別の状況を援助者が受け止め、理解していくことではじめて、相談者個人を尊重し、相談者独特の個別の状況に沿ったかたちで問題解決を図ることになるのです。

（3）単純な類型化を回避するために

では、どうしたら援助者がニュートラルな立ち位置で相談者に向き合うことができるでしょうか。援助者が所属する現場はその機関での立場も、あり方も、機能や役割も、全て違います。まさに現場ごとに違うといってよいでしょう。けれども相談を受けるということについては共通しています。事例からもわかるように、援助者の思考が固定化することの怖さ、すなわち自分の常識の中の固定観念や最初にもった相談者への思い込み、いわばパターン化することのリスクが認識されているかどうかということが大きな鍵といえます。そのため、現場の対応においては普段の援助者自身の援助の仕方がどうなのかということがもっと問われるべきだと思います。

例えば、ある特定の援助者が行う課題に対する解決のパターンがあるとして、その援助者がこのケースにはこのやり方という、いつも画一的な方法で対応し、その他の提示がなかったとしたらどうでしょう。この相談を個別に、別の視点で聴き込んでいったとしたら、もっと別の事実が浮かび上がってきて、相談者の課題の解決方法も別のやり方のほうがよいかもしれないということが出てくるかもしれません。これは、援助者自身がこれまでの経験に裏打ちされたシミュレーションしか見えていなかったのではないか、という気づきがあるかどうかにかかっているといえます。

そうした事態を避けるためにも、経験のあるスーパーバイザーに相談する機会をもったり、所属する機関のスタッフとのカンファレンスや検討会を定期的に行って、一人の判断でなく、複数の援助者で検討し合い、相談者の抱える課題を客観的に捉えられるような組織のシステムをもつことが重要です。そこでは、この援助者がこうした対応をしたからこのような結果になった、というこ

とではなく、相談者の課題に適切に対応できたということを現場から積み上げていくことが大切だと思います。このことは、援助者それぞれが相談者の個別化を大切にするために、カンファレンスやスーパービジョンのなかで「自分だったらこういう対応をする」という援助者自身のステレオタイプに気づき、そのリスクを意識化できるようになり、そのことが、自ずと援助者の力量を示すものとなるでしょう。またより経験の浅い援助者にとっては、より広い視野でケース全体を捉えることができますので、援助過程で立ち止まったり、修正をかけることが可能になり、相談者の主訴に基づいているかを点検できることになります。

そのためにも、各援助者が所属している団体が、所属会員に向けてスキルアップの場を提供していくことを考えるべきでしょう。組織として積極的にその場を設けることで、援助者に「気づき」の啓発を行う必要があると思います。そのことが援助者が陥りがちなパターン化を避け、ニュートラルな立ち位置で相談を受けることになると思います。

4 どのように「特定のひとりの人間」として捉えるのか

(1) 相談者の人格を尊重していることを態度で示す

個人を尊重するといっても、具体的に何をもって尊重しているということになるのでしょうか。バイステックは、援助者の言葉ではなく態度で示すことだと述べています。援助者が普段なにげなくしている行動が、無意識のうちに相談者にとって配慮に欠ける態度にならないようにしなければなりません。逆に言えば、援助者が普段している態度を意識的に点検して行動すればよいということになります。

具体的に説明します。まず、可能であれば面接の予約をとること、そして決められた面接時間を守ることです。相談者を迎え入れ、相手の事情に配慮する姿勢を表すとともに、「あなたとの時間を大切にします」というメッセージを伝えることができます。また、相談するのにふさわしい場所を選ぶことです。静かで話しやすい環境を保障し、相談者が安心して話せる場所と空間を提供することが必要です。今回の相談以前に相談経過があった場合には、前回の相談

はどんな相談内容だったのか、どのように対応したのか、援助者が事前に確認しておくことも大切です。相談者特有の状況をあらかじめ整理しておくことで、スムーズに相談を受ける環境を整えることができます。前回の相談とは担当者が異なる場合にも、相談者に同じことを繰り返し伺うことを避けることができます。そうした援助者の態度から、相談者は「自分のことを覚えていてくれて、自分の問題を大切に扱ってくれる」という認識をもつことでしょう。

　また、今回の相談までに相談者が取り組んだ努力について語ってもらうことができるかもしれません。相談に必要な書類を持ってきてもらうことでも、相談者の現在もっている能力を活用し、相談者の問題にあわせて援助者が情報収集しようと努力していることを態度で伝えることができます。相談場面でなにか書く必要があるとき、例えば施設の申込みの場合に、名前や生年月日を書くなど、相談者にできることは本人にやってもらうことです。それは相談者の力を確認することであり、同時に相談を受け身ではなく相談者が自らの問題を意識して捉えることになります。そして一緒に確認して行うこと自体がともに取り組んでいるという姿勢や態度を相談者に示すことになります。

　さらに相談が進むなかで、援助者が最初に思った解決策よりも別の対応のほうがよいと考えられる場合には、以前に考えた解決方法にこだわらず、柔軟に、その時の相談者の状況に合わせて変化し、対応していくことが大切です。相談者が躊躇することなく、その個別の事情を話せるような配慮と接し方が鍵になります。

　最後に個別性を尊重するうえでは、相談者本人の、事柄に対する感情や特別な体験を含んでいることが多いので、プライバシーの尊重と秘密保持が特に大切になります。

　現実的には、それぞれの相談機関の状況によって、なかなかこれらのことを保障するのは難しいかもしれません。病院であれば、面接室が空いていなくても、別の空いている部屋を探すとか、静かな場所で話を聴くことができるかもしれませんが、相談機関によっては限られた時間の中で相談を受けなければならない制約があったり、環境によっては衝立もないところで相談を受けなければならなかったり、喫茶店で面接しなければならない場合もあります。相談内

容の記録の作成と保管は重要な要素ですが、そもそも相談記録を作っていない、相談記録があってもそれを保管する場所がなく記録を持ち歩かなければならない相談機関もあります。相談機関の在り方は実に様々ですし、一律にこうしなければ相談を受けてはいけないといった規則があるわけではありません。しかし、相談を受ける環境をつくることは、相談者の個別性を尊重するうえで重要だということだということを、それぞれの機関が自覚してほしいと思います。そして常にその視点をもって改善できる点は一つずつ、改善していただけたらと思います。

（2）相談の主体は相談者であると認識すること

　相談は「相談に来た相手」が主体となることが重要です。なぜなら、人は、個々に別々の課題をもち、その課題に悩み、その課題を解決したいという想いがあって相談に訪れるからです。

　相談者が相談機関を訪れたとき、援助者はその持ち込まれた課題を解決するために、何かしなくてはならないという思いにかられることはないでしょうか。アドバイスをしようとしたり、納得させようとしたりしていませんか。この「何かしなければならない」というのが実は、援助者が陥りがちな過ちです。確かに相談者は自分ではどうにもならない問題をもって混乱しているかもしれませんが、何もできない無力な存在ではありません。援助者に話を聴いてもらうなかで自分の置かれている状況を客観視できるようになったり、問題を整理することができます。相談者のひっかかりがどこから来ているのか、それはその人にとってどんな意味があるのかを、その人自身が知ることが解決に向けての第一歩になるのではないでしょうか。本人自身が問題に取り組み、自ら解決方法を決定する機会を奪うのではなく、「その人自身のために、その人が考え、取り組むこと」。これが相談者の主体性を尊重した援助者の姿勢だといえます。援助者は相談者本人が思っている課題から出発しなければなりません。

①主訴に沿って聴く――面接の目的を確認する

　相談に来た相手を主体とするにはどうしたらよいのでしょうか。それはまず、援助者が相談者を「そのまま受け止める」ことです。実際の面接場面において

それは、「じっくり話を聴く」とこであり、具体的な方法としては、相談の内容を「主訴にそって聴く」ということになります。
　「主訴」というのは、相談に来た人が「何を訴えたいと思っているのか」ということです。相談者ははじめ、なかなか本当に伝えたいことを話し出さないかもしれません。また、一方的に言いたいことを次から次へと切々と語っていても、何を相談したいのかはっきりしないまま、時間だけが過ぎていくこともあるでしょう。援助者はまずは相談者の話をじっくり聴き、表面的な事柄ではなく、想いや考えを受けとめ、その中から中心となる課題を見出し、確認することが大切です。
　この相談者の話をまずじっくり聴くうえで不可欠なのが「面接の目的を確認する」ことです。
　例で説明します。一般病院での面接では、主治医からの依頼で、患者さんの退院後の療養先を探してほしいという相談が多くあります。はじめて相談者である家族に会ったとき、「転院に関する相談」の場合、援助者がいわゆる典型例とみなして、一日も早く患者さんの入れそうな転院先をただみつければよいという態度で接したとしたらどうでしょう。面接で、「主治医から連絡がありました。転院先を探しておられるのでしょう。どういった条件のところをご希望ですか」と問いかけたとします。相談者は患者の病状が安定しているとは思えなくて、実は転院そのものに疑問をもっていたとしても、援助者が始めからそういう態度であれば、本当の気持ちは話しづらいでしょう。しかし、もし、ここで援助者が「主治医からどのような説明を聞いていますか？」と、相談者が面接に来た目的を確認し、そして「その説明に対してどのようにお感じになっていますか？」とその面接自体に対する相談者の想いを聴いていたらどうでしょう。相談者はその心の内を話すかもしれません。さらに丁寧に話を伺うなかで「主治医には忙しそうで言えなかったけれど、条件さえ整えられれば在宅療養も考えたい、でも具体的なサービスがよくわからなかったので言えなかったのです……」と主治医の依頼内容とは異なる気持ちを語るかもしれません。これでは全く退院後の方向性が違ってきます。このように援助者の面接の仕方によって、相談内容そのものが全く別のものになるということは実はよくあることなのです。

第1章　相談者をかけがえのない個人として捉える　37

②援助者の聴く姿勢と観る態度

次に援助者側には聴く姿勢と観る態度が重要な鍵になります。

まず聴く姿勢ですが、それは、援助者がなるべくまっさらな状態で相談者の話を聴くということです。そしてその前提として相談を受ける側もひとりの人間であり、意識的にも無意識的にもいろいろな感情や価値観、更に言えば先入観や偏見、そして思い込みをもっていることを認識して、できるだけこれらから自由であるように努める必要があります。援助者がこのような態度を援助関係に持ち込むことによって、相談者はひとりの「かけがえのない個人」としてではなく、援助者の個人的な経験や思い込みに基づいて決めつけられた人物像として対峙させられることになり、その結果、相談者の状況や問題に関して誤解をもつことになりやすいことを認識しておくことです。

一方、観る態度とは、特に相談者の言葉にならない表現、例えば、表情、視線、手の動き、姿勢や話し方、言い回しなどを援助者が観察することによって、相談者の個別性を理解することです。相談者の感情にはその人のもっとも個人的な特徴が反映されており、相談者特有の感情を感知すること、そして適切に反応することが必要です。相談者の感情は、とても複雑です。相談者自身が気がついているものばかりではなく、気がつかない感情もあります。援助者は、表出されている感情だけではなく、態度やしぐさによっても、また、怒りや悲しみの感情であっても、審判せずに受けとめることが重要です。なぜなら相談者その人のもつあらゆる感情は、その人を知る手がかりになるからです。相談者は自分の感情に気がつくことで、解決の糸口をみつけることができるのです。

そして、話さない事柄にも注意深く耳を傾ける必要があります。実は語っていないことこそ、重要で、その人にとって意味のある場合も多いのです。ですから、本人が決して触れない話題や用心深く避けている領域があることに気づいたら、記憶しておかなければなりません。

③相談者のペースに合わせる

さらに、主訴に沿って聴くときには、相談者のペースを尊重して進めることが重要です。援助者が相談者の歩調に沿って進めることで、相談者も相談のプ

ロセスに参加することができるようになります。これは逆のことを考えればわかりやすいと思いますが、相談者のペースを無視したり無頓着であったりすると、相談者の問題を援助者が代わりに引き受けてしまいかねません。また、代わりにやってしまうと、相談者にとっては、「そこまでは思っていないのに」という感情を表に出せないでいる場合もあるでしょうし、援助者もつい、「こうしたらいいんじゃないか」と援助者の考えや価値観を押しつけてしまいがちです。これでは相談者の相談ではなくなってしまいます。

　日常の相談場面で具体的に考えてみます。例えば入院患者さんから経済的な相談があったとき、「なぜ、もっと早く、相談に来なかったのだろう？　こんなにせっぱ詰まった状況になって」と思うことがあります。しかし、面接して話を聴いてみると、相談者が様々な事情を抱えていたことが分かってきます。「そもそも経済的な問題について病院で話せる人がいるとは思わなかった」という場合もありますし、「こんなことを相談してどう思われるのだろうか」と援助者にどのような取り扱いをされるのか不安に思っていたということもあります。相談者自身で解決できないことへの無力感をもっていたり、他者に相談しなければならないことへの相談者自身の苛立ちがあったりと、実に様々な思いを抱えて相談に来ること自体を躊躇している場合もあります。やっとの思いで相談することができたのだということが分かってくると、今、ここから解決に向けて一歩進んでいくことが、その相談者にとってのペースであるといえる場合もあります。相談者のペースを保つということは、個別化する上で重要な作業です。

　相談者は援助者に聴いてもらい、そして、受け止めてもらえたという経験をもつことによって、相談者自身の言葉でその想いや感情を表すことができるようになります。表面的な事柄でなく、援助者に課題を共有してもらい、理解してもらえたことを通して、話してよかったという気持ちになるのだと思います。このことは、援助者にとっても相談者をいっそう理解することになり、相談者を周囲の人との関係やつながりのなかで生きている個人として捉えることができるようになります。そうして相談者を取り巻く社会的な関連のなかで、その人の感情や問題を理解することになります。逆に、相談者の言いたいことや気持ちを無視してしまうこと、例えば話の内容を途中で区切ったり、相談者の話

を止めないことが大切です。しかし、相談者のペースで話を聴くということは、多くの相談を抱える現場では困難な場合もあります。ですから、先に時間の設定を相談者に伝えておくとか、援助者側の状況、例えば、途中で電話がかかってくるかもしれないことなどをあらかじめ相談者に伝えて話を聴くなどの工夫が必要になってきます。

（3）インテーク面接で行われること

①インテーク面接とは

　面接は、近所のおじさん・おばさんとして話を聴くのとは異なり、専門家として話を聴くことになります。最初が肝心、思い込むと大変なことになります。一方、ただ相談者の話に耳を傾け、答えを待つということとも違います。援助者が相談者特有の状況に共感して理解しようと積極的に語りかけることも必要です。そうしたかかわりによって、相談者が自らの問題に積極的に取り組むことができるようになります。相談者の主訴に沿って面接を進めているのか否か、それが一番よく現れるのがインテーク面接です。

　インテーク面接とは、救急搬送による入院などの例外を除き、最初の面接であって援助そのものではありません。しかし、援助者が相談者と出会い、援助関係を築きながら、その相談者特有の問題を共有し、課題を明確にして取り組んでいくために、相談者の置かれている社会的、歴史的な背景を捉えて構造化していく大切な面接です。概ね1時間以内を限度とし、相談者に対応した内容をその日のうちに記録する必要があります。

　面接では、まず相談者の不安や緊張を和らげ、受けとめたうえで、相談者がどのような問題を抱えているのか、何を望んでいるのかを確認します。そして、持ち込まれた問題を整理しながら、緊急性の度合いを確認し、優先順位をつけながら、中心となる課題は何かをみていきます。持ち込まれた問題は、その相談機関で取り扱うことができるのかどうか、できるとすればどういうことができるのか、幾つかの課題に分けて取り組むにはどのくらいの期間が必要なのか、相談者に時間的余裕があるのかどうかなどをみます。また、できないこと、限界は何か。別の機関ならば解決が可能なのかを明確にします。そのうえで、当面の課題として何をやっていくのか明確な援助目標を立て、取り組むプロセス

を明らかにして、相談者との合意が得られた場合に相談関係がスタートすることになります。

　②インテーク面接のポイント
　私はMSWとして駆け出しの頃、インテーク面接について窪田暁子先生の講義で教えていただきました。その講義内容を踏まえてインテーク面接のポイントについて説明します。
　インテーク面接ではまず、相談者の話を聴き、主訴を捉える段階では、訴えを焦点化して事実関係を整理していくことが重要になります。「誰が」「いつ」「どこで」「どんなことが」「どのように」起こったのかに絞って把握することにより、相談者の言いたいことが明確になってきます。ここで注意しなければならないのは、単なる事実の取調べにならないように、あくまでも相談者の状況を理解することが目的だということです。
　次に、把握した事実をどのように相談者が認識しているのかを明確にしていきます。相談者は話したい話を思いのままに話すことが多いと思いますが、援助者はゆっくりその話を聴きながら、ときには話を止めて確認したり、区切って整理したり、気持ちを受けとめて明確にしたりして確認していくことです。とかく慣れないうちは、相談者の勢いに押されてただ相槌を打っているあいだに時間が経ってしまうことがあるので気をつけましょう。話を中断するのではなく、話を要約化する努力が必要なのです。そして繰り返し、丁寧に聴いて確認することで、相談者の状況を理解し、整理を行います。そして、整理した中身を相談者と共有し、この相談機関で取り上げるべき課題は何かをお互いに明確にして、今後の取り組みについて合意するところまで行います。
　以下、くも膜下出血で病院に運ばれ同日手術をしたが、健康保険がなく医療費を支払うことができない外国籍の患者さんの娘がNPOに相談した例を見てみます。

娘：母が病院に運ばれて入院しました。脳から出血していて、主治医に命の危険があるからって、入院したその日に手術をしたんです。
NPO：それは大変でしたね。お母さん大丈夫ですか？　あなたも大変ですね。

娘：そうなんです。突然のことでびっくりしちゃって……。しかも500万円くらいかかるって。もうどうしたらいいか……。
NPO：えっ、500万って、そんなにかかるんですか？
娘：500万円……。母も私も頑張って働いてるけど、そんなお金どうしたらいいか……。
NPO：500万円って、それは困りましたね。お母さんは健康保険、持っていますか？
娘：子どもたちの世話のために一緒に住んでいた時はあったかもしれないけど。でも今は持ってないです。
NPO：そうですか……。保険がないって大変ですね。

　緊急性が高く、まだ詳しい状況がよくわからない場合、大切なことは、事実をつかむということです。ここでは医療費の支払いの相談ですが、問題はこの500万円という金額の根拠です。健康保険に加入していないということですから、医療機関で自費の扱いになっているのかもしれません。娘さんが混乱しているなかで、NPOの援助者は娘の想いに沿ってなんとかしたい、力になってあげたいと思ってはいるけれど、一緒に困っています。
　この場面、もう一つの面接で見てみましょう。

娘：母が脳から出血して入院しました。主治医に命の危険があると言われて入院した日に手術をしたのですが500万円くらいかかるって。もうどうしたらいいか……。
NPO：それは大変！　急な入院で、500万円て言われたら、びっくりしちゃいますよね。<u>500万円って、誰からどうやって聞きましたか？</u>
娘：前に友達のお父さんが入院して脳の出血で手術したら500万円かかったって。だからお母さんも500万円かかりますよね。本当にどうしたらいいんでしょう……。
NPO：お友達のお父さんのときは500万円かかったんですね。病院から請求書が来たわけではないですね？
娘：まだ入院して3日目なので請求書は来ていません。

面接では相談者の問題を受け止めることが大切です。まずは相談者のペースでストーリーを語ってもらい、援助者は、それを一つの事件だというように受け止めます。「それは大変！　何が起こったの？　もっと話をしてください」というように相談者に促すことで、相談したい内容を相談者自身が語ることを援助者が側面から支えます。と同時に、相談者の話に耳を傾けているという姿勢を率直に伝えています。相談者に自分の言葉で語ってもらい、一人の個人として尊重される体験をしてもらうことで、相談者がどんなふうに問題状況を捉えているのか、相談者の見方や考え方を援助者も知ることができます。そうして娘は「500万円」と言っているけれど、どこから出てきた数字なのか事実を確認します。相談者の、はじめの勢いにとらわれず、状況を整理しながら、本当に取り組むべき課題をつかんでいくのです。
　事例を続けましょう。

NPO：お友達のお父さんのときと同じように、そのくらいかかると思って驚いたんですね。今はあなたとあなたのお母さんの力になりたいので、お母さんのことをもう少し詳しく教えてもらえませんか？　入院のときの状況はどんなでしたか？

　この場面では、「娘と娘のお母さんの話をきちんと聴きたい」と援助者が仕切り直しをしています。このように援助者のほうから娘の話の内容を焦点化し、相談の枠組みをつくり、課題を捉え直すことがポイントです。

娘：アパートで倒れてたところを、一緒に仕事に行く友人が発見し、私に連絡をくれたんです。それで私も急いでアパートに行って、救急車を呼んで病院に運ばれました。
NPO：あなたも駆けつけてお母さんと一緒に病院に行ったんですね。
娘：そうです。

　入院時の状況について、援助者は行旅病人・行旅死亡人取扱い法（行旅法）

や外国人未払い医療費補てん事業（医療費補てん事業）の利用を考慮しています。この制度の利用については、地方自治体によって実施しているところとそうでないところがあるので、確認する必要があります。まず事実の確認が必要なので、MSWにつなぐ前にNPOの相談の時点で聞いておくことも大切です。事例では、救急車で運ばれてきたことで緊急性は把握できますが、自宅から運ばれたこと、娘が救急車に同乗していることから、この時点では行旅法の利用は難しそうだと判断しました。さらに、家族関係や労働の実態について事実の確認を行い、健康保険の取得に向けて整理していきます。

NPO：<u>お母さんは働いているというお話でしたが、どんな保険証を持っていますか？</u>
娘：お母さんは、はじめ観光ビザで日本に来て、私の子どもたちの面倒見るために一緒に生活していました。そのときは私の旦那の保険に入っていたと思うけど、自分で働いて生活するって別居してからは、旦那の保険証からは抜けてしまいました。今はたぶん保険証は持ってないんじゃないかな。
NPO：<u>前に一緒に暮らしていたときはあなたの旦那さんの保険に入っていたけど、今は保険証を持っていないのではないかということですね。</u>
娘：たぶんそうだと思う。持ってないと思うんですよね。
NPO：そうですか……。ところで<u>お母さんはどんな仕事をされているんですか？</u>
娘：ビルに入っている会社の清掃をしています。
NPO：<u>長い時間働いているの？</u>
娘：朝8時から夕方5時くらいだと思います。休みはないみたいです。お母さん、一生懸命働いていて……。
NPO：<u>それならお母さんの会社の保険に加入できるかもしれませんね。</u>お母さんの会社の保険の話を聞いたことがありますか？
娘：お母さんの会社はひどい会社で、外国人を雇っているだけで感謝しろって感じで……。実はお母さんは入院する前に高血圧で病院にかかっていて、薬ももらってたんだけど、お金もないし、自費だから途中でやめちゃったんです。会社にはそのとき保険の相談をしたんですが、全然とりあってくれな

かったんです。だったら仕事を辞めてもらっていいよ、人はいくらでも集まるからって……。

健康保険の取得については、どんな働き方をしていたかによって、社会保険加入の可能性を検討できるため、仕事の内容や働き方の実態を聞き取っていきます。また、娘の家族と一緒に生活していたときは娘の夫の社会保険に加入していた時期もあり、現在はどうなっているのか確認が必要です。もし脱退していたとしても、もう一度、娘の夫の社会保険への加入も視野に入れながら、状況を聴き取っていきます。

NPO：そうですか。お母さんの会社の保険に入るのは難しいかもしれないんですね……。それではまず、あなたの旦那さんの保険に加入できるか、旦那さんと相談してみたらどうでしょうか？
娘：私、保険証のことよくわからない。どうしたらいいですか？
NPO：旦那さんの会社の保険加入については旦那さんが会社の人と相談する必要があります。あなたは旦那さんに会社の人と相談できないか？　って相談してみるとよいのでは？　それとこのことを入院している病院のソーシャルワーカーに相談したほうがよさそうですね。

援助者は、今回考えられる対応の選択肢を提示しています。本人の勤務先の社会保険に入れないか、娘の夫の社会保険に入れないかということです。娘に選択肢を提案することで、「本人の会社の社会保険は無理だと思います。それはこんな事情だから」と娘なりの考えや判断を聴くことができました。娘の夫の（社会保険に入る）ほうも、夫に聞かないとわからないと感じていることがわかりました。このように援助者が問題状況を整理して、相談者の娘に伝え直すという作業は、これから取り組む課題を焦点化し、明確化することができます。インテーク面接ではこれらの技法を用いて、相談者を一人の個人として捉えることができます。

では、最後の場面を見てみます。

NPO：お母さんはどこの病院に入院していますか？
娘：A病院です。
NPO：その病院なら相談室があって相談に乗ってくれる人、ソーシャルワーカーがいますよ。相談したことありますか？
娘：いえ。病院で相談できるなんて知りませんでした。ディスカウントしてもらえるんですか？
NPO：ディスカウントは難しいと思いますよ。でも、<u>娘さんとして精一杯のことを考えて旦那さんの保険に入れるかどうかを相談しているけど、どうしたらいいだろうって相談してみるといいと思いますよ。</u>
娘：そうなんですか。病院って、あれこれ説明されて、サインさせられて、相談できそうな感じじゃないですよね。
NPO：もし、初めて病院に相談に行くのは心細くて、私が一緒に行くことで少しでも相談しやすいなら、一緒に私も行きますよ。
娘：一緒に行ってもらえるんですね。わかりました。病院で相談してみます。

　相談は、娘がはじめに相談に行ったNPOの援助者が相談内容をきちんと受け止めることから始まります。しかしながらNPOのできることと、できないことがあるので、医療費の支払いの相談は病院に相談する必要があることを伝えます。娘にとっては信頼関係のあるNPOの人には言えても、他の人には言えないということがありました。ですから病院のMSWにつなぐために一緒に相談に行きましょうと合意しました。

③　まとめ

　インテーク面接には、まず導入部があります。相談者のペースを尊重しながら、相づちをうったり、視線を向けたりして、相談者の言葉にならないメッセージも受け取りつつ、また援助者の五感も働かせながら興味をもって全身で聴くことが重要です。そうして、相談者の訴えを汲み取る作業を行います。

　次に、相談者は一体どのようなことを訴えようとしているのか、どういう状況のなかで相談にみえたのか想像力も働かせて、おおまかな概要を把握していきます。それと共に、相談者のもつ固有の問題の幅と深さ、つまり問題の深刻

さや程度、取り組むスピードをおおまかに把握します。

　しかしながら、ただ情報を収集するのでは、情報が氾濫して整理がつかなくなってしまいます。事実の確認をしながらも焦点を絞り、狙いを定めて聴いていくことが重要です。全体状況をみながら、相談機関として当面やるべきことの範囲と、取り組む時間がどのくらい必要なのかなども考えながら面接を進めていきます。事例では医療費の支払いをどうしたらいいのかという相談ですから、行旅法や未払い補てん事業の活用はどうなのか、社会保険の加入についてはどうなのかなど、援助者が確かめたい仮説を確認するために相談者に適切な質問を投げかけ、一つひとつ丁寧に検証します。問題状況のアウトラインをつかみながら、もっとも中心的な課題、緊急性の高い問題を抽出し、優先順位をつけながら面接を進めていきます。

　最後に、面接の終わりは整理の段階です。相談者の話を聴いて一緒に確認したこと、課題として理解したことをもう一度、相談者に伝える場面です。そして相談者と援助者のお互いの認識が一致しているかどうかを確かめ、今後の取り組み内容を確認する、相談を継続していくかどうかを確かめ合意することです。援助者の立場でできることを説明し、そのうえで病院のMSWにもかかわってもらおうと面接の方向付けを行います。ここでは、援助者と相談者が共通の言葉で援助目標を確認しておくことが重要です。どんなに短い面接であっても一定の枠組みがあります。援助者が適切な枠組みをつくることで、相談者との適切な位置と距離の設定ができます。

　今回の事例では、行旅法と未払い補てん事業を取り上げましたが、制度の利用は、利用できる条件もあるので、相談者の状況をよく確認したうえで、利用を検討することが大切です。このことは、個別化をするうえでも、当然必要な作業です。

　以前、外国人支援のNPOメンバーから次のような話を聞きました。ある外国人の相談活動を続けていたが、ある時期から相談者と連絡が取れなくなってしまい、どうしているか心配していたところ、別の外国人支援NPOからその相談機関に問い合わせが来たというものです。その相談者は最初の相談機関に相談に行ったものの、なかなか解決できないため別のNPOに相談に行ったそ

うです。この事例は、相談者の訴えを聴くだけではなく、最初の相談機関がどのような立場で何をするのかを相談者に納得してもらったうえで相談を進めていたか疑問が残るケースです。相談者の訴えをひたすら聴くということではなく、どういう目的意識で相談者と援助者が相談を続けているのか常に確認しながら、同じ目標に向かって進めていく、相互の関係性が重要になってきます。

5　個別化を意識すること

　相談機関として相談を受けるなかで「個別化の原則」をあらためて意識をする一番の理由は、援助者として相談者を理解し、尊重することが最も大切だからです。それには、プライバシーを尊重し、秘密を守り、相談者の気持ちに寄り添い、訴えを聴くことが重要です。そして個別化の原則は、相談を受ける援助者の態度や姿勢と、面接の技術を伴ってはじめて担保されていくものです。しかしながら、この態度と技術は、すぐに身に付くというものではありません。援助者が意識して、相談する環境を整え、相談者一人ひとりのかかえている問題に耳を傾け、一生懸命向き合うことが大切です。そうした態度や姿勢によって、相談者が極めて固有の問題を語ることが可能になります。そうした作業を通してのみ、特別な、個人的な事情に即した援助ができると言えます。いわば相談者と援助者の相互作用によって援助関係が形成され、問題の解決の方向性が見出されていくのです。したがって、個別化の原則は、援助者自身のたゆまぬ努力の積み重ねによって獲得されていくものだといえます。

　最後に、援助者は相談者の命と生活にかかわる専門的な相談をしているということをあらためて認識し、日々の相談活動を進めていただきたいと思います。私たちMSWも、ともに真摯に相談活動を行いたいと思います。相談機関を訪れた相談者が、相談を通して自ら「こうしたい」と心にストンと落ちていくような納得のいく面接を心がけ、目指していきたいと思います。そして相談者が自分の人生を自ら一歩踏み出していけるよう、かかわっていきたいと思います。

第2章　相談者の感情表現を大切にする
——意図的な感情表出の原則——

伊藤正子（法政大学）

はじめに

　ソーシャルワークの相談では、相談者やその家族の具体的な生活問題について話し合います。それは、例えば失業や疾病に伴って生じる経済的な問題であったり、医療機関への受診についてであったり、あるいは親の入院中子どもをどのように世話するのかといったことなど様々です。こうした相談を理解するとき、私たちは具体的な収入や貯蓄状況、健康の程度、子どもの年齢などといった客観的な情報とともに、相談者がどのように感じているのかといった主観的な情報も大切にします。主観的な情報とは、相談者の感情、希望、考え方などといえますが、相談の際にいつもこれらが明確であったり、また相談者の口から語られるとは限りません。むしろ、何らかの困った状態にあって、混乱していたり、迷っていたりするなかで、感情を表出することは容易なことではないといえるでしょう。

　したがって援助者は、援助という意図をもって感情の表出を促す、あるいは、援助という意図をもって感情表現の制御を行うことがあります。感情を吐き出してもらったほうがいい場合と、あえて今日はこの辺でとどめておきましょうとするのがよい場合があり、その場で見極めながら相談を進めていくことになります。

　それでは、「意図的な感情表出」とは具体的にどのようなことでしょうか。以下では、感情に着目する理由と、それを表出することの意味を確認したうえで、援助という意図をもって感情表出を大切にするとはどういうことかについて見ていきたいと思います。

1　相談者の抱える「感情」とは

（1）複雑でアンビバレントな心理

　カウンセラーではないソーシャルワーカーがなぜ感情に着目をするのか。その理由を考えるために、相談者の心理的要素について検討していきます。これにはいくつかの特徴があります。

　第1は、たとえ単なる経済的・物的な援助が訴えの主たる内容であっても、そこには深く心理的・情緒的な要素が関わっているということです。例えば「お金がなくて困っています」という相談でも、その人は自分自身のことを《ダメなやつだ》と自分を責めたり、《こんなことを相談したら人から非難されるのではないか》《軽蔑されるのではないか》などと不安を抱えているかもしれません。あるいは「子どもを施設に預けたい」という相談でも、《子どもを自分で育てられないのは親として失格だ》とか、《子どもに申し訳ない》という思いや、逆に《子どもさえいなければ》という思いもあるかもしれません。介護サービスの申請や転院先を探すといった、相談内容が明確な相談であっても、まずはこれまで背負ってきた苦労や心情をすべて吐き出さなければ次に進めない、という状況はよくあります。このように、相談者の心理には、援助者や世間からの評価を恐れて口に出せない感情や、主訴には直接関係しないものの話し始めればあふれ出て止まらない想いなど、自由に表現しきっていない感情があることは少なくありません。

　第2は、上述した心理的要素も決して単純なものではないということです。例えば、困っているけれども人の助けを借りたくないと援助に抵抗感を抱いたり、暴力をふるう夫を憎んでいるけれども同時に愛しているというように、相反する感情や態度、考えをもっていることも少なくありません。この感情は「アンビバレント」とか「両価感情」と呼ばれますが、こうした一見矛盾した、微妙な感情を相談者はもっているものであることを認識しておくことが必要です。このように、相談に来られる方々は明確な意思や希望をもっているというより、どうしていいのか自分の気持ちさえわからなくなっていたり、相談することさえ躊躇していたりと複雑な心理であることは少なくなく、それがむしろ自然なことであるともいえます。したがって、問題が経済的・物質的なことで

あっても、それに対する相談者の心情や問題が形成された社会的・生活史的背景などを含めて理解しなければなりません。そしてそれが、問題解決に向けての現実的な方向性を見出す力につながるのです。

（2）表出されない感情

感情表現を大切にすることの基本は、相談者が自由に感情表出できるように援助することです。これは逆に言えば、自由に表出できない、あるいは表出されにくい感情があることを示しています。

では、どのような感情が表出されにくいのでしょうか。ここでは、①自由に表出したくてもできないと思うような何らかの抑圧的環境にある場合と、②心理的な危機状況が高いゆえに言語化されていない、あるいは語ろうとしない場合との二つの領域についてみていきたいと思います。

①抑圧的な環境にあるゆえに表出できない場合

まず、抑圧的な環境にあるゆえに表出できない場合です。例えば「もう人生に疲れたから働きたくない」、「子どもさえいなければよかったのに」というように、一見正当性がないと思われたり、道徳的・常識的に逸脱していたり、反社会的だと思われる場合、あるいは被害者が差別やスティグマ（恥辱）化をともなう問題などが考えられます。スティグマとは、奴隷や犯罪者などに押された「烙印」がその語源ですが、一般に認知されにくい立場・状態や社会関係にある人へのラベリングであり、スティグマ化された人はそれ故の多くの心理的苦痛を抱えることになります。

例えば、虐待をしてしまう「加害者」としての親、HIV患者／感染者もしくはその家族、近親姦や性犯罪の被害者、婚姻外関係の愛人の死によって残された人、精神科疾患やハンセン病の人々などです。このような人々を社会は異質なものと見なし、その抱える問題を理解しようとしなかったり、近親姦や性犯罪の被害者を特定の場所に移したり隔離して、その問題からは距離をおこうとしてきた歴史があります。そうしたなかで、自らの悲しみや苦しみの感情は公認されないものだと思い込まされ、公然と悲しんだり、自分の気持ちを吐き出すことができず、心の奥の殻に感情を押し込めてしまったり、表出そのもの

を諦めてきた人々が数多くいます。

　近親姦の被害者においては、話したら家族が崩壊すると脅されたり、親やきょうだいが施設に入れられ家族がバラバラになることを心配して、感情や体験を語ろうとしないこともあります。また自らにされている行為を「虐待」と捉えず、楽しいと感じたり、触られることで愛情表現を受けているのだと信じて加害者の考えに取り込まれたり、性的行為について自分も批難されるのではないかと恐れたり、恥ずかしいことだと考えて言えない場合、さらには記憶を無意識に追いやったり、感情を抑圧して思い出すことさえできない場合などは、非常に繊細な問題を含み、かつ深刻な抑圧的環境の存在があります。

　貧困、失業、ホームレスの状況にある人々も、スティグマによる多くの心理的苦痛を抱えています。このような人々は、「怠け者」といったレッテル貼りをされることは少なくありませんが、実際は、病気や経済不況などをきっかけに、＜休業（または失業）→収入の減少→治療の抑制→病気の悪化→医療費の重圧→経済的悪化→生活費への圧迫→家事・療養・経済的・精神的負担の増加→家族関係の悪化・崩壊＞といった悪循環の崩壊過程があり、そのなかで健康、職業、家族といった様々な「大切なもの」の喪失が積み重ねられていきます。いつもこれらすべての要因が含まれているわけではありませんが、時にはほとんどのプロセスを経ることがあることもまた事実です。

　その間にも、生きるために再就職の努力を様々にしても、「年齢制限」「要経験」「要健康」などを理由にして何度も断られるのが現実であり、他方、収入がなければ家を借りられない、住所がなければハローワークにも相談できない、住所や「疾病により就労不可」が証明されなければ生活保護受給も困難となるといった画一的、官僚的な制度上の問題も存在しています。

　このような個人や家族による努力の限界のみならず、社会や制度の一定の「基準」や「画一性」により、弱い立場にある人がさらに弱い立場へと追いやられていくといった、いわば固定化された悪循環があるのです。そうした一連の喪失体験と偏見や差別の目にさらされるなかで、ついには社会に対する不信、恐れ、敵対感情を抱くようになったり、失望、無力感、絶望感などから自尊心を保てなくなり、これまでの経緯を援助者に説明しようとするより、自暴自棄になったり、諦念から現状を甘受してしまう人が少なくないことも無理のない

ことといえるでしょう。路上で寝ている姿が、一見「怠け者」と見える人々の問題は、こうした固定化した悪循環という社会的背景の問題抜きには理解することは難しいのです。

　医療の場においても、抑圧的な環境ゆえの表出されない感情の存在が確認できます。筆者の関わる医療ソーシャルワーカー（以下、MSW）の研究会が実施した転院に関する実態調査の結果では、「まだまだ治療をしてほしい」「もっとリハビリを継続したい」と願っている患者や家族に対して、「もう入院の必要性はない」と退院や転院を説明する医師に、「どうせ言っても無駄だから」と、入院や治療継続の気持ちを伝えることを諦めてしまう家族が予想以上に多く存在することが明らかになりました。

　医療という現場では、患者は自身の身体を、家族は患者を、いわば人質に取られているような気持ちになると言ってもよく、そうしたなかで治療や入院生活についての要望や異論を唱えることは、治療の打ち切りや退院につながるのではないかとの危惧を抱えてしまうことがあります。そのため医師・患者関係において、ひいては医療機関のなかでは、MSWにさえも自由に感情を表出しにくく、患者・家族は治療関係という抑圧的な環境におかれている実態が浮かび上がってきたのです。

　とはいえ、制度や政策的観点からみれば、その公平性や合理性を実現するためには一定の客観的基準が必要でもあり、画一性をもたざるをえない部分があるのも事実です。だからこそ、弱い立場におかれた人々が固定化した悪循環に陥ってしまう回路がまたつながっていくわけですが、援助者は、逆にそうした制度的な問題を個別的な状況に即して改善したり、相談者の状況を代弁しながら修正を迫ったりするなどの働きかけが必要となります。社会福祉の運動はこの部分を歴史的に行ってきましたし、そのことによって少しずつですが改善されてきた制度・政策は決して少なくありません。

　相談者と医療者や行政との間に入って対等に話し合いの場がもてるように調整したり、抑圧的な存在となっているシステムに対して、他の専門家や援助者とのネットワークによって働きかけることで相談者の希望を現実のものにすることは、相談者の感情表出を間接的に支えることでもあるといえるでしょう。

②心理的な危機状況が高いゆえに言語化されない感情

次に、悲しみや苦痛の大きさゆえに言語化されていない、あるいは語ろうとしない場合を見ていきます。ここには、それまでと同じ人生には二度と戻れない、時には生きる意欲さえ失わせるほどの、絶望のどん底に突き落とされるような大きな悲しみを経験する喪失体験、および、そうした大きな外傷体験の直後における感情表出の難しさがあります。病や事故によって半永久的に身体の一部や健康を失ってしまうこと、あるいは最愛の家族との死別や離別、幼児期の虐待、親しい関係や家庭内における暴力、さらには大きな災害・戦争などによる生活そのものの喪失などです。ソーシャルワークの相談場面で、これらの外傷体験を負った方と出会うことは決して少なくありません。

一般に、このような大きな悲嘆からの回復に関する研究では、人は外傷的な出来事のあとすぐに、精神的麻痺、パニック、絶望などの状態を経験し、続いて、本人が経験を再組織化する過程で否認、孤立、回避を示すのが普通であると報告されています。経験を再組織化するとは、出来事の因果関係を整理・理解し、その体験を解釈する、あるいは意味づけていく作業といえますが、この段階に移る前のところで外傷体験の衝撃から出来事そのものを否認したり、問題や感情に向き合うことを回避するといった行動は、感情を表出する以前のところで心理的・時間的に立ち止まってしまっている状態だともいえます。

さらには、こうした感情は「時が経てば解決してくれる」というような直線的なものではなく、その時の衝撃、恐怖感、不安などはトラウマとなって何かを契機によみがえり、繰り返し思い起こされることも多く、しかもそれが長期間にわたって続くものであるともいわれています。犯罪被害者や、災害被災者が「あの時から時間が止まっている」と感じるように、悲しみから癒え、回復するまでには長い時間を要します。このようにそこにとどまり続ける人々に対して「もうそんなに悲しまないで、将来のことを考えましょう」と励ますことは、「いつまで悲しんでいるの」というメッセージとなり、感情を表出してはいけないんだという気持ちにさせるとともに、悲しみの感情を再び封印し、抑圧したりすることになりかねません。ことに①抑圧的な環境にあるゆえに表出できない場合の例でみた近親姦や性犯罪の被害者、戦争や災害被害者は、まずこうした外傷直後のショックによる麻痺、混乱、回避などによって言語化す

ることが困難な状態となり、さらにスティグマ化されることにより、時間を経ても語ることが困難な立場におかれるという意味で、「語れなさ」「表出のしにくさ」がより深刻であるということができます。

　しかしながら他方では、心の奥の殻に閉じ込められたままであったり、どう表現したらいいのかわからない感情は、その状態でとどまるというよりは、様々な身体的症状や行動、あるいは感情的・心理的な反応として現れることも多いのです。子どもであれば、泣く、落ち着きをなくす、過度に動き回る、怒るといった感情的な反応や、嫌なことに向き合わないといけなくなると発熱や腹痛などを起こすことはよくみられることです。成人においても外傷体験後に不安、緊張によるイライラ、動悸、呼吸困難、睡眠障害などはよくみられるものですし、ストレスによる胃腸炎、脱毛、耳鳴り、皮膚疾患といった身体症状、あるいは防衛反応として、例えば退行といわれるような小児的・依存的な言動になったり、本当は自分が怒っているのに、相手が自分を怒っていると思い、そのことでさらに相手を責めてしまうといった投影行動などもあります。

　アルコール依存症の夫が、妻の出産のときにかなり泥酔して帰ってくる場合がありますが、これは子どもが生まれることへの喜びと不安が混ぜ合わさっての感情表現として理解することができます。このほかに、例えば服装の変化などを見ることで、相談者の心情を推し量ることができることもあります。

　すなわち、心と身体は一体なのであり、言語によって表現され得ない感情は、何らかの非言語的な、あるいは身体症状や精神症状として現れているのです。

（3）外国人の相談における固有性

　外国人においては、さらにその人の属性に関わった固有の体験も複雑な感情を形成することになります。特に人種・民族、文化、宗教間などにおける差異は、経済格差や社会階層と絡んだ複雑な社会関係を生み出し、それがまた摩擦、葛藤、対立につながっていきます。それらの対立が、さらに差別・偏見などと結びついた意識・言動を生み出し、そうした複雑な社会関係が歴史的に蓄積された延長線上に、私たちの考え方や価値観が形成されてくるのです。

　これらの複雑な心情は、例えば、「相談を受けるなかでどうしても気持ちを打ち明けてくれない」というような、拒否的、非協力的だと受けとめられるよ

うな形となって現れたりします。しかしながらそれは、単に援助関係の問題というよりは、日本社会での人種・民族的、文化的、宗教的差別体験、あるいはそれまでの人生のなかで、支配社会からの差別や排除の体験によって形成された考え方と感情がそこには存在していることが多いのです。

　そのため、マイノリティとしての外国人を援助するときには特に敏感であることが求められます。「日本人」や「社会」に対する憤り、恨み、不信感などマイノリティ側としての心情や本音、その一方でマイノリティ自身のなかにも内なる偏見や差別があること、他方、援助者自身のマジョリティとしてのアイデンティティのあり方、マイノリティに対する認識、偏見など、お互いに表出されない考え方や感情があることを意識化しておくことが重要です。

2　語ることの力

　ここまで、一見シンプルな相談や物質的な問題に関わる相談事であっても、そこには複雑でアンビバレントな心情があること、悲嘆感情のように表出しにくい、表出し得ない感情もあり、そのことを理解することの重要性をみてきました。ではなぜ、そのような感情を表出することが必要なのでしょうか。それは端的に言うならば、感情を表出すること自体に小さくない力があるからだと言えます。

　感情を表出する、あるいは想いを語ることの力には注目すべきいくつかのことがあります。

（1）カタルシス効果

　まず、よく知られているものにカタルシス効果があげられます。これは浄化ともいわれ、もともとは体内にたまった汚物を体外に排出して体内の浄化をするという意味だったようです。これを、催眠療法において無意識下に抑制されたものを解放し、そうすることで治療効果につながるとして、心理療法においてはじめて用いたのが、フロイトの初期の共同研究者であるJ・ブロイアーでした。

　筆者の経験ですが、仕事に関連した悩みを、誰にも相談できず1年ほどひと

りで抱えた末に、どうにもならなくなり同僚に話したところ、まるで体重が軽くなったと錯覚するぐらいに心が軽くなったと感じたことがありました。まさに身体のなかから溜まっていたものが減っていくという感覚でした。

　当然ながら、1回の話や相談で心理的な負担が解消されるとか、問題解決に向かって進むわけではありません。しかしながら、話すことでそれまで抑圧していた葛藤や感情が解放されて楽になったのは事実であり、まさにカタルシス効果を身をもって理解することができた経験でした。

（2）経験に対する意味づけによる能動性の回復

　ここで、話すという行為によって何がなされていたのかを考えてみますと、その問題についての見方が間違っていないことを納得してもらおうと、自分の窮状を訴えたり、正当化したり、弁解したりしていたかもしれないし、話すことが不安や苛立ちなどの感情のはけ口にもなっていました。同時に、本当に自分の見方やあり方が正しいのだろうかと、自分に対して問いかけもしていたし、自分がどのように感じているのかの確認も行っていました。そして、その後も繰り返し同僚に話していったのですが、そうやって何度も、何カ月もかけて人に話し、また対応などについて相談をするなかで、自分の考えをはっきりさせ、またどうすべきかを決めていくことができていったように思います。すなわち、そこでは自分の感情の正当化、弁解、はけ口などによる「感情の解放」と、内省、自問自答、出来事の解釈などによる「経験の意味づけ」がなされていたといえます。

　この「経験に対する意味づけ」のことを、「語り」を重視するアプローチなどでは「解釈（づくり）ｱｶｳﾝﾄ」や「物語（づくり）」などとよんでいます。そして多くの場合、解釈や物語には、重大な危機や喪失体験についてその出来事の始まり、中期、結末という筋書きの構造をもったストーリーや物語として理解し、そして語れるようになることで、言葉にならないほどの衝撃が一つの統制された概念として体制化され、その出来事を何とか処理することができるようになる効果をもつものであるとして重要視されています。

　ここで、解釈や物語をつくることについてもう少し丁寧に考えてみます。重大な喪失体験は、その人がそれまで生きてきた「意味」までも奪ってしまう体

験だといえます。「なぜ、こんなことが起きてしまったのか？」「なぜ、私がこんな目に遭わないといけないんだろう？」「もし、あの時〜だったとしたら……？」など、重大な体験であればあるほど、それまでの人生や信念、価値といったものを根底から揺さぶり、自分は何者で、何のために生きているのか、根本から問い直す作業となることがあります。言い換えれば、それは新しい気づきや信念、価値を生み出し、新しい自己像をつくり上げることを迫られる状況に置かれているということでもあります。

　このように直面した出来事に対して、自分の中でいろいろな角度から自分自身に問い、容易に解答がみつからないながらも、自分なりの考えや答えに近づいていく作業を、私たちは行っているのです。この「なぜ、自分が？」「なぜ、こんなことに……？」という問いと、自分なりの考えや解答を探していく作業は、自分の中に今までの自分と、重大な体験と、その結果のそれぞれの意味を紡いで、一つの筋書きを作っていくプロセスだといえます。

　しかし、個人的な内省だけで最適な解答に至るのは容易ではありません。多くの人は、それを親しい人に打ち明けて、その内容を共有したり、自分と同じ見方や考えをするかどうか、同じ体験をしたことがあるかどうかを尋ねたり、相手の意見を求めたりします。そしてその「やりとり」が、個人的な経験を社会的な出来事にする大きな働きをもって、それによって視野も広がりながら、少しずつ調整し、解決し、解答を自分で受け入れることができるようになっていくのだと思います。

　したがって体験についての意味づけは、人との対話によって築き上げられていくといってもよく、ここで、内省だけではない、他者に「語る」という行為がまた意味をもってくるのです。

　他者に語るということは、相手にわかってもらおうとして話を組み立てるということです。心のなかでは、疑問文や感嘆文だけで考えたり、苛立ちや不安の単語やつぶやきの連続で思考が続いているとしても、それをそのまま口にしても他者にわかってもらうことはできません。いつ何が起こって、そのとき誰が何をしたのか、そのとき自分はどう感じたのか、今どう思っているのかというように、事柄を因果関係として順序立てたり、あるいはその背景や自分の考え、感情もあらためて説明したりするなど、相手にわかってもらうように構成

し直しながら私たちは話しています。そして、それは最初から完璧な構成であるというよりは、話しながら内省も行い、相手に同意してもらって安心したり、質問をされて気がついたり、意見を聞いて視点を変えたりしながら、徐々に体験を解釈・再編していっているのです。

つまり「語る」という行為が、自分なりのストーリーをつくる行為そのものであって、それが「解釈づくり」あるいは「物語づくり」となるのです。したがって、「語る」という行為による「物語づくり」では、自分や人生について捉えなおす気づきと、それによる自分自身の変化が同時に起こっているということができます。そして、言葉にならないほどの衝撃体験を、人生のなかの意味ある出来事として受け入れられるようになると、人は出来事に対して能動的に対処できるようになります。それは、圧倒的な体験に対してコントロール感をもつことができるようになっていることであり、そのこと自体が悲嘆や苦痛からの回復を示しているのです。

ただしこの過程は、決して単純な、あるいは一直線に進むというものではなく、循環的で、また以前の価値や喪失による悲嘆感情が完全になくなるのではなく、アイデンティティも変化し続け、物語や意味づけも少しずつ書き変えられていくものでもあります。

（3）援助関係への影響

語ることの力は、援助関係や援助者に対しても影響を及ぼします。相談者にとって援助者が感情を自由に表出できる相手であることは、自分を受け入れてくれる相手だと感じることができ、援助者との心理的距離を近くさせることにもつながります。またそれは、援助において重要な信頼関係を形成するうえでも大切な要素であることは言うまでもありません。

また援助者においても、相談者の重大な経験に関わる感情を聴くことで様々な影響を受けますが、なにより、相談者の感情や物語を聴くことは、相談者の問題の見方や受けとめ方、問題の社会的背景と相談者との関係、あるいは健康的な部分と弱い部分といった相談者の人となりや考え方の傾向など、問題を構成する様々な要素についてより具体的、的確に理解することを助けます。すなわち、「相談者のニーズに沿って問題を捉え、改善方法を検討する」という本

来の目的を実践するうえでも、相談者の物語を聴くことは重要な要素となるのです。

　しかしながら、いつもいつも感情を語ってもらえばよいというわけではありません。前述したように、人は外傷的な出来事のあとすぐに、精神的麻痺、パニック、絶望などの状態を経験し、続いて、本人が経験を再組織化する過程で否認、孤立、回避を示すのが普通であり、やがて現実を受け入れ、他者からの情緒的サポートを求めるようになります。この初期の時期、すなわち精神的麻痺、パニック、絶望、否認、孤立、回避などを示すときは、たいていは語ること自体が困難な状態だといえますし、上記に見た言語化によるカタルシス効果は、信頼できる相手との安定した関係のなかで可能となることであり、災害直後の混乱やいわゆるパニック状態のときに、一般の人に適用することは必ずしも適切ではありません。

　このように、相談者の感情表現を大切にするということには、援助として意図的にそれを促す場合と、援助としてそれをあえて制御する場合があります。以下、それぞれの場合について具体的にみていくことにします。

3　感情表現を大切にするということ

（1）援助という意図をもって感情表現を促す

　援助という意図をもって感情表現を促すということは、相談者が話しやすい環境をつくるということでもあります。その環境には、①聴き手の姿勢としての共感的理解と効果的な質問、②面接のための場面設定、などがあります。「個別化の原則」について述べた第1章と重なることが多いですが、以下二つの環境設定について見ていきます。

①聞き手の姿勢——共感的理解と積極的傾聴

　前述した筆者のカタルシス効果の体験について、なぜ語ることが心の負担の軽減につながったのかをあらためて検討すると、一つには、既に見たような「語ること」そのものに力があるということがありますが、恐らくもっと重要なこととして、語ることを可能にした聴き手、すなわちこの場合では共感的に

聴いてくれた同僚の存在が大きかったように思います。

　既に検討したように、「語る」という行為においては、感情の解放と物語づくりが行われていますが、このいずれも、聴き手の共感的な関わり抜きにはプラスの効果は得られません。もともと表出することに複雑な心理が含まれているものに対して、聴き手が理解を示さなかったり、話を信じなかったりしたら、そのことで相談者はさらに傷つき、二度と語ろうとしなくなるかもしれません。このことは、語らないことよりもさらに悪い結果をもたらすものです。すなわち、聴き手なしに物語は語られませんし、聴き手との共同作業で物語は書き進められていき、従ってそのための共感的な関わりをする「よい聴き手」が必要となるのです。

　共感的な姿勢とは、まず、相手が打ち明けようとする話をよく聴き、そして、相手が求めてきたときは自分の考えを述べるということです。共感的姿勢は一つだけではなく、いろいろなあり方があります。相手の立場になってつらさや怒り、悲しみを理解しようと努め、その感情が無理もないことだと受けとめること。「ひとりで抱え込まないほうがいい」ことや、「何かあればいつでも協力する」ことなどを伝えるのも、相談者の傍にいること、理解者であることを伝えることができるでしょう。いずれにしてももっとも大切なのは話をよく聴くことで、援助者側の「情報収集をしなければ」というニーズを優先させて話を妨げたり、相談者の行動や判断を責めたり批判をすること、ましてや相談者の弱みにつけ込むようなことは絶対にあってはなりません。

　次に「話をよく聴くこと」、すなわち傾聴とは、ひたすら受け身的に聴くことであったり、ものわかり良すぎてあまり確認をしなかったり、話を先回りして代弁するということではありません。ここには、相手の「話」をどう理解するかという問題があります。話を理解するには、1）言語的に語られる内容から相談者のおかれた現在・過去の状況を理解し、2）非言語的なレベルの「話」すなわちメッセージをどのように受けとめるのか、3）それらを総合してどのように解釈し、相談者に伝えるのか、という三つのレベルがあります。

　一つめの言語的に語られる内容の理解は、相談者の言語による描写に注目をします。私たちのことばには、その人がおかれた環境すなわち地域性、社会階層、宗教、文化、家族状況などが反映しています。父親を意味することばでも

「父ちゃん」「おやじ」「父親」「パパ」といろいろ呼び方があり、そこには社会階層や文化的な要素、家族関係など様々なものが関連しています。したがって、こちらが使う言葉に言い換えたり、こちらの枠組みにあてはめて問題を理解したり定義したりするのではなく、相談者のことばによって描写された世界や枠組みから理解し、問題の理解と焦点化をすることが大切です。

　外国人の相談者の場合、どのようにお呼びすればよいか、自己紹介のときに確認をしたり、その国での表現の仕方の違いを確認しておくことも効果的でしょう。例えば、「言葉にならない」ほどの悲しみを、その国ではどのように表現するのか、あるいは「お悔やみ申し上げます」といった悲哀や悼みの気持ちを表すのに、どのような言葉があるのかを確認するなど、その国の言葉での言い方に配慮し、できるだけ同じ言葉で伝えることが、相談者との共感を得ることのつなぎになります。

　二つめの非言語的なレベルの「話」とは、準言語とか非言語によるメッセージの理解やコミュニケーションをさします。準言語的な表現とは、言葉に付随する音声的な部分のことです。例えば声が高くなって怒っているようだとか、震えぎみで緊張しているなど、声のトーン、大きさ、抑揚などから読みとれること、感じることがあり、そこも含めて理解しようとすることです。楽しい家族の思い出を語っているのに妙に冷めているとか、前向きに取り組んでいく話をしているのにどこか投げやりな感じがするなど、言語的な意味と話し方から伝わってくるものの間に違和感があるときなどは、そこに何らかのメッセージがある可能性があり、そこに注意を払う必要があります。

　また、非言語的表現とは、視線、身振り手振り、挨拶の仕方等々の身体的な動作や、座り方、沈黙など、言葉によらない部分、言葉にならない部分での意思の表現です。面接への遅刻、欠席、面接終了後も相談室から去ろうとしない、あるいは相談室外で問題的な行動や症状がみられる場合などには、面接への抵抗というメッセージが隠されていることがあります。さらには家族の話に父親の話が全く出てこないというように、決して「語られない」部分にこそ重要な何かがあったりすることもあります。これらのような非言語的表現に留まらず、言葉にされない部分を含めて、相談者のおかれた状況を洞察したり解釈していきます。

他方、これらをもってしても当事者が子どもの場合、言葉だけに頼った面接では危機状況にある子どもたちに挫折感を引き起こさせるだけで、あまり有効ではないとの指摘もあります。そのような自分が経験したことを語ろうとしない子どもや、言葉でうまく表現できない子どもたちを理解するためには、絵を描いたり、粘土細工をしたり、おもちゃや人形で「〇〇ごっこ」をして遊んでもらうことも有効です。

　通常、これらは心理療法として活用されますが、そればかりではなく、何かを描いたり制作したりするアート的な行為には、言葉にならない感情や動揺、不安感、怒り等々を発散する表現手段として私たちは認めていますし、子どものときの抑圧的な経験が、芸術家や作家の作品を生み出す原動力になっていることは少なくありません。ハンセン病回復者や被爆体験者の方々の多くが優れた文学や詩を発表されていますが、そこでの言葉にならない抑圧された悲しみ、不条理な社会や人生についての憤り、そして人間に対する深い洞察を、それらの作品から私たちは学ぶことができます。

　これらのことからもわかるように、こうしたアート的な行為は、心理的安定感を回復させる効果があり、またある種の主張やメッセージの表現手段でもあるのです。したがって、児童福祉施設の生活のなかでも取り入れたり、療養所や病棟内で文化的サークルを発足させたり、面接室においても「面接」という形をとらないコミュニケーション手段として子どもに絵を描いてもらい、感情の表出を助けることは、ソーシャルワークの援助の上でも有効な方法なのです。

　三つめの、これらを総合して、問題をどのように解釈するのかについてです。相手の状況や心情をより深く、より正確に理解しようとするためには、効果的な質問を入れて、こちらの理解や受けとめ方がそれで正しいかどうかを確認する作業が不可欠となります。効果的な質問とは、いつ、どこで、何が、どのように、など出来事を確認するための質問や、「その時、あなたはどんな気持ちがしましたか？」「さきほど〇〇とおっしゃったけど、そのことについてもう少し詳しく教えてくださいませんか？」などと相談者の感情を語ってもらったり、何か特定の意味が隠されていると思われるキーワードに焦点をあてて、それを詳しく聴くことで言語化されていない感情に目を向けたり、明確化することを助ける質問なども含まれます。また、言語によって語られる内容と、非言

語的なメッセージとの間にズレや違和感を感じた場合は、そのことを相談者に戻し、その意味を一緒に考えることもあります。

要するに、よりあなたの状況を知りたい、教えてくださいという姿勢だといえます。これらは、援助者が関心を示していることや、問題を共有している存在を伝えることでもあり、また、こうした質問に答えるなかで、相談者は、自分が何を感じ、どう考えているのか、「問題」についてどう見ているのかなど、自分の考えを再確認し、そのことで冷静さを取り戻すことにもつながる可能性をもっているのだといえます。

このように傾聴とは、あらゆるアンテナを使って相談者を理解しようとすることです。相談者の話す言葉、および言葉ではないものすべてに集中して聴き、相談者が考えていること、感じていること、伝えたいことを、言葉の表現する部分と隠されている部分とのすり合わせをしながら理解する、いわば全身全霊で聴くことなのです。

②面接のための場面設定

面接のための場面設定が大切な理由には、一つには相談者が話しやすい環境をつくること、二つめには、単なる友人や知人としての相談ではない援助関係を形成すること、などがあげられます。

相談者が話しやすい環境をつくるという点では、緊張せずリラックスできる環境づくりがポイントになります。例えば物理的な場面設定では、真っ白で冷たい面接室よりは、絵画や花が飾られて温かくリラックスした雰囲気が醸し出されていたり、音が遮断されプライバシーが守られていることが伝わると、安心して話しやすいでしょう。また、面接室では逆に緊張するので、フロアのような多少雑音のするところがよい、という人もいるでしょうし、自宅がもっとも安心できるということであれば、在宅訪問をするほうがよい場合もあります。在宅では、援助者側が「客」になるため、相談者の主体性を確保しやすく、また普段の生活や家族関係などもかいま見ることがあり、共感を可能にする要素が多くなるといえます。

虐待などによって恐怖心や大人への不信感が強く、信頼関係の形成が難しい子どもなどは、「ぬいぐるみのくまさんを抱いて話すと、気持ちが楽になるか

もしれないよ」と手触りのよいものを準備しておいたり、お菓子やジュースでもてなしの気持ちを伝えることもあるでしょう。あるいは、普段は抑圧されていて一人で行動させてもらえないような子どもには、おもちゃや絵本などを部屋に置いて「いつでも自由に触っていいよ」と声をかけておくことで、能動的に、自由に物を扱う感覚を経験してもらうことも大切なステップだといえます。また、恥ずかしがったり周りが気になって答えにくいようなときには、「これから大事な質問に答えてほしいのだけれど、言葉で答える、人形を使う、紙に答えを書く、耳元でささやく、このなかで大丈夫そうな方法はあるかな?」と尋ねて、子どもに話しやすいほうを選択してもらう方法もあります。

　外国人の相談の場合には、通訳の設定も重要です。まず、通訳を誰に依頼するかの問題です。HIV患者／感染者は、自分の感染が本国に伝えられてしまうことを怖れて、同国人の通訳を希望しない人は少なくありません。他方、在日韓国・朝鮮人のなかでは、通訳者に自分と同じ出身者（南・北）を希望する人が少なくありません。そういったことを知らずに、言語だけで通訳者を依頼すると面接ができなくなることがあります。また、よくあるのは家族や友人、雇用主による通訳です。これは、本人たちも楽であるし、ある意味安心で、援助者側も楽です。しかしながら、通訳者が身内や知人、あるいは雇用関係などの利害関係にある人の場合、相談者は通訳者のほうばかりを見て話し、次第に通訳者がどのように反応するのかを見ながら話すようになることがあります。雇用主が傍にいるために本人が自由に感情を表出できない場合があること、国際結婚で日本人男性や姑が隣にいることで相談者が自由に話せないことなどもよく聞きます。そういったときは個別面接に移したり、通訳なしで、片言のことばと身振り手振りででも、援助者と相談者の二者関係で面接をしたほうが良い場合もあります。そのような場合は、あらかじめ本人の了解を得たうえでテープに録音し、後で通訳者に通訳してもらうという方法も考えられます。

　次に、通訳の内容の問題です。通訳者においても援助者と同様、勝手に通訳者の解釈や使い慣れた言葉に置き換えるのではなく、相談者や援助者の言葉通りに通訳することが求められます。一般に通訳の基本は「要約」にあり、いくら逐語訳が必要な場合でも、どの部分を省略するかが通訳者の能力だといわれているようです。しかし、相談援助における通訳では必ずしも要約がいいとは

いえない部分もあります。例えば医療通訳の場面では、病状の説明や手術の説明など、相当細かい話が必要となることがあり、また相談者の感情も丁寧に伝えられなければ、医療者は外国人患者の気持ちや痛みの程度を正確に理解することができません。通訳者は、なるべく相談者が使用する言語や文化に合わせた通訳をすることが望ましく、それによって援助者は、相談者のことばによる問題の意味を理解し、課題の焦点化をすることができます。

（2）援助という意図をもって感情表現を制御する

相談者の状況や話の内容によっては、あえて感情の表出を制御したほうがよい場合があります。それらを分類してみると、①相談者が感情を表出する準備ができていない場合、②援助者が表出された感情に充分に応答する準備ができていない場合、③感情の表出が援助とは逆効果になる場合に分けられます。

①相談者が感情を表出する準備ができていない場合

まず「感情表出の準備ができていない場合」はさらに、著しい暴力の直後に命からがら逃げてきたとか、テロ事件や震災などの大規模災害直後といった被害の急性期にある場合、および過去の心的外傷体験が意識的・無意識に抑圧されている場合の、いわゆる急性期とそれ以後の段階の二つに分けられます。これらは、トラウマ予防の早期介入とトラウマへの対応方法といったトラウマ学の知見から多くを学ぶことができます。

トラウマとは、過去の心理的な傷があまりに強烈であるために、適切に対処されず、無意識下に抑圧されて長期にわたる障害をもたらすような体験をいい、このトラウマが元で後に生じる様々なストレス障害のことを心的外傷後ストレス障害（Post Traumatic Stress Disorder：以下、PTSD）といいます。これまでトラウマやPTSDへの援助としては、トラウマ予防のための早期介入の方法として、外傷体験を語り合い、それを吟味し、トラウマ反応や対処法に関する心理教育を行ういわゆる心理的デブリーフィングが定番とされていました。しかしながら特に2000年以降、アメリカにおいて急性期でのデブリーフィングは、そのあまりに早いタイミングで言語化したり他者の語りを耳にすることがかえってトラウマ反応を強化させる可能性が指摘されるようになり、その無効性

が確認されるようになりました。そして現在、PTSDに関わる援助では、急性期での「応急処置」と、心のバランス感覚を取り戻し、本人の希望が出てからの「トラウマとの直面と棚卸しの面接」との二段階で捉えられるようになっています。

特にこの「応急処置」の段階では、「安心感」を与え、「自己コントロール感」を取り戻すことを基本とする「サイコロジカル・ファーストエイド (Psychological First Aids：以下、PFA)」という概念が見直されてきました。PFAとは、外傷体験直後における応急手当や救急箱を意味する言葉で、小さな傷口は消毒して絆創膏を貼る、火傷をしたら冷やす、骨折したら動かさないで固定する等々の怪我をしたときの基本的な手当の方法が、心の怪我であるトラウマにも必要であるという考え方を基礎にしています。したがってそこでは、安全と安心感を確立すること、利用可能な資源を活用すること、ストレスによって引き起こされる反応を軽減すること、適応的な対処法を促進すること、のちの病理を予防することより自然回復過程を強化すること、などの目的のために考案された８段階の介入により進められていきます。

そしてその最大の特徴は、デブリーフィングのように症状や感情に着目するのではなく、回復を促進させる要素を強化し、回復を阻害する要因を取り除くことを目的とした介入によって、人々の回復力に働きかけることだとされています。ここでは、核となる八つの介入項目について、その要点を簡単に見ていきます。

（ⅰ）サバイバーに近づき、活動を始める（特に、最初の出会いで圧迫感を与えないよう、距離感、身体接触、目を見つめることなどに対する文化的規範の違いに注意する）、（ⅱ）安全と安心感（物理的な危険を避け、災害に関する正確な情報提供をすることによって見通しを与え、噂による情報の混乱を整理する）、（ⅲ）安定化（激しい情動に圧倒されている被災者に対しては、自分の反応を理解できるように手助けし、今後の見通しをもてるようにする等）、（ⅳ）情報を集める：ニーズと心配事（被災直後に詳細な描写を求めることはリスクを伴うため、被災者が自分のペースで話せる範囲で情報の明確化に重きをおかない）、（ⅴ）実際的な援助（被災者とよく話し合ってニーズに優先順位をつけ、達成可能な小さなことから一つずつ前に進む）、（ⅵ）支えてくれる周囲の人々との関わりを促進する（少しで

も早く家族や友人などと連絡をとるよう励ます。あるいは現在身近にいる他の被災者や援助者との交流を促す。グループ交流などのきっかけをつくる）、（vii）対処の方法に関する情報（一般的なストレス反応、および外傷体験や喪失に対する心的反応に関する情報を提供し、事態に対処できるように援助する）、（viii）他の支援事業を紹介する（現在、あるいは将来必要となる他の事業や機関に紹介する。知り得た情報を文書にまとめ、紹介先や次の援助者に引き継ぐ。自分が現場を退くときには、被災者に見捨てられたという感じを与えないように配慮することが必要である）などです。[注2]

　このように急性期にある被災者は、直近に起こった事態の影響を色濃く受けており、いっそう混乱しているため、その段階で災害の経験を語らせることで、かえって不安な感情を呼び起こしたり、精神症状や身体症状を引き起こしたりする危険性が認識され、こういう状況のときにはまず傍らに寄り添っていること、安全・安心の状況を確保することが重要であるといわれています。

　既に見てきた感情表出の促しは、急性期の段階から少し落ち着きを取り戻し、本人が経験を再組織化する過程で他者に打ち明け、または語りはじめる時期がそのタイミングであり、その前の段階は、むしろ安心・安全を第一としたPFAが適用されるべきなのだといえるでしょう。例えば、家庭内暴力や虐待で心理的な危機状況がきわめて高く、感情を言語化したり適切に表出できない場合には、アートで表現することも簡単ではないため控えたほうがよく、むしろ我慢強く、側により添う存在として居続けるほうが望ましい場合などはその例だといえます。

　他方、大規模災害や急性期の被害状況ではないものの、相談者自身が深い感情を表現する用意ができていない場合があります。たとえば長期にわたる家庭内暴力などの外傷体験を負い、それが充分には癒されないまま無意識に対処行動に影響を与えている場合などです。長い拘束的・抑圧的生活によって視野が極端に狭まっていることもありますし、事実を率直に語るまでに時間を要したり、加害者をかばい続ける被害者もいます。またトラウマ性ストレス症状や抑うつ症候群を示していたり、薬やアルコールの濫用や買い物が増えるなどの嗜癖的行動がみられることもあります。

　話を聴いていくなかで、抑圧している感情の存在に援助者が気づく場合があ

りますが、大変ななかでもなんとかやりくりしている状況なら、無理にその感情に向き合わせないほうがよいことがあります。それは、いわばかさぶたを無理にはがして血を出させるようなことであって、本人が回避していたり、意識していない問題に無理に直面させることは、かえってひどく混乱させたり、援助者に対する敵意の気持ちさえつくりかねません。仮に、感情を交えながら話し、後で楽になったように見えても、一時的な感情にまかせて話しすぎたことに後で傷ついたり、不必要な罪悪感を抱いてしまったり、心身の不調が増大することもあるのです。

　一方、ある程度安定し、面接で相談者が最初から詳しく話し出してしまう場合もありますが、このような場合は、それが扱いきれるほどの心理的安定性が相談者にあるのかどうかを見極め、相談者の状態を確認しながら進めなければなりません。一旦話し出すと、コントロールがきかず、すべてをしゃべりつづけてしまうのも、トラウマを負ってコントロールを失った人の特徴でもあるからです。このような相談者は、話しているうちに感情のコントロールがまったく失われたり、自分が何を話しているのかわからなくなって泣き出してしまうこともあり、こうした状態が起こるときは治療の専門家につなげるのがよいでしょう。基本的には、面接の初めに無理に話す必要はないこと、苦しくなったらいつでも中断してよいことを相談者に伝えてしておき、こういった状況がみえてきたら、主訴を明確にするということを意識しながらそれを修正していったほうがよいでしょう。

②援助者が表出された感情に充分に応答する準備ができていない場合

「援助者が表出された感情に充分に応答する準備ができていない場合」は、援助者側の相談時間が少ない、相談者から出された感情に対して援助者が応える準備ができていない場合などがあります。時間が限られているにもかかわらず、中途半端な状態で感情を引き出してしまい、面接を終了せざるを得ない、あるいは予測していなかった感情の吐露に対して適切なフォローができないときなど、それらは無責任な応対となります。このような対応は専門職として回避されるべきものですが、現実には、ケースの多さに比してMSW人員の少なさや、他方での機能分化と在院日数短縮化の圧力などを背景に、面接時間を確

保することさえ困難なことが多いのが現実です。相談があったらまず面接をすることは原則としつつも、時間がない、経験が浅く対応できないなどのような事態が予測された場合は、あえてそこでは引き出さず、「今日はこの辺にしておきましょう」と次回の面接につなげていくのが望ましいかと思います。

③感情の表出が援助とは逆効果になる場合

「感情の表出が援助とは逆効果になる場合」は、相談者が援助者に対して本来の援助関係を超えた依存欲求を示したり、援助者に対する攻撃的感情や不満をぶつけてきたり、援助者の介入を受け入れないといったような極端な依存、理想化、要求とその反動ともいえる不安、幻滅、被害感と罪責感からの言動が現れる場合です。例えば、時と所をかまわず電話をかけてくる、面接室以外のところで会いたがる、援助者が期待通りに動いてくれないことへの不満、不安、そして果ては援助者への人格批難と帰責の言動、あるいは「死にたい」と自殺願望をみせて援助者を試したり、注目を集めようとする行為などです。

これらは、心理療法領域で「転移」と呼ばれる事象で、その背景には相談者の過去の人間関係（多くは両親との関係）に関わる態度、感情、欲求の影響があり、それが援助者との関係のなかに再燃されることとされています。こうした行為は、自分の問題に向き合うというよりは、むしろその本質からの逃避や否認でもあるといえます。こうした言動に援助者が感情的に反応したり、役割を超えた対応をすることを「逆転移」といい、そこには、しばしば援助者自身においても過去の未解決の人間関係に関わる感情が再燃していることが少なくありません。

このような援助関係を超えた感情の表出に対して、援助者がそれを励ましたり促進したり否定するような応答をすることには意味がなく、むしろますます問題に向き合うことから遠ざける「援助」をしてしまうことになります。相談者がそうせざるを得ない苦しみを理解しようとする気持ちと姿勢を示すことは大切ですが、援助者の応答としては、むやみに肯定したり否定したりせず、むしろなぜそのような感情を抱くのかに向き合ってもらうことで、本人の気づきや冷静さを維持できることがあります。このように、相談者が自分自身の問題に向き合っていくところを支えるという意味で、援助者がむやみにそうした形

での感情表出には乗らないほうがいい場合があります。こうした場合、援助者は意図的に感情表出を制御することになります。

　以上見てきたように、何らかの援助を求めてこられる相談者は、たとえ相談内容が単純なものであっても、それに対する自責や迷いなど複雑な感情を抱えていることは少なくなく、また他者との関係や何らかの事情で感情を抑圧していたり、敢えて表出を拒んでいる場合もあります。「相談者の感情表現を大切にする」とは、こうした感情を自由に表現し、心理的な抑圧から解放されることを支えること、同時にそのことが困難な状況にある場合は、無理矢理感情に向き合わせたり表出させたりするのではなく、相談者の「語りたくない」気持ちを大切にすることを意味しているのです。

　これらのことに留意しつつもなお、感情を他者に「語る」ことが自らの物語を紡ぎ直し、過去の圧倒的な体験や感情に対する能動性を回復する重大な力をもっており、それゆえ相談者の感情表出を促すことが重要であることをあらためて確認しておきたいと思います。

注
1　ジョン・H・ハーヴェイ著、安藤清志監訳『悲しみに言葉を——喪失とトラウマの心理学』誠信書房、2002年、p49.
2　サイコロジカル・ファーストエイドに関しては、次の文献における研究成果を大幅に参考にしています。
　明石加代他、兵庫県こころのケアセンター「災害・大事故被災集団への早期介入——『サイコロジカル・ファーストエイド実施の手引き』日本語版作成の試み」『心的トラウマ研究』第4号、2008年、pp.17-26.
　『サイコロジカル・ファーストエイド実施の手引き』
　http://www.j-hits.org/psychological/index.html

第3章　相談者の感情、思いを受容するために
―― 「統制された情緒的関与」と「受容」 ――

鶴田光子（鎌倉リハビリテーション聖テレジア病院）

はじめに

　この章では、「統制された情緒的関与」と「受容」について述べます。この二つの原則はバイステックの七つの原則では中間に置かれています。これまで「バイステックの原則」は単に七つの原則が並んでいるだけだと思っていましたが、この並び方にも意味があり、「個別化」「感情を受け止める」ということから「受容」が導き出されていますので、ここに置かれているのではないかと推測します。バイステックの原則は「ケースワークの原則」といわれてますので、ソーシャルワーカーやケースワーカーのための原則と捉えられるかもしれませんが、この原則は人と関わるときの普遍的な原則ではないかと思います。私でもこのように接してもらいたいと思いますし、これに反したことをされたら不愉快になるでしょう。

　バイステックはソーシャルワークの先生でしたが、一方ではカトリックの神父で、あらゆる人の相談にのる立場でした。予約をしてお金をもらって相談を受けるという形ではなく、本当に街のおじさん、おばさん、なかには殺人を犯した人など、数千人の話を聴いたなかからこの原則をあみだしたのだと聞いたことがあります。私たちはそれぞれ働いている場所、ボランティアをしている場所も違い、職業としてされている方もそうでない方もいますが、相手が誰であろうと自分の立場がどうであろうと、「バイステックの原則」は人として関わるうえで基本的な大事な原則だと、今回の執筆にあたりあらためて感じました。

1 自分の感情を自覚し、吟味して育てること（統制された情緒的関与）

　援助者も人間ですから、様々な感情の動きがあって当然です。では、相談場面で、その「感情」をどのように取り扱えばよいのでしょうか。

　まず援助者が人と向かい合うとき、医師や看護師のように道具を使ってお手伝いするわけではなく自分自身が道具になりますから、道具である自分をよく知っている必要があります。「自分を知る」ということのなかには「自分の感情の動きを知る」ということも含まれます。そして相談にのるときに大事なのが、自分の感情を意識し、さらにその感情の出し方をコントロールすることです。このことがバイステックの述べる「統制された情緒的関与」です。

　相談者が自分が受け入れられた、理解されたと感じるためには、言葉だけではどうしてもピンとこないのです。援助者の表情や声の調子を聞いて、はじめて自分に寄り添ってくれているということが実感できるのだと思います。第2章では相談者の感情表現について述べていますが、相談者にとって、相談を受ける援助者の感情表現は非常に大事です。援助者の中には、相談を受けるときには一切感情を出してはいけないと思っている方がおられますが、それは大きな間違いです。以下、40歳男性の相談を例に見てみます。

　男性：日本に来てからコツコツと夜勤もして働いて一生懸命働いて、やっと貯金もできるようになってほっと一息ついたら妻がねぇ、がんだって言われちゃったんですよね。
　MSW：（無感情な声のトーンで）あー、そうなのですか。
　男性：それで医療費が高くてねぇ、一生懸命貯めてた貯金がもうどんどんなくなってきちゃってね。もう次の請求書がくるのがこわいんですよねぇ。
　MSW：（無感情な声のトーンで）あー、そうですね。
　男性：それでねぇ、そのうえ、会社が倒産しちゃったんですよね。
　MSW：（無感情な声のトーンで）そうだったのですか。

　援助者のこのような反応が続いたとしたら、相談者は腹が立って、何も話す気がなくなってしまうでしょう。援助者には相談者の訴えに「そうですか、そ

うだったんですか」と言葉だけでなく、声の調子や態度も含めて、相談者の気持ちに寄り添う表現を工夫していくことが求められます。当然、一生懸命聴いていれば、自然とそうなると思いますが、

　　（MSWが自然な感情を表現しながら）
　　「それは大変でしたねぇ」
　　「医療費がどれくらいかかるか、ご心配でしょうね」
　　「それで、そんな時に会社が倒産してしまったんですか」

と相談者の気持ちに合わせていけば、相談者もきちんと話を聴いてもらっていると実感できるでしょう。従って、感情表現は相談を受ける援助者側にも当然必要なものです。ただし、ここで「統制された」「コントロールされた」感情表出とあるように、援助者は近所のお世話好きな人が相談話にのっている場合とは違い、ただ単に感情を出せばいいというものではありません。

　　男性：日本で一生懸命働いてきて、やっと少し一息つけるかと思ったら、妻ががんで転移が広がっているって言われたんですよ。
　　MSW：そんなに頑張ってご苦労されてきたのに。奥様ががんになられるなんて、なんて、お気の毒なんでしょう！
　　男性：それで貯金もなくて、会社も倒産しちゃって。
　　MSW：えー、なんて不幸続きでかわいそうな人なの！　どうにかならないかしら、どうしたらいいの!?

などという調子で援助者が自分の感情をそのまま表出して、混乱し泣き出したりしたら、相談者のほうがびっくりして相談できなくなってしまいます。心やさしい相談者であれば、自分が窮状を訴えると援助者をまた悲しませてしまうと思い、自分の感情表出を遠慮し、つらいことを話せなくなってしまうかもしれません。前述の無感情で相談者への共感のない対応同様、援助者が自分の感情をコントロールできずに相談者に対応するということは、援助以前の問題といえます。

確かに援助者は、自分の感情をコントロールすることが難しい場面に出合うことが少なくありません。私も、母子家庭で母親ががんと分かり、家族は中学生の子ども一人だけ、医師はたった一人の肉親であるその子に、母親の命がもう永くないと告知する場面に同席し、一緒に大泣きしてしまったという、今思えば恥ずかしいことがありました。

　もちろん、相談者の気持ちに寄り添うことは必要ですが、援助者が何のため感情を表出するのかといえば、相談者が気持ちを出しやすく、それによって心が開かれ相談しやすくするためなのです。そのために頭は冷静にし、援助者自身がその時もっている感情を自覚し、さらにコントロールしながら感情を出していくことが重要です。援助者自身が悲しいから、腹が立ったからといって、自分の感情を自分のために出していてはいけないのです。これは言うは易し、行うは難しです。しかし、援助者が相談者に寄り添う形で感情を適切に出して初めて、相談者は、言葉だけではなくて気持ちも受け入れられたと実感できるのです。つまり援助者の感情を表出するかどうか、そしていかに表出するかは、それが相談者の援助にどう役立つか、常に注意深く吟味することが大切になってきます。

2　受容しやすい相談者と、そうでない相談者

　援助者である以上、当然相談者を受容しようと心がけているはずですが、そうはいっても、心からその相談者を受け入れ援助したいと思う場合と、ちょっとこの方の言動は受け入れられない……と思う場合もあると思います。

　私は直感的にこの人は嫌だと思いやすいところがあるので、受容が難しいと感じることも少なくないのですが、より受容しやすい相談者とそうでない相談者には、おおよそ一般的な傾向があるように思います。

　前述の例に出した40歳男性の場合で考えてみましょう。［工場でまじめにこつこつ仕事をして夜勤もして働いていたが、奥さんが病気になって医療費が高く、乏しい収入からの貯金ももう使い果たしてしまった。そのうえ会社が倒産して今月お給料が出ないようだ］という方と、［工場で働いていたが、給料はすべてお酒とギャンブルに使ってしまって、借金だらけで会社にも取り立てが

来るようになったから辞めてしまって収入がない。奥さんも働いていたがそんな夫に嫌気がさして出て行ってしまった〕という方では、どちらが援助したいと思うでしょうか。だいたい前者だと思います。

　ワイナーという学者が原因の所在（内的─外的）、安定性（安定─不安定）統制可能性（統制可能─不可能）の三つが援助行動に関係するという原則を出されています（渡部律子『高齢者援助における相談援助の理論と実際』医歯薬出版社、1996 年）。

　具体的に説明しますと、原因が本人にある場合（内的─統制可能）は援助したくないと思うものだということです。奥さんが病気になった、会社が倒産したという本人の責任に負わせることのできない原因であれば、大変だなあと共感し、援助したくなるものですが、お酒とギャンブルに金をつぎ込んでお金がない、自分の素行不良が原因で会社をクビになる、奥さんは出ていくというのは自己責任で仕方がないことと思ってしまいがちです。これが私たちがひっかかるところで、ある意味では当たり前の反応です。このような一般的な傾向を知っておくことはとても大切なことだと思います。

　そしてこのような一般的な傾向だけでなく、そこに援助者の側の個人的な傾向が重なってきます。ギャンブルとアルコールで一文無しになった人が相談に来た場合、同じように援助者自身が借金で苦しんだことがある、アルコール依存症で苦しんだ経験がある場合は、その相談者に親しみや同情を感じて、「それは大変だったよね、やっぱり取り立てが来たりするとほんとに怖かったよね」、と共感できるかもしれません。しかし、援助者の側が共通の経験を有していたとしても相談者への対応は一様で単純ではなく、過去の自分を見たくないと意識の奥に閉じ込めておいたものを、その相談者が来たことで見ざるを得なくなり、そのための混乱や過去の自分に対する嫌悪感が相談者に投影されて、それに向き合いたくないがために相談者を援助したくないと思ったり、逆に過去の自分を罰する気持ちで、相談者により厳しく対応してしまうこともあります。

　同様に自分につらくあたった母親、別れた夫、優しかったおばあちゃん……など、過去に強烈な印象・影響を与えられた人の姿が相談者と重なって、今まで封印してきたその人へ感情が相談者に向かってしまい、援助したい／したく

ない気持ちを起こさせることもあります。このように見ていきますと人間の心は本当に複雑です。

いずれにしても、援助者が受容しやすい人と、そうでない人がいることは当然で、その気持ちの根底にはこれまで述べたような理由があるといえます。援助者としてはそのことを知っておき、自分の傾向を自覚しておくことが必要です。

3　「受容する」

（1）受容とは？

相談者を「受容する」と簡単に言いますが、受容するとはどんなことなのだろうと考えるととても難しく、私自身も本当はよくわかっていないと思うところもあります。

教科書的に説明しますと、受容とは相談者をそのままに受け入れることです。その人の態度や考え方、価値観、あるいはお金があるとかないとか、社会的地位……でこの人の相談にのり、援助しようとするのではなく、その人の態度や考え、あるいは人相、風体がたとえ自分にとって受け入れがたくても、拒否しないでその人を受け入れることです。相談のときに、あなたがもう少し「いい人」だったら相談にのってあげるとか、ここを直したら相談にのってあげるという条件なしに、その人をそのままの状態で受け入れることです。よく母親が子どもに「もっと算数の点数が上がったら、○○に連れていってあげる」などと条件をつけたがりますが、それをしてはいけないのです。そしてこのことは、後述するように、悪いことを容認することとは違います。

（2）受容できない、してはいけない場合

「受容しなければ」と言われても、どうしても受容できないこともあります。また受容してはいけない場合もあります。以下、そのような場合について述べます。

①物理的・制度的にできない場合

物理的にできないこと、制度上の制限やそもそも対応ができる施策がないなど、組織や制度ゆえに相談者のニーズが叶えられない、受け入れられない場合、これは援助者にとっての受容ということとは違います。受容というのは援助者の心のあり方とつながるので、その機関でできないこと、例えば小児科のない病院で子どもを診て欲しい、身障者手帳を障害が固定していない時期にすぐに交付して欲しいというニーズに対してできないというのは、ここでの受容の問題にはあてはまらないでしょう。ただその場合にも、物理的にできないことで門前払いするのではなく、相談者の希望する診療科のある医療機関の情報や制度の内容や申請できる時期を紹介するなど、相談者のニーズにできできるだけ応えようとする姿勢が必要です。

　また「受容」そのものとは別の枠組みになりますが、援助者個人が拒否するのでなく、病院組織の倫理委員会や安全対策委員会で方針を決めていて、その結果、相談者の相談内容を受け入れることができない場合もあります。たとえば宗教上の理由で必要な治療を拒否される場合、感染症の患者さん、また後述のような暴力行為に対してなどです。その場合は援助者が個人で負うのではなく、組織のしかるべき部署に報告し、その決定にゆだねるべきでしょう。新人の場合などは早めにスーパーバイザー（あるいは相談部門の責任者）に相談し、指示をあおぐことが必要です。これは「受容」とは別の問題ですが、組織で働くものとして大切な観点です。

②援助者が受容できない場合

　援助者側で受容が困難な場合があります。どのような場合か、具体的な例をあげながら、考えていきます。援助者が明らかに相談者を拒否しようとする場合は、まずありません。それでも受容できないのはなぜでしょうか？

＜失敗例から学ぶ＞

　私はもともと好き嫌いが激しいのですが、好きになれないタイプの一つに、自分の弱さを出して憐れみを請うような女性があります。そういう人が相談に来るとできるだけ穏やかな顔をして相談にのろうとはしますが、内心では怒りや苛立ちでいっぱいになってしまいます。それで大失敗したことがあります。

その時のことを例に取りながら相談者が受容しにくい場合について述べたいと思います。

　20歳の女性が救急入院し、地方から駆けつけた母親に医療費のことや今後のことなどの相談にのることになりました。母親はなんでもお任せという感じで、いつもいかにもおろおろした様子で来られます。ある時、その母親からの質問が医師に訊くべき内容であったので、「それはご自分で先生に聞いていただいていいと思いますよ」と答え、そこで止めておけばいいものを、「なんでも人に頼ろうとしないで」と余計な言葉を付け加えてしまいました。
　その後その母親は私を訪ねてこなくなりました。「もう来るな」と言われたと受け止められたのではないかと思います。せめて「あなたの思うように決められていのですよ」とでも付け加えればよかったと思います。しかし、この言葉以前に、私の一見親切そうな態度の奥にある、自分への怒りや苛立ちを感じ取っておられたから、この言葉をきっかけに私から離れていかれたのかもしれません。
　私は大変後悔し、援助者としてあるまじき言動の自分を恥じました。そしてなぜこうなってしまったかとふりかえったとき、いくつかの受容を妨げていた要因に気付きました。

　ⅰ）相談者への理解・共感の不足
　私には基本的な人間理解と、患者さんの家族という母親の状況が理解できていませんでした。人間は危機的な状況になると、判断力が低下して依存的になったり、あるいは身を守るために退行し、無力になることもあるという、人間の心理や行動に対する理解が不足していました。さらに「患者家族」特有の心理——思いがけない不幸が降りかかり、日常の生活は壊され、患者のために様々なことをしなければならない、にもかかわらず病院は家族を「患者のために存在している人」としか見ず、家族の思いや苦しみをわかってくれない。しかも患者が高齢の親であるならばまだ受け入れられるかもしれませんが、親にとって自分の希望でもある若い子どもが病気になるという不条理は到底受け入れがたい ……——といった思いを理解していませんでした。

さらに考えるならば、この母親固有の背景から生じた言動——なぜこのようにおろおろし、依存的になるのか、もしかすると今まですべてのことを夫や子どもがしており、世の中の厳しい風に当たることもなく、おっとりと家の中で暮らしてきた方かもしれません。そのような方が娘が入院し、遠方の見知らぬ病院に来なければならないという緊急事態に遭遇すれば、今までと同じように「人に頼る」という方法で対処するしか方法を思いつかないかもしれません。こうした人間一般から相談者固有の状況も含め、私には「相手を理解する」という姿勢が大きく欠如していました。それが受容を妨げたのだと思います。

　また私たちは認知症や精神障害の患者さんを「おかしい人」と決めつけ、その訴えに耳を傾けようともせず、「まともな」家族の意見だけで「援助」を行うことがないでしょうか。これも「疾患」だけに目を向けてしまい「その疾患をもった人間」の表現を理解していない結果、その人を受容できなかったことになります。

　また嘘をつく人もいます。私もよく腹を立てました。ことに都合の悪いことはMSWのせいにしたりする人には怒りがこみ上げてきます。嘘はよくないことですが、嘘をつかざるをえないその人の気持ち、背景に思いをめぐらせれば、怒りも少し収まると思います。苦しい状況の中で、自分の身を守ろうと必死に考えた防衛手段かもしれません。事実と真実は違うといいます。最初から「それは嘘でしょ」とか「本当のことをおっしゃっていただかないと、相談にのれません」などと言ってしまうと、相談者はますます心を閉ざしてしまわれます。時には意図的に否定せず、相談者が話しやすい雰囲気をつくった上で、徐々に話を深めてゆくことがよいのではないかと考えます。もちろん、確信犯的にはっきりと悪意をもって嘘をつくような場合はまた別で、毅然とした、時に組織的な対応が必要とされます。

　ⅱ）援助者自身に内包する問題
　受容を妨げているさらに大きな要因は、援助者である私自身の中にありました。
　人にはそれぞれ好きな人・苦手な人がいるのはやむをえないと思いますが、それはなぜなのでしょうか、私の場合、なぜ人に頼り甘えていく人が嫌いなの

かを考察しますと、それは実は、私自身に自分は人に大切にされていないというひがみ根性があり、またそう感じながら人のケアを求められないでいるので、人に依存したり、甘えたりできる人がある意味うらやましく腹が立つのではないかと気づきました。相談者が依存的だ、過度におろおろするなどと、自分が苛立つ原因を相談者のせいにしていましたが、受容を妨げていた原因は自分にあったのです。

　受容できない、相談者をそのまま受け止めることができないというのは、相談者個々のあり方によって受け入れられない場合だけでなく、今述べたように援助者の側の問題もあります。

　　ⅲ）価値観の違い、偏見や先入観
　同様に援助者のこころのあり方として、援助者の価値観も時に受容を妨げる大きな要因になります。
　飲酒は好ましくないという価値観をもった家庭に育ち、自分もそのように考え、アルコールを一滴も飲まない援助者にとっては、アルコール依存症はもちろん、「退院してからの楽しみはなんといっても晩酌をすること」などという患者さんは「なんと不真面目な人」と思うことでしょう。
　いつも質素に地味な服装をこころがけている援助者にとっては、相談者が髪を染め、肌を露出した服装で現れただけで拒否感をもってしまうかもしれません。
　あるMSWが、先天性心疾患の子どもの医療制度を説明する際、母親への態度がどこかそっけないということがありました。その母親は見るからに育ちのよさそうな人で、着るものも質のよい高価そうなものでした。時々一緒に面会にくる父親もいかにもエリートサラリーマンという印象の人でした。子どもの心疾患自体は手術で完治するものでしたが、母親は手術や退院後の生活に何かと不安を感じ、それをMSWに訴えていたようです。そのMSWは同僚に「あのお母さん、いい生活をしてエリートのご主人もいるのに、あんな小さなことで悩むなんておかしいわよね。だからお嬢さん育ちは困るのよ。○○ちゃんのお母さんなんか、母子家庭で生活保護ぎりぎりで頑張っているのに……」と話していました。

このMSWはもしかすると、経済的にも恵まれないなか、裕福な友人に引け目を感じながら、非常に苦労して頑張って今の仕事に就いたのかもしれません。そのような背景から、「経済的に苦労して育った人＝がんばっている＝○」「裕福な人＝甘えている＝×」の価値観が形成されたのかもしれません。

私の友人が働きながら脳梗塞後の親を介護することに不安を感じ、親の入院先の病院のMSWに相談にいったところ、「私も働きながら親を看ているのだから、あなたも頑張れるはず」と言われたと怒っていました。援助者として信じがたい態度だと私も思いましたが、そのようにあからさまには言わなくても、私自身も自分の基準にあわせ「そんなこともできないのかな……」と思ったりすることは、正直ないとは言えません。

専門職、ことに医療職は真面目で一生懸命な人が多いのか、患者さんやご家族にも健気でひたむきであることを期待し、その期待に反する言動の人、たとえばのんきで遊び好きの人は許しがたいと思う傾向もあります。

さらに政治的信条や宗教や民族になると問題は簡単ではありません。日本人はそれらのことに比較的寛容な国民といわれていますが、それでも「○○教の信者か……」と警戒したり、年配の方、あるいは過去の植民地支配やアジアへの侵略戦争の歴史を知らない若い世代の中には、旧植民地出身の在日の方や外国籍住民に差別的な態度をとることもあります。生活保護受給者や特定の疾患の患者さんへのスティグマは残念ながら未だ消えていません。

こうした偏見は歴史的・社会的な状況の中で形成されたものもあり、また援助者個人の生活歴から生じたものもありますが、いずれにしても全く偏見のない援助者というのはありえないでしょう。

　ⅳ）援助者のおかれている状況

もともとは受容的な、偏見の少ない援助者であっても、たまたまおかれている状況が援助者の受容を妨げることもあります。例えば援助者の職場が非常に忙しく、精神的にも体力的にも大きな負担を負っている、職場内の人間関係が悪い、個人的な生活に問題が生じている……などの状態では援助者もゆとりを失い、相談者を受容することができなくなります。前述の私の失敗例をふり返えってみますと、そのときの私は新設の病院の相談部門の責任者に任命されて

日も浅く、周囲からの要望に応えるため非常に多忙で、配属された新人は何かあればすぐに泣いているような状態でした。周囲から求められることは多くても、自分をサポートしてくれる人はだれもいないと感じていました。このようなゆとりのない状況ではとても相談者を受け入れることはできません。

③受容してはいけない場合

　一方で重要なことは、受容してはいけない場合があるということです。例えば、感情表出をすることが全く問題解決にならず、いつまでもただ感情表出が続いてしまうような場合。あるいは全く理不尽な言いがかりをつけてくる「クレーマー」と呼ばれるような人に対してはこちらが毅然として、相談の枠組みをつくるべきです。そして、専門的な治療を必要とされる人であれば、その機関へつないでいくことが必要になる場合もあります。つまり、相談者を受容することが相談の基本であるからといって、理不尽で不適切な行動まで受容する必要はありませんし、してはいけないのです。

　私の体験した例で、脳幹部梗塞後、高次脳機能障害で重度の失語症がのこった患者さんのご主人が、面会にきては大声で怒鳴り散らしてスタッフを威嚇したり、暴力を振るうことがありました。他の患者さんのご家族も大変恐れていらっしゃる状況で、ついに管理者がそのご主人と面談し、以後このようなことを続けるのなら、面会は許可せず警察を呼ぶことも辞さない、と強い態度で言い渡しました。結局患者さんとご主人の希望を容れ、病状も安定していたので、退院になりました。

　そのご主人は苦しい生活のなか、家族とも疎遠、友人もなく患者さんである奥様と二人きりで寄り添うように生きてきた方でした。その奥様の現在の姿に怒りを感じ、今後の生活への不安も重なって、そのような態度に出るのだ、ということはMSWはじめ、すべての職員が理解していました。その上で「気持ちは理解し受容しても、行動は容認しない」という受容の原則を実行しました。

　受容というのは無制限ではなくて、その人や周囲の人の権利、生命、財産を侵害するような場合は受容してはならないのです。この場合、病院はスタッフや他の患者さんを守る責務がありました

　自分や他人を傷つけたり、半社会的な行動をする相談者の、そうせざるを

得ない気持ちは受け止めるべきですが、その行動をいいよ、いいよということにしてしまってはならならないということです。それは相談者自身が不適切な、自分を滅ぼす選択をしないためでもあります。先ほどのご主人の行動を容認し続ければ、傷害事件の加害者となってしまう恐れもあります。そのような自分を貶める結果になる可能性が予測できる行動を「受容」することは、逆にその人を全く尊重していないことになります。もちろん、そのような状況でも、援助者は相談者の最善の利益を守る努力をすべきで、この方の場合も退院にあたって地域包括支援センターに連絡、在宅での支援をお願いしました。

また人格障害の要素をもった相談者もその気持ちは受け止めつつも、きちんとした距離をおいた対応が必要で、そのために専門家のコンサルテーションも必要かと思います。「受容」しようと関わりすぎて、巻き込まれ援助者がぼろぼろになって潰れてしまうことは、このようなタイプの相談者の場合おこりうることです。受容する「こころ」は適切な対応で表すことが、援助者も相談者も大切にすることになります。

4 「受容するために」

このように受容は困難な場合も多々あります。それではどのようにすれば受容できるのでしょうか

（1）相談者を理解する

誰も受容できないなかで、ではどうやって受容したらいいのだろうかといえば、やはり、相談者を理解することから出発することだと思います。どうしてそのような言動をするのか、そのような考え方をもつようになったのか、その事情を聴くしかないのです。そうすることで多少理解できてくることがあります。

相談援助のことではありませんが、それをしみじみわかるようなことがありました。私は以前大学の教員をしておりましたが、その大学は駅から30分くらいバスに乗った終点にありました。最後まで乗っているのは、だいたい学生か教員です。ある時、私の前の席に年配のとてもやさしい先生が座っておられ

ました。そしてその先生の隣におそらくその大学の学生と思われる男性が座っていて、そこに高齢の女性が一人乗ってこられました。その先生は自分のほうが奥に座っていましたからその学生に「席を譲ってあげてよ」と言うと、その学生は「うるせえー」と返したのです。その言葉に普段はおとなしいその先生が怒って、バスを降りるとその学生を待ち構えていて、なぜか私にも立ち会えと言われ、「あなた、その態度はなんですか！」と叱り、なぜあんなことを言ったのかとその学生に厳しく問い糺しました。その学生が言うには前の晩ほとんど眠れず、体調が悪く、精神的にもいろいろ問題があって非常に落ちこんでいた、そのためとても席を立つ元気はなかったのだと言うのです。私たちはその言葉を聞いてはじめて、彼が「うるせえー」と言ったのには、そういう「背景」があったのだとその時理解できました。そして、そういう背景があるなら「今日はちょっと疲れていて……」と言えばいいものを「うるせえー」としか言えなかったのは、例えば家でいつも父親と母親が言い争いをしていて「うるせえー」とか「ばかやろう」しか言わない家で育ったとか、自分が何か言うと「うるせえー」とすぐに否定されてしまう家庭環境だったかもしれない。そのような彼の背景が席を譲ってあげてと言われて「うるせえー」という表現になるのだろうと推測しました。聞いてみないとわからないものだとしみじみ思ったものです。

　しかし、それでもすべて理解できるわけではありません。しかし、相談に携わる援助者は、少しでも相談者の気持ちを理解し、受容するために、できるだけ相手の身になって想像力を働かせる努力は怠らないと思います。特に、外国籍の人の場合には、相談者の育った文化、宗教、国の制度、教育などが大きな影響力をもっています。

　たとえばある国（文化圏）では、自分の意見をはっきり言うことが当たり前であり、なぜそれができないのかをはっきり言葉にするため、その国（文化圏）であればスムーズにいく相談でも、日本だとそうならないことが往々にあります。そうした異文化に想像力が働かない援助者の場合「この人はなんて攻撃的な人だろう」と思われてしまう可能性がありえます。あるいは中近東の女性が、女性の医師でなければ診察を受けないと言ったときに、「なんてわがままな人だろう」と思ってしまうかもしれません。イスラム教徒の女性は夫以外

の男性に肌を見せないことは、イスラム圏では常識でも、日本ではそのことを知らずわがままに見えてしまうかもしれません。以前私の働いていた病院でも、豚肉を食べないというイスラム教徒の患者さんに、わがままだという医師がいて私はとても怒ったことがあります。今はイスラム教やユダヤ教の食品の禁忌等についても多少理解されるようになりましたが、知らないとそのように裁いてしまうことがあります。私が難民定住促進センターでお手伝いをしていたときに、一緒にボランティアをしていたある女性が、もう手伝いたくないと言い出しました。なぜなら「あの人たちは金の装身具をじゃらじゃらと身につけて歩いている。そんな贅沢している人は助けたくない」と。難民として逃げるときにお金などなんの価値もなくなってしまいます。そのような紙切れ同然になってしまうものを持っていても仕方ないので、価値の変わらない貴金属に換えて、しかも身につけていらっしゃる。そういう事情がわからないと、「なに、そんな派手な格好をして！」という誤解を招いてしまいます。お金が一瞬にして価値がなくなるなんてことは日本人には想像するのも難しいのですが、精一杯その状況を想像する努力をしなければならないと思います。

　外国籍の人の相談にのるときは特に理解しがたいことが出てくる可能性が高いので、まず「聴くこと」、相談者の立場に身をおいて想像することが大切です。

　外国籍の相談者を理解するためには、言葉の問題も大きいです。相談者の話を「聴く」際に、言葉が問題になるときはゆっくりやさしく話すことが重要です。複雑なことを伺う場合など、通訳を使うことが必要になる場合もあります。そして話し方とか声の調子、態度など、言葉でない部分に注目することも大切です。いくら反抗的な態度をとっているようであっても、声が震えているとか涙ぐんでいるとか、そうしたところにも着目すると、相談者の本当の気持ちがわかってきます。

　これは相談者の育った文化によるところも大きく、はっきりと自分の意見を主張する文化、目上の人には絶対に顔を上げない習慣をもつ文化、身振り手振り派手なアクションの文化的背景といろいろです。私の所属する通訳派遣のNPOで経験したことですが、あるラテン系の国の患者さんのところへ行った通訳者が、通訳が終わる否や「あなた、帰ってちょうだい。もう私の通訳に来

ないで」と言われたことがあります。元々、同じ人が通訳を続けないことにはしているものの、とても素晴らしいきちんとした通訳者なのになぜだろうと不思議でした。次の通訳者が訳を訊いて判明したのは、その相談者が非常に悲しんでいるのに抱きしめてもくれない。そのようにすることがその方の国では普通なのですが、その通訳者は通訳として節度を守って距離をとったので、冷たいと思われてしまったようです。

　一方で、文化の理解は大切ですが、個人差がありますので、過度の一般化は危険です。相談者の言動の意味がわからないときには勝手に推測しないで、まずは本人に聞いてみるのが基本だと思います。親しい通訳の人に「あなたの国の人はなぜいつも約束の時間に遅れてくるの？」と聞いたことがあります。すると、遅れて来るのはそのほうが礼儀にかなっているから、時間どおりに来るのはよくないということを聞いて納得した覚えがあります。しかし、「郷に入っては郷に従え」で、そのような文化で育った人も、日本での生活が長くなるとだんだん時間に正確になる場合もありますので、どちらにしても過度の一般化は危険と心得ておいたほうがいいでしょう。

（2）自分自身を理解する

　相手を理解することが大事なように、援助者が自分を理解することも大事です。ではどうやって自分を理解できるのでしょうか。それは相談者と向き合ったときの相手の反応です。相手の反応は自分を映す鏡です。「相手の目の中に自分を見る」とでも言うのでしょうか。

　それとともに自分の考え方、感じ方の傾向とその理由を知っておくことも大切です。前述したように、すごく努力したのに不幸になってしまった人は助けたい、自分のせいでダメになったのに要求ばかりする人は嫌だと思うのは一般的な傾向ですが、さらに援助者自身の性格、生い立ち、今まで育ってきた環境、価値観によって、これは許せない、こういう人は絶対嫌だという個別の基準がそれぞれにあるのです。

　援助者の中にある個々の傾向は悪いことではないと言ってしまうと言い過ぎですが、仕方のないことだと思います。個人の好き嫌いを一切なくしてすべての人を受け入れよう、などということは神様でない限りできません。ただし、

職業として相談援助に関わる者として大事なのは、自分はこういう傾向があるということをきちんとわかっておくことです。たとえば仕事を早くきちんとしなければ気がすまない性質の人は、要領が悪くていつも叱られているような人が近くで仕事をしているといらいらしてしまいます。だからそういう人が来たとき、その人に対して普通よりもちょっと厳しくなりそうだから、気をつけようと思っていればいいと思います。私の場合も前の失敗例から、面接などでイライラしかけたとき、「この相談者のタイプには私はイライラしやすいのだな、気をつけよう」と心を引き締めたり、疲れていたり、何かうまくいかないことを抱えている状態での面接には「気をつけよう」と心の中で唱えながら臨みます。

5　まとめ

　以上「統制された情緒的関与」と「受容」について見てきました。「受容」とは援助者にとってなじみ深い言葉でよく使います。しかしここで述べたように、「受容」とは単に相談者の話を「うんうん」と聴くことでも相談者の言動をすべて容認することでもありません。相談者がたとえ援助者にとって理解しがたい人であってもその人の言葉や行動を理解し、受け入れるというある意味厳しいものです。受容とは相談を受ける側の心のあり方の問題を指しており、結局のところ「相手も自分も人間存在〜足りないところもあるが、すばらしいところもある」として認め合うことだと思います。

　また「統制された情緒的関与」も信頼関係ができていく過程で欠くことのできない態度といえるでしょう。

　援助者が相談者の感情を否定せず、たとえ否定的であっても、相談者に情緒的にも寄り添ってその感情を尊重し、受け止め、適切に対応する。そのことで相談者は受け入れてもらった、認められたと感じ、援助者との間に信頼関係が構築できるのです。すなわち「統制された情緒的関与」は「受容」への第一歩です。ありのままの自分が表出でき、援助者の適切な情緒的関与によってそれが受け入れられたと感じたとき相談者は力を取り戻し、問題解決に歩みだせるのです。その意味で「統制された情緒的関与」と「受容」は第4章の「非審判

的態度」や第6章の「秘密保持」とも深く関わり、第5章の「自己決定」の土台づくりともいえます。

　そしてそのどちらも援助者自身が自分を振り返ることなしには行えないものともいえるでしょう。援助関係は常に「相手を理解する」ことと「自分を理解する」ことの相互関係の上に成り立っているのです。

　そして相談者を受け入れる以前に、援助者は自分自身をよく理解し、受け入れる必要があります。感情表現も含めた自分を受け入れることによって、はじめて相談者も受け入れることができるのです。職業として相談援助に携わっている方もNPOで半ばボランティア的にかかわっている方も、厳しい状況の中で外国人などの重い相談を受けていらっしゃることでしょう。そのような状況が続くと、心も余裕がなくなり、自分を責めたり、また相談者につい感情的に対応することもあるかもしれません。新人の時期などは経験でカバーすることもできず、つらいことと思います。そのような時はまず自分自身を受け入れることが必要です。それが相談者を受け入れる第一歩であるといえます。

　「統制された情緒的関与」と「受容」は人間をかけがえのない存在として尊重するというソーシャルワークの基本理念を具現するものです。それは相談者に対してだけではなく、援助者をも含みます。そしてそのこの理念は前に述べられた「個別化」や「意図的な感情表出」後に続く「非審判的態度」や「自己決定」の他の原則とあわせて考えるとき、さらに深く理解されると思います。

第4章　非審判的態度をとるということ
──非審判的態度の原則──

安仁屋衣子（厚生中央病院）

1　相談を受けたときにはどんな態度が必要なのか

　本章で考えるのは、相談を受ける前の心構えやその態度ではありません。相談者が目の前に居て、相談したいことすらはっきりとせず、しかしそこにある不安を語る。その時に援助者がどのような態度でいることが望ましいのかということです。バイステックは相談者を一方的に非難しない、つまり「非審判的態度」と言っていますが、それはどのような態度なのか、専門的援助者のとるべき態度について考えていきたいと思います。

　バイステックがわざわざ「非審判的態度」を相談の原則の一つに入れているということは、私たち援助者が審判的態度に陥りやすく、非審判的態度をとることが難しいということを言っているのだと思います。自分自身の価値観に加えて、職業的価値観をもって仕事をしている以上、自らを人との接触において審判してしまいやすい存在だということを認識するところから始めたらいいと思います。

　援助者がいかに審判的態度を排除できるかを考えたとき、相談者に会うときに先入観をもたないことと相談者と援助者の距離がポイントであると考えます。先入観をもつことで相談者の本当に相談したいことを決め付けることになります。また距離が接近しすぎてしまうと、心情的になりすぎてしまい巻き込まれ、距離をとりすぎると、傍観者的な評価者として相談者からの信頼は得られないでしょう。

　私自身が経験した事例から考えてみます。
　内科に入院している82歳の女性が"クレーマー"になり、看護師が困って

いました。ナースコールが非常に頻回。看護師が血圧を測るときも、体温を測るときも、採血のときも、「ちょっと、あなた！　痛いわよ‼　もっと上手にできないの！」「このテープの貼り方、なんとかならない？」という調子。身体はほとんど寝たきりに近いのですが、口のほうは達者で関わり方が難しい方でした。看護師たちにとっては"クレーマー""問題患者"と呼ぶような存在になっていて、「この人の担当になりたくない」と露骨な声も上がるほどでした。でも治療は必要な方です。この患者さんは医師との関係はわりといいのですが、看護師に対してだけやたら注文やクレームが多いのです。「ごめんなさい、血管とれなくて」と採血を一度で採れなかったり、うまく針が刺さらなかったことに対して謝る看護師に「痛いじゃない！　あなたプロで給料もらってるのに、こんな下手でよくやってるわね！」ときつい口調で返します。たしかにこの方の言うことはわからないではありません。それにしても看護師としてみれば「そこまで言うこと、ないんじゃないの」と言いたくなり、当然患者さんとの関係も悪化します。それでは看護がうまくいかないのでどうしたらいいだろうかとカンファレンスが開かれることになり、そこにMSWの私も呼ばれて聞いた話が上記のような話だったわけです。

　そこで私はまず、本人にお会いし、ゆっくりいろいろなお話を伺いました。そしてわかったのは、この方は第二次大戦のとき、従軍看護婦だったということでした。物資がないなか、傷ついた兵士たちが大勢運び込まれてくる。包帯がないので洗って使い回してみたり、あるいは兵士の姉、母、恋人の役をすることもあり、場合によっては腕のなかで看取ったり。そのようなつらい体験をされてきたことを、かなり長い時間をかけて聴くことができました。

　本人の話を伺って初めて、この患者さんには「今の看護師はなんなんだ！」という気持ちが起きてくる理由が理解できました。「消毒綿はじめたくさんの物品があるのに、それを無駄にするなんて、もったいない。テープや包帯ももっと短く切って使えないのか」となるわけです。現在の医療機関では安全面、衛生面の理由から、1回使ったら捨てて新しいものを使うという事情もあるわけですが……。ともかくも、そのような厳しい環境の中で看護婦としての誇りをもって仕事をしてきた人だったのです。

　82歳の女性が病院に運ばれてきたとき、医療機関の看護師、医師たちはか

つてその人が看護婦であったということまでは聴き取れません。当然病気、治療が優先ですから、病歴やアレルギー、どんな薬を飲んでいるかはすぐ訊くわけですが、82歳の方に対して、どんな仕事をしていましたかとは訊かないのです。私は、先輩医療ソーシャルワーカー（以下、MSW）の高山俊雄さんから常々「病気と仕事には関連があるから、必ず職業（職歴）を訊くこと」と教えられ実践しているので、ごく当たり前のこととして、この82歳の女性に職業を尋ねたのです。また、その時私は、看護師たちからクレーマー扱いされている82歳の女性に対して、バイステックのいう「非審判的態度」で本人に会おうという気持ちでお話を伺ったわけではありませんでした。事前カンファレンスの場で「看護師に対してだけ厳しい物言いをする」という情報は得ていましたが、「どうして、看護師に対して厳しいのですか？」と尋ねたのではなく、あえて言うなら白紙の状態でお会いしました。伺った話の中で、本人が看護婦として働いてきたつらい心情と同時に誇り高い職業意識、当時の社会情勢等教えてもらうことができました。私が軽々しく口を挟むような雰囲気を与えないピリリとした空気の中でその話はされました。私はこの方の話にコメントしたわけではなく、病棟のスタッフに、看護婦をされていた話をしてもよいかの了解を取り付けただけでした。私のその方に対する態度は批判をしたわけでもなく、とびきり褒めたわけでもなく、結果としてバイステックのいう「非審判的態度」になっていたようです。なぜならその後この患者さんから、「あの相談の人と話がしたい」とご指名が継続的にありました。その都度、この方は自分の人生のひとコマひとコマを退院の準備の話とともに語って下さいました。

　また、カンファレンスでこの患者さんが元看護婦だったという話をしたところ、「そうだったんだ」とその後の看護師たちの関わり方が変わりました。

　これは何が起きたのでしょうか？　一つは、自分たちが生まれる前の第二次世界大戦のときに看護婦としていろいろな想いと使命感をもって仕事をしてきた方が今ここに居るんだということに、素直に尊敬の念を抱いたということ。二つ目は、同じ職業の大先輩に指導、指摘されたということに対する恥ずかしさや、自らの技術や仕事に対する心構え等を叱責されたとの意識が看護師側の対応を変えたのです。ナースコールをする、「そのテープは何なのよ」という彼女の言葉や態度は全く変わっていないのですが、この人がこんなふうに

ナースコールを頻回にするということにはどんな意味があるのか、どんな感情がそういうことをさせるのかを理解する。この人が何故こんなに頻回にテープがもったいないと言うのかというと、物がない時代に生きてきて、非常に苦労する体験をされてきたからだと。それは問いかけ、耳を傾けるというコミュニケーションをとればわかることです。行動が表現している、内に含まれた感情を理解し受け入れることが大切です。それらを理解できた看護師たちは自然と言葉遣い、視線、表情が柔らかく変化していました。

後から考えれば、この82歳の患者さんの態度こそ、同じ職種の人に対する審判的態度であったと言えるでしょう。

2 専門的援助者の相談と、親切な人の相談は何が違うのか

専門的援助者の相談と、ご近所の親切な人の相談は、どう違うのでしょうか。

親切な人は、確かに親身になって、一所懸命話を聴きます。この「親身になる」というのが曲者で、相談関係を冷静で客観的なものから、感情的で主観的なものに変容させてしまう可能性を大きくはらんでいます。場合によっては、最後まで聴かないで、自分の意見を伝える人もいるかもしれません。そして話を聴いた次は親切なアドバイスをします。

「私の場合はこうだったのよ。なんでこうしなかったの？　きっとこうすれば上手くいくわよ」「そんなこと言ってちゃ、駄目じゃない。もっと頑張らなきゃ」「保健所で手続きができるんじゃない？　ウチの息子が確かそう言ってたわ」「お宅のお兄ちゃんは国立よね！　凄いわよね。下の坊ちゃんだって塾行ってるんだから大丈夫よ。やっぱり大学は国立出とかないとねぇ」

その結果、相談者がそれらアドバイスに従わないときには「せっかく、私が相談に乗ってあげたのに」「私の意見を聞かないんだから、後は知らないわ」となることもあるでしょう。

時には、愚痴も含めて聞いてほしいという程度の軽い相談で、専門的な相談は必要でないときもあります。それは、それとしていいのですが、私たち専門的な相談を受ける者の態度としては、親身になるのではなく、相手の立場でものを考えるのであって、相談者のあるがままの話を受け止めたうえで、相談者

を非難したり賞賛したりせず、次章の「自己決定」の原則に関わってくるアドバイスは行わず、その時点での選択肢を提示することが基本だと思います。

　私たち、専門的援助者は、この「ご近所の親切な人」ではない相談が提供できるよう、常に意識しなくてはなりません。自分自身が、初対面の人に何かを相談したいと思ったときを思い浮かべてみればわかりますが、相談者はまず援助者がどのような人物なのか身構えます。《相談にきた自分のことをだめな人間だと思うのではないか》《こんなことぐらいで相談をしてくるなんておかしいと思われないか》《何でもっと早い段階で相談しなかったのかと責められるのではないか》と、びくびくしているのではないでしょうか。相談したいことはあっても、それを伝える前の段階で躊躇することもあると思います。勇気をだして相談をしたところ、残念なことに予想していたとおりに自分の非を問われたり、相談に至る経過を非難されたりすれば、当然いい相談の関係はつくれなくなります。

　相談者の「相談をしたい」という目的を遂げるための大切な援助者の態度とは、非難せず、賞賛せず淡々という態度です。テーブルの前に乗り出して「えぇ？　それで？」という相談者の話の聴き方は、意図的に介入する場合を除き、相談者と援助者の心理的距離を縮めてしまいます。「私は、あなたのお話をしっかり聴いていますよ」というメッセージが伝わればよいのですから、「はい。そうでしたか」で充分なはずなのです。面接の場面で相談者の話をありのまま受け止めるとき、「はい」と相槌を打つことが、批判にも賞賛にもならず、援助者が相談者との距離を修正するときに有効です。「うん、うん」「ええ、ええ」という相槌も時にはあってもいいと思いますが、そればかりでは相談者と援助者の距離を不必要に縮めてしまいかねません。

　また、態度というのは対面しなくても、電話での声のトーンや話し方やことば遣い、口調も含まれます。私は、相談者との電話の際、普段より少しゆっくりめに、なおかつつ少し低めの声で話すように意識しています。つまり、バイステックの言う非審判的態度とは、相談者と援助者との相談関係を構築し、継続していくために援助者がもたなくてはならない必要な態度なのです。逆説的に言えば、非審判的態度で臨まなければ、けして相談関係を築くことはできないのであり、相談関係が築けたということが、結果として非審判的態度でいら

れたということになるのでしょう。

3 「褒める」ことも審判的態度

　審判とは、勝敗であったり優劣であったり順位をつけることを意味します。当然、「そんなにお酒飲んじゃ、駄目ですよ」「倒れて入院になったのは、先生に言われたとおり毎朝薬をちゃんと飲んでいなかったからですね」と批判することは、審判していることになりますので、好ましくない態度です。また、相談者の発言の中に、ある機関の職員に対する態度や発言に対する批判が含まれている場合があります。その相談者の発言に同調したり、加えての批判をすることも審判的態度に当たります。そんな時は「そういうことを伺ったことはあります」と事実の確認をしたり、客観的に言い直す対応が大切です。

　批判することはもち論のこと、褒めることも審判的態度に含まれます。相談者を褒めるということについては批判することに比べて無意識になりがちです。批判したり褒めたりという審判的態度を考えるとき、「批判し褒める立場の人」と「批判され褒められる立場の人」が存在し、それらの人たちはけして対等な関係でないことが理解できると思います。専門的相談を受ける我々援助者は、多くの者が組織の看板を背負っており、その時点で相談者と厳密な意味で対等な関係とは言えないと思いますが、相談を受ける相互のやり取りのなかでは意識的に対等な関係が築けるよう心がけることが必要です。それこそが非審判的な態度で相談に臨むときのヒントになるでしょう。

　例えば仕事を続けながら母親の介護を一人でしていらした方に「仕事も介護も続けてやってこられたなんて、立派ですね。なかなかできないことですよ。本当にすごいですね」というのは褒める立場の人の言葉になり、審判的態度にあたります。確かに立派だし、すごいことなのですが、そのような言葉は、自分とかかわりのない高見の見物であり、他人事の域をでません。「立派ですね、えらいですね、すごいですね」と言われた側は、そんな言葉ではまとめられたくない大変さを、そんな簡単にわかってもらえるはずはない、と感じるかもしれません。ひいては援助者が褒める内容のことしか話せなくなりかねません。「立派ですごい」という条件付きの自分を認めてくれたと感じますので、

自分で駄目なところと感じていることや、都合の悪いことは援助者に対して言いたくないし、言えなくなるかもしれません。相談者をありのままに受け止めることが、非審判的態度です。この場合は、相談者が仕事が終わって電車に飛び乗り、買い物をして自宅に帰り、母親の食事の用意をする様子に思いを馳せ、「随分大変だったと思いますが、どのような工夫をされて時間のやり繰りをしているのですか」という言葉をかけるのであれば、審判にはあたりません。相談者の生活が大変であろうと慮った援助者の気持ちは事実であり、それを伝えるのです。相談者の話を聴き、エピソードの一つひとつを確認しながら相談者がそうしてきた、そうせざるを得なかったことを理解することになるのです。

　目の前の相談者をあるがままに受け止める、非審判的態度で相談者と向かい合うということは、相談者の言葉やなぜそのように行動することになったのか、なぜそのように振舞うことになったのかを理解しようと努め、受け止める態度です。あるがままに受け止めるためには、援助者による適切な質問と言葉以外のコミュニケーションがポイントになります。適切な質問で相談者のこれまでの行動様式を知り、言葉以外のコミュニケーション、表現に気を配ることで相談者の言動に共感し、理解することにつながります。

　私は、相談者との面接が終わった後に、相談者の座っていた椅子に、相談者のように浅く腰掛け、相談者のようにうつむいて、もう一度面接の内容を思い返すという作業を時々やってみます。これは、相談者がどんな気持ちで相談に来たのかを感じるためで、少しだけ相談者の気持ちを理解しやすくなります。共感的な理解が進めば、褒めることも批判することも少なくなると思います。また、定期的なスーパービジョンも審判的態度をとらずにすむ有効な手段です。自分自身の価値基準、傾向が明らかになるでしょう。同じ職場内に先輩や上司がいれば、そこでスーパーバイズを受けることがベストですが、それがかなわないときは、外部機関の先輩に依頼してみてもいいでしょう。

4　援助者の思い込みによる決め付け

　援助者が相談者をひどいと批判したり、素晴らしいと賞賛するのは、なぜでしょうか。事例を示しながら、具体的な場面で見ていきます。

20代の男性、英語圏出身。英会話教室の講師でした。盲腸で入院されましたが、ほとんど日本語がしゃべれない。医師と英語で会話をして、ビザを見せてもらったところ、「人文知識国際業務」ということで入国し、医療保険に入っていません。緊急入院ですぐに手術をするという段取りになり、保険証を持ってないという本人との会話からこれはお金に困るなと医師が判断し、相談室のMSWに経済的支援を依頼しました。1年以上の入国期間が認められているので、国民健康保険に入ることもでき、勤務先の英会話教室は全国展開している大手でしたので、MSWは「場合によっては会社の社会保険に入れるか検討の余地もあるので、3割負担で支払ってもらえばいい」と見込んで話をしていました。しかし、結果的には入院の申込み、身の回りのお世話、全額自費での支払いという三つをすべて別々の女性がされて退院となりました。20代から30代の英会話教室に通う3人の日本人女性です。ということで、本人にとっては、MSWへの相談ニーズは全くなかったのです。

　この事例はそもそも医師からの依頼で、本人からの依頼ではありませんでした。が、ここではその問題はいったん措きます。とにかくその3人の女性たちによって入院に関わる諸々のことはすべて完了されており、MSWが本人と話をしたときに聞いたのは、「日本の皆保険システムは、自分にとっては全くムダ。ガールフレンドがいるし問題ない」という言葉だけでした。そのときMSWは《外国籍の方で保険に入れる立場の人というのはとても恵まれているし、保障もされているというのに。日本の皆保険システムが無駄とは何ぞや！》《それぞれの日本人女性に対して「ガールフレンド」と呼んでうまく利用している感じがして、すごく嫌だ》と心の中で思いました。人間だから当然感じることはあるわけです。しかし時間が経ってみると、この方の一面しか知らないのに、それ程憤りを感じた仕事の仕方にこそ問題があり、言葉にはしなかったものの、声の調子やトーン、眼つきも審判的態度がにじみ出ていたと思われます。

　次の事例です。
　30代の女性、日本人。ある地方で母子家庭で育ち、高校、大学を奨学金

制度を利用して卒業しています。奨学金は、現在も返済中で、母親に仕送りもしています。緊急性がない子宮内膜症ということもあり、来月入院をして手術をするということになったのですが、支払いが難しそうだからと自分が住んでいる市役所に相談したうえで医師にも相談をし、そこから相談室にみえました。高額療養費の限度額認定証を利用するために、市役所ですでに手続きを済ませていました。制度としてはカレンダーの1カ月単位で計算するので、同じ1カ月入院するとしても月初めに入院したほうが経済的に有利です。というわけで、医療費のことに関して、その時点でMSWができることとしては、入院日を月初めに設定してほしいと医師に交渉することぐらいでした。入院費の相談というのはたいてい「今から入院だけど、どうしよう、お金ないよ」という切羽詰った状況がほとんどです。これは外国人でも日本人でも関係なくそうです。それなのにこの方は、病状が緊急でないということもありますが、事前に市に相談に行っているというのも珍しいし、若い頃からご苦労され、奨学金の返済も続けている、それに加えて母親にも仕送りしているといいます。MSWは事実に基づき「入院治療をするにあたって、事前に市役所に行ったり手続きも済まされたということは、職場での調整もあったでしょうし、大変だったでしょうね」と伝えました。日中しか開庁していない市役所に行き制度を調べた行動には、職場で休暇をとる必要があっただろうことを、援助者が感じたことをありのままに伝えたのです。ここで、「すごいですね！　ご自分が入院されるために、計画的に行動できるなんて、なかなかできないことですよ」と話すのは、審判的態度にあたります。市役所に手続きを事前にしてきたという行為を評価して褒めているのです。相談場面での褒めるということは、ある言葉で相談者を括ってしまうことになります。

次の事例です。

　30代の女性、日本人。消化管の出血で緊急搬送されましたが、「お金がかかるから困る！　入院できない。今すぐ帰る！」と救急外来で騒いでいるところへMSWが呼ばれました。MSWは「まあ、落ち着いて」と言い、別室でゆっくりお話を伺いました。6年前から同居している男性から暴力を

受けており、入院でお金がかかるとその男性から殴られることになる。だから怖くて入院なんかできないというのがその方のお話。60代の両親が近県に住んでいるということでしたので、本人の了承を得てとりあえずはご両親に連絡をとりました。電話にでたのは母親でした。娘さんが同居されている男性から暴力を受けていること、今回緊急搬送されたのは暴力が間接的な原因で消化管出血し、そのための入院であるという事実をMSWが告げたところ、「そうですか～、私たちも年金暮らしなので……」というのが母親の第一声でした。それを聞いたMSWの心の声です。《娘が暴力を受けていると知ったら、何があっても守ろうとするのが親ってものじゃないのか！　それなのに第一声が自分たちの経済状況なんて。病院から娘の緊急事態の一報入れたのであって支払いの請求をしたわけではないのに。電車で1時間半あれば来れる距離なのに、今すぐ病院に行きます、ってなんで言わないんだろう?!》。電話なので母親の後ろに誰かいたのかどうかまではわかりませんが、ちょっと普通じゃないよなという印象を受けながらも、「医師から病状の説明をしたいので、病院へいらしていただけますか」とMSWは強い口調で話を続けました。

　最初の事例の英会話教室の講師に対しては「複数の女性と同時に親密な関係をとり、利用するというのは不誠実だ」ということと「国民皆保険制度は他国に誇れる制度だ」という価値基準が、最後の暴力を振るわれた女性の親に対しては「暴力はどんなことがあっても許せない」ということと「親は子の幸せを願うものだ」という価値基準があります。援助者自身の価値基準、傾向があるために、面接の中で援助者は相談者に批判や賞賛という態度をとることがあります。そういった援助者の態度は相談者はこのような人であろう、という「援助者の思い込みによる決め付け」がさせていると同時に強化してしまいます。相談者の能力を過小評価し、表面的にしか相談者を理解していないときに審判的態度となっています。自分の価値基準、傾向を意識していれば、援助者の思い込みによる決め付けも減るでしょうし、相談関係において少なくとも、取り返しのつかない言葉を言い放つことも少なくなり、早めの軌道修正が可能になるでしょう。

5　ほんの少しうまくいった事例から

　私の場合、相談者との距離が必要以上に近くなる傾向があります。距離が近くなると、相談者の話を聴きながら、相談者のおかれているつらさ、苦しさ、悔しさに感情移入してしまいがちで、失敗したことが何度もあります。「うん、うん」といつのまにか身を乗り出す姿勢で話を聴き、相談者が話している内容を自分の出来事のように感じ、同じようにつらく、苦しく、悔しくなってくるのです。そのようなときに審判的態度となりがちです。相談者を必要以上に賞賛したり、第三者機関を相談者と共に非難したりしてしまうのです。相談者との距離が近くなれば「何とかしてあげたい」「どうにかいい方法はないか」と、気がついたら相談者の課題が援助者である私自身の課題にすりかわっていることもありました。結果として、相談者は援助者に依存する傾向になりますし、常にこの近しい関係を保とうとします。

　そんな時、窪田暁子先生から、面接の際には「はい、はい」という相槌でリラックスした姿勢で聴いてご覧なさい、とスーパーバイズを受けました。「私は、あなたの話をしっかり聴いていますよ」というメッセージが相談者に伝わればよいので、それ以上でもそれ以下でもないという指摘を受けました。別の時には、高山俊雄さんから「言葉をぐっとのみ込みなさい。アドバイスをすることがソーシャルワーカーではない」というスーパーバイズも受けており、それを実行してみました。自分自身でも自らの癖はわかっているつもりでしたが、お二方からのスーパーバイズが偶然重なったこともあり、かなり意識してある日の面接をしました。

　労災申請したいということで外来受診をされた患者さんでした。白いものが混ざったたっぷりした髭をたくわえ、小柄ではありますが、ビシッとしたスーツに大きな黒いかばんを手にし、眼鏡の奥は厳しい眼が印象的な方でした。相談者がひとしきり話し終えるまで30分はかかったでしょうか。それでもなんとか「はい」という相槌だけでお話を伺うことができました。私にとっては、「はい」という相槌以外は口をつぐみアドバイスをしないということは意識してやっても、かなりきつい面接でした。いかに日頃、望まれてもいない余計なお世話をしているかということです。患者さんは、話していくうちにだんだん、

ご自身で聞きたいポイントを絞っていき「労災の手続の一般的な流れと、自分の場合これからすべき事柄は何なのかの二点を知りたい」と最終的には記録に書きやすいような明確な相談内容を語られました。それに対し、資料を一緒に見ながら説明をし、具体的な窓口や手続きの方法、その際ありがちな窓口でのトラブルとそれを避けるための書類を提出するタイミング等々を伝えました。患者さんは、今まで医師や、看護師、自分の会社の社会保険労務士などにも同じ話をしていたようですが、上手く相談にならなかったようで「君の話はよくわかった。媚びることなくてきぱきと僕の聞きたいことを丁寧に説明してくれた。病院の中にそんな人がいるなんて驚きだ」とお褒めの言葉を頂きました。

この患者さんのおっしゃった「媚びることなく」というのは、実はこの患者さんは昨年まである大企業の経理部長を務め、現在はその子会社に在籍しているそうです。患者さん曰く、周りの人は自分に対して会社の名前や肩書きに合わせた対応をするというのです。病院でも昨今「患者様」と呼びかけられ、心にもない上辺での会話が多すぎるとも話されました。その点、私たちMSWは普段から肩書きや何かで対応を変えることはありませんし、最初の"クレーマー"と言われた患者さんと同じ意味で白紙の状態でお会いしたということと、意識して妙に前のめりになるような相槌や態度は止め、アドバイスをすることなく相談者の話を聴くことに専念したことが結果としてよかったのかもしれません。

私はこの患者さんとの出来事以来、「私は、あなたの話をしっかり聴いていますよ」というメッセージが伝わる程度の対応と、相談者が話したいことを話す場を設け、アドバイスはしないという2点を習慣とするべく、現在も面接に入る前に心で思い返すようにしています。

6　まとめにかえて　～どういう時に審判的態度に陥りやすいか～

私たちMSWは、病院のなかに勤めてはいますが、医療者ではありません。医療として何が最適（モア・ベター）かを判断するのは医師です。今の治療に不審点がある、もっと説明をきちんと聞きたいというときに医師との橋渡しをする、セカンドオピニオンということでほかの医療機関につなげることはあっ

ても、MSWが医療の中身について相談を受けるということは実際にできません。MSWは「生活者の視点」で相談者とかかわります。

　相談を受けるからには、必ずアドバイスをしなければならないのではなく、本人が何を不安に思っているか、何にこだわりがあるのかを出してもらえるかどうかが、大きなポイントになります。HIV感染のことであったり、足を切断をするといった治療に関することであったとしても、生活者の視点で相談を受けるので、治療方針そのものに惑わされる必要はありません。ここで一番大事なことは、相談者がどういう不安をもっているかということだと思います。

　では、どんな場面で審判的態度をとりやすくなるのでしょうか。例えばMSWにとっては当然と思われる制度利用のときに積極的に希望しない相談者には、審判的態度になりやすいでしょう。その制度を利用しないのはおかしいとか、権利なのだから当然行使するべきだといった表現をしてしまいがちであるということを意識することが大切です。また、刑法に触れるようなことを相談者から後で打ち明けられた場合には、MSWはかなり意識して非審判的態度で臨まなくてはなりません。例えば、ビザを持たない外国人からの相談を受けたとき、別の方の保険証を利用して受診しようとしている患者さんからの相談を受けたとき等です。

　面接というのは絶えずやりとりがあることなので、最初から「これでいこう」とはなりません。援助者と相談者の関係は絶えず、少しずつ少しずつ動いていく「相互の関係」です。援助者が自分だけが考えていることで進めていったり、この場合にはこのように対応しようと決めてかかると関係はおかしくなります。そんな時、相談者は援助者のことを「一方的に決め付けてしまう人」「自分を枠の中に押し込めようとする人」と感じ、話すのをためらうことになります。

　また、常識にとらわれて批判していたり、相手を十分に理解する前に早めに言葉や態度にするのはよくありません。相談を受けるときに、いかに常識を棚上げにでき、相談者が何を求めているかを何回かのやりとりのなかで聴き取り、最終的に相談者自身が納得されるという形にもっていけるのが理想です。そこまでいくには、相当時間がかかることを予め理解しておくことも大切です。

第5章　自己決定するために

大川昭博

はじめに―相談者が自己決定するために

　ケースワーク実践において大変有益な示唆を与えてくれる「バイステックの原則」も、言葉を見ただけですぐその意味が分かる人は少ないと思います。「秘密保持」、「受容」、「個別化」、「非審判的態度」あたりはまだなんとなくイメージはわくのですが、「意図的な感情の表出」「統御された情緒関与」になってくると、何のことだかさっぱりわからない、という人が多いのではないでしょうか。

　それに対して、本章のテーマの「自己決定」、これは実にわかりやすい言葉です。「自己決定ってなあに？」と聞かれたら、おそらくほとんどの人からは「自分で決めること」という返事が、打てば響くように返ってくるでしょう。意味としてはとても簡単な言葉です。しかし、ケースワークの実践においては、相談者が「〜したい」と言ったことを、そのまま額面通りに「自己決定」として受け止めることもできないと思います。

　では、ケースワークにおける「自己決定」とは何でしょうか。

　私は1987年、横浜市に社会福祉職として入職し、最初の9年間は生活保護のケースワーカーとして、その後11年間、簡易宿泊所が立ち並ぶかつての日雇労働者の街の相談員として、数多くの人の相談援助に携わってきました。現在は区の福祉保健センター保護課で査察指導員（スーパーバイザー）としての仕事をしています。その25年間の仕事を振り返って、相手の自己決定を尊重するような仕事をしてきたのかと問われれば、実は全くと言っていいほど自信がありません。もちろんそういうことを無視してきたわけではありませんが、自己決定するための援助とはかけ離れたまま、日々の対応に追われていた、というのが現実であったように思います。

どうしてそうなってしまったのか、あらためて考えてみますと、それは私自身が「相談者に対し、どのように自己決定させるかが援助者の役割である」という誤った認識にとらわれていたからではないか、と思います。しかし、バイステックの原則は、他の原則も含めすべて援助者の態度について書かれた原則であり、自己決定を行うのは相談者であるということを自明としたうえで、援助者がどのように自己決定させるか、ということではなく、相談者自身が自己決定を行うためには、援助者がどういう態度で臨むべきか、ということが述べられています。そこでこの章では、相談者が自己決定するために、援助者はどのような態度で臨むことが適切か、二つの事例を基に考えていきたいと思います。

1 思い込みに左右された保育園利用援助の例から学ぶ

相談者が自己決定するために、援助者はどのような態度で臨むことが適切か、という態度で援助に臨もうとしても、現実は「なかなかそうはいかない」と感じることも多いと思います。大切なのは、うまくいかなかったことを放置しておくのではなく、事例検討、特に失敗と感じられた事例を中心に、実践に対する検証を日常的に繰り返していくことです。

私自身の仕事を省みても、経験が長くなれば長くなるほど「慣れ」が生じてきます。日々多忙ななかで仕事をしていたり、あるいは、相談者の希望をかなえることができるような現実にないと感じたとき、相談者に問い返すこともせず、早々と現実との折り合いをつけようとしたりもします。知らず知らずのうちに生じるこのような援助者の態度が、相談者の自己決定を阻みかつ受け身の立場に追い込んでいくことについて、バイステックは援助者側の課題として提示しているのだと思います。まさに日々の仕事の「慣れ」のそばに落とし穴がある、と実践者の一人として痛感しています。

バイステックは、様々な課題を援助者側の思い込みで判断するのではなく、事例の積み重ねと記録、検証によって克服していくケーススタディの重要性を示唆しています。そこでここでは、そのような先人の知恵と努力に学び、事例を通して考えてみることにします。

（以下の事例は、いずれも寿福祉プラザ相談室勤務時のものですが、内容は個人特定を避けるように変えてあります。また名前はすべて仮名です。）

〈「保育園の相談だったはずが…」──他人の紹介から始まる相談の「落とし穴」〉

　６月のある日に私は、保育園入所手続を援助していたフィリピン人女性のマリガヤさん(36)から、「オオカワさん、お願いがあります。私の友達で、保育園に入れなくて困っている女性がいます。その人のヘルプもお願いできませんか」という相談を受けた。私は一も二もなく引き受け、マリガヤさんからその方に、私の相談室へ来てもらうよう頼んでおいた。

　数日後、そのフィリピン人女性の夫であるアントニオさん(41)が私の相談室を訪れた。
　アントニオさんは、妻のエバさん（33）と、子どものデニスくん（2）と３人暮らしであった。エバさんは以前フィリピン人を多く雇う会社で、ホテルのベッドメイクの仕事をしており、その時マリガヤさんと知り合ったのだが、今は無職なので、アントニオさん一人が働いて一家の家計を支えている。しかし、最近は仕事が激減し生活が苦しくなった、そこでエバさんにも働いてほしいと思っているが、そうするとデニス君の面倒をみる人がいないので保育園に入れたい、とのことであった。
　私は、アントニオさんに家族３人の在留資格について尋ねた。すると、アントニオさんは２枚の外国人登録証を見せてくれた。２枚ともアントニオさんの写真が貼ってあるのだが、一枚は「定住」、もう一枚は「在留の資格なし」であった。しかも定住資格になっているほうには別な名前が書いてある。アントニオさんによれば、以前はこの名前だったが、後になって自分の名前が違うことが分かり、新しい氏名を使って外国人登録をした、という。確かにAntonioと記載されている登録証のほうが発行年月日も新しく、「定住」となっている登録証は有効期間が超過していた。私はアントニオさんに、登録証がなぜ２枚あるのか質問したが、アントニオさんからは、私が納得できるような答えを得ることはできなかった。また、アントニオさんの仕事

第5章　自己決定するために　105

についてもあれこれと聞いてみたものの、アントニオさんの日本語が片言であったということもあって、いったいどういう仕事なのか、よくわからなかった。

　妻のエバさんは、永住資格を持っていた。これはエバさんが日本人との結婚歴があり、その時に永住資格を取得、その後に離婚したという経緯によるものであった。ところが、アントニオさんとエバさんとの間に生まれたデニスくんには、在留資格がなかった。デニスくんが生まれたとき、出生届は出したものの、在留資格取得の手続きをしなかったように思われた。

　そこで私は、手続はエバさんに動いてもらうことが適切であると判断し、今度はエバさんと一緒に相談室に来てもらうようアントニオさんに依頼して、この日の面接を終了した。

　その翌々日、アントニオさんとエバさんがデニスくんを伴って、相談室を訪れた。エバさんは日本人との結婚歴があるので、日本語が分からないわけではないようだが、話は二言三言しか話そうとしなかった。私はエバさんからいろいろ話を聞こうとしたが、かんじんなことは、何一つエバさんから得ることができなかった。エバさんがあまり話をせず、そのぶんアントニオさんがしきりに話をしていたので、私は、エバさんではなくアントニオさんとのやり取りに多くの時間をついやす結果となった。

　ところで、私がエバさんと話をしているあいだ、デニスくんはずっと相談室の中を走り回っていた。デニスくんは、元気がいい、というよりも、落ち着きがない、という感じであった。面接の間中、何やら言葉を発しながら走り回るデニスくんを制するのは、もっぱらアントニオさんの役割のようで、エバさんはただ、デニスくんの様子を「見ている」だけのように思われた。その間他のワーカーが、デニスくんの面倒を見てくれていたのだが、かつて障害児施設勤務経験のあるそのワーカーによれば、もしかしたら何らかの障害を抱えているのではないか、とのことであった。

　エバさんの話を十分に聴くことはできなかったが、私はエバさんとアントニオさんに、あらためて保育園の手続きについて提案・説明した。エバさんとアントニオさんも、デニスくんの保育園利用に異存はないとのことだった

が、手続の方法がよくわからず、また日本語の読み書きができないので書類が書けない、とのことであった。私も、デニスくんの在留資格がないこと、エバさんが無職であること、アントニオさんの仕事の中身がはっきりしないことが、手続にあたってのネックになると予想されたので、アントニオさんたちが住む区の区役所に同行して、手続の援助を行うこととし、期日を約束してこの日の面接を終了した。

結局このケースはどうなったか。実は、幾多の不利を乗り越え、デニスくんは保育園に入ることができました。にもかかわらず、エバさんはデニスくんの送迎ができず、デニスくんはほとんど登園しないまま、数カ月後に保育園利用は取り消されてしまいました。保育園入所の手続きをすると「自己決定」したと思っていたのに、どうしてこういう結果になってしまったのか、以下問題点を考えていきます。

（1）「相談者自身による解決」の視点からみた問題点

この事例を通して、自己決定を考えるにあたり、アントニオさんやエバさんが自分たちの抱える問題をどのように認識し、いくつかの選択肢の中身についてどの程度理解していたのか、また二人が相談過程で自らのニーズを把握し、見通しをもって解決の方向性を見られるようにするために、援助者が意識しなければならなかった点について、考えてみることにします。

◆問題点1：援助者の先入観と誘導

一番重要な問題点として、援助者側の先入観と誘導があります。

アントニオさん、エバさんは知人の紹介で相談機関を訪れました。「保育園の相談」ととらえていたのは、この時点では友人のマリガヤさんであって、実際のところエバさんやアントニオさんがどういうニーズをもっていたのか、その段階では何一つはっきりとしたことはわかっていません。にもかかわらず私の中には、アントニオさんたちの相談も「保育園の相談である」という先入観があり、マリガヤさんがアントニオさん一家の窮状を見るに見かねて、「デニスくんが保育園に入れれば何とかなるかもしれない」と思ったことを、私は勝

手に「保育園の相談」と早合点しています。自己決定を考える上で、主訴の確認を怠ったまま問題の枠組み設定を当事者以外の情報から行っていることの問題が一番大きいように思われます。

とすれば、援助者である私は、まずは「保育園の相談」という認識をいったん棚上げにして、まずはアントニオさんたちが、今どういうことに困っているのか、何が問題と感じているのか、今後どういう方向に進んでいきたいと考えているのか、ということを面接の主眼として主訴を聴き、それぞれがどういうニーズを抱えているか、課題解決を妨げている要因は何なのか、について、面接を繰り返しながら確認をするべきでした。しかし、「保育園の相談」という先入観にとらわれていた私は、初めに行うべき主訴の確認を怠り、保育園入所手続きを行うことを前提に、在留資格の聴き取りに入ってしまっています。援助者である私は、ニーズ把握をしないまま入所手続きの援助を開始し、アントニオさんを援助者の思う方向へ誘導してしまっています。

◆問題点２：援助者の思い込み

二つ目の問題点は、保育園を利用することに関する、援助者側の思い込みです。

このケースの経済的安定のためには、夫婦そろって働いた方がベターです。デニスくんにとっても、家の中にいるよりも集団の中で育ったほうが成長発達の観点からも望ましい、かつ障害と思われる行動が見受けられるのであればなおさらです。アントニオさんやエバさんは生活に困窮し混乱しており、子育てが十分にできていません。様々な意味で、保育園利用は、問題解決のための有効な方法であり得ることは確かですし、そういう思い込みが私の中にあったために、私はエバさんたちに保育園利用を勧めたのです。

しかしその視点はあくまでも一般的な価値観に基づくものであり、かつ援助者側（あるいは援助者である私自身）の思い込みでもあります。自己決定の観点から重要なのは、保育園利用が正しい／正しくないということではなく、「保育園を利用しよう」という意識が、相談者であるエバさんやアントニオさんのなかに芽生え根付いていくというプロセスを経ているかどうか、ということです。

ひとくちに保育園利用といっても、実際に毎日子どもを保育園に送りだすのは、結構骨の折れるものです。保育園は本来子どもの育ちのためにあるものですが、そうはいっても「親の都合」から必要性が発していることも確かです。親の側に「子どもが保育園に行ってもらわないと困る」という切迫感がないと、朝早く保育園まで連れて行くエネルギーは湧いてきません。アントニオさんはエバさんにも働いてほしいと思っていましたが、子どもを保育園に送りだすのはエバさんの仕事と思っていました。一方で、エバさん自身は、現在仕事をしていないのですから、無理して保育園に入れる必要性を感じていません。そういう状態にあるときに、保育園利用を勧め、運よく入所できたとしても、長続きしないことは目に見えています。

◆問題点３：共有できなかった問題やリスク

　アントニオさんは二つの登録証を持っていました。しかし、アントニオさん自身は、自分がどういう法的立場にいるのか、そのことによって生じる不利益、ひとつ間違えばペナルティを科せられる恐れがあるのかについて、正確な知識を持ち合わせていません。そのことは初対面の、しかも公的機関に所属する者に二つの登録証を安易に見せた、ということでも分かります。
　これから様々な制度を利用していく可能性を考えれば、二つの登録証を所持するに至った経過を確かめ、問題やリスクを共有することが、アントニオさんが自己決定するにあたっての重要な要素となりますが、援助者である私はそのことを十分に行わないまま、次の支援に移っています。それが第３の問題点です。

◆問題点４：相談者は誰なのか

　エバさんが面接の局面でほとんど話をしなかった大きな要因は、日本語が苦手だから、ということがあります。したがって、まずは支援の方向を決める前に、通訳者を確保した面接を実施し、エバさんの主訴を聴き取って、エバさん自身のニーズ把握を行うべきでした。
　無論、必要なのは通訳の確保だけではありません。一つは、この面接において、何事も夫であるアントニオさんが話を進め、かつ決めていることからもわ

かるように、エバさんは夫の前では自己主張をしないという行動が染み付いています。また、デニス君は大変多動な子ですから、通常でしたら様々な不安が付きまとうはずですが、エバさんはそれをあまり気にしていなかった、別に困ったこととして認識している様子はありません。自己決定にあたっては、エバさん自身が自分の抱える問題は何かを認識し、何を変えていくのか、変えていくにはどういうことが必要かについて、自己の意識の中に一つずつ落とし込んでいくことが必要ですが、おそらくこのときのエバさんは、まだそういった段階の一つも二つも手前の段階に立ち止まっていました。あるいは、相談に来たのはそもそも保育園の利用のことではなかった、という可能性もあります。

その結果、エバさんにとっては、最初から最後まで保育園利用に対するイメージがつかめないまま、入所が決まってしまいました。保育園の必要性や、保育園利用後の生活や親子関係の変化、変化に対する適応のための課題を理解しての行動ではなく、なんとなく勧められるままに、あるいは紹介者であるマリガヤさんの顔を立てて、保育園の利用の支援に「付き合っていた」ということになります。

（2）自律性の尊重が自己決定の第一歩

以上述べてきた四つの問題点から学ぶべき点は何でしょうか。

それは、援助者である私の思い込みによる援助が、相談者の自律性を損ない、自己決定を妨げる結果になってしまった、ということです。

相談者がどのように問題解決をしていくか、ということは、相談者自身が「どのように生きたいのか」ということと確実につながっていきます。相談者は「どのように生きたいのか」を自分自身のニーズとして意識することにより、自己決定を行っていきます。したがって、相談者の自己決定を支えるためには、援助の一番初めの段階で、相談者の訴えを丁寧に聴き取ること、しかもその聞き取りは、相談者の生活を全体的に理解するといった視点をもち、主訴の本当の意味について考えていくことが必要です。

（3）事例からみる、相談者が問題解決に主体的に参画し自己決定するためのポイント

 では、もし私が、エバさんやアントニオさんの主訴を丁寧に聴き取り、ニーズ把握を行うことにより、課題解決のための方法を共有するという視点に立って、この事例を「やり直す」としたらどうなるか、考えてみます。

◆ポイント1：援助者の「手のうち」を開示する

 まず、「相談のきっかけが、当事者であるアントニオさんやエバさん自身の訴えからではなく、知人であるマリガヤさんの紹介によるものであった」とすれば、まず私が相談者にかける言葉は、以下のようなものになると思います。

> 「こんにちは。アントニオさん。今日はよくおいでいただきました。お話をうかがう前に、私からお話ししておきたいことがあります。私は、あなた方の友人であるマリガヤさんから、アントニオさんたちが、お子さんを保育園に入れたいと考えているが、手続の仕方がよくわからなくて困っている、とうかがっています」。「マリガヤさんからは、アントニオさんたちに対して、保育園の手続をお手伝いしてあげてほしい、と頼まれました」。「そういうご相談として、進めさせていただいてよろしいでしょうか」

 第三者からの紹介で相談を受けるときに忘れてならないのは、「私はあなたに対して、こういう情報をもっており、あなたの課題についてこういう認識をもっているのですが……」という形で、相談や援助を開始する前に、援助者の「手のうち」を、相談者に向かって「公明正大」に開示して、主訴の確認をする、ということです。

 インテークの段階で、援助者の「手のうち」、つまりいま持っているカードをそのまま相談者の前にさらすことにより、相談者の主訴と援助者のもつ情報のどこが一致しており、どこが食い違っているのか、ということが、お互いにとって見えやすく、認識しやすくなります。そして、食い違いを修正し、一致点を確認することにより、相互の理解と信頼関係が深まります。そのような作

業を通して、相談者は自分のニーズや課題が何であるのかということに気づき、それが自己決定することにつながっていきます。そして、援助者は面接を繰り返しつつ、課題を一般化し整理することにより、的を射たアドバイスを行うことができ、そのことが相談者の自己決定を助けます。これはインテークの場面すべてに共通することではありますが、特に、相談者の友人や関係機関からの紹介で相談を受けるときは、援助者の「手のうち」を開示することが大事です。

◆ポイント2：エバさんと個人面接をする

　この事例では、援助者である私の思い込みにより保育園利用を勧め、それをアントニオさんが受け入れたものと誤解して、手続きを進めていった経緯があったことについては、先に述べた通りです。2回目の面接で、エバさんが何も話をしなかったこと、アントニオさんのカタコトの日本語でやり取りされた面接の内容を、エバさんがほとんど理解していなかったことに私の思いは至っていませんでした。また、当時の様々な状況から、保育園の手続きを急がないと利用につながらない、という認識があったことから、私の姿勢は「説得」になっていたと思います。

　そのような反省を踏まえて、「やり直し」のその2を考えてみます。

　2度目の面接が終わった後日、改めてエバさんとの個人面接を設定します。それは、保育園の利用を、援助者側の考えではなく、あるいはアントニオさんだけではなくエバさんの意識に沿って考えるためです。

　そして、この時は通訳者を依頼します。面接を行うエバさんが自分の気持ちを率直に表明できるように、援助者である私がエバさんの訴えを正確に把握することができるようにすることが目的です。

　「あの時（2回目の面接）のお話について、エバさんはどのように思われましたか？」
　「終わってから、アントニオさんとどういう話をされましたか？」
　「初めて相談室においでになる前に、エバさんはどのように考えておられましたか？」
　「その時、アントニオさんと事前にどういうお話をされましたか？」

この時エバさんが、「保育園に子どもを預けて、生活のために自分も仕事に出る」という認識をもっていなかったとすれば、いったん今までの話をすべて棚上げにして、一からエバさんの聴き取りを行います。そして、次にどういう話をするかについてエバさんに確認し、アントニオさんも含めた（あるいはアントニオさんだけとの）面接を設定します。もちろん通訳は必ず依頼します。こういった作業をできるだけ繰り返しながら、アントニオさんとエバさんが解決方法を見出していけるように、援助していきます。

◆ポイント３：解決方法の具体化を行う
　以上の面接を経て、エバさんとアントニオさんが保育園入所の手続きをしていきたい、と表明した、とします。

　　「保育園について、誰から、どういうふうに聞きましたか？」
　　「あなたのまわりに、保育園を利用している人はいますか？　いるとすればそのことをあなたはどう思っていますか？」
　　「実際に近所の保育園を見に行ったことはありますか？」
　　「保育園を利用するとこんないいことがある、あるいは、こんなことが心配になる、ということはありますか？　どんなことがあるか、ちょっとイメージしてみましょうか」

　ひとくちに「保育園」と言われて、アントニオさんやエバさんはどういう実感をもっているのでしょうか。まずは、保育園に対する相談者がもつイメージを尋ね、期待や不安を具体的なものとして表現してもらうことが考えられます。保育園に入れるということは、子どもを一定時間手放して、他人の手にゆだねるわけですから、そのことについてどう思うか、不安に感じていることがあるのかどうか、多様かつ具体的な質問を投げかけて、少しずつイメージを膨らませていくのです。
　どのような人であれ、いままでに自分が利用したことがない制度やサービスを利用するときは、様々な不安がつきまといます。未知のやり方を採る、とい

うことは、既存のやり方を棄てることでもあるわけですから、不安に感じたり、抵抗を示したりすることは、ある意味では当然のことです。特に保育園利用については、今までの親子関係や、子ども自身の社会的環境も大きく変わるので、いくらそれが一般的に考えて望ましいことであったとしても、必要性の認識とそれなりの覚悟がなければ、容易に踏み切れるものではありません。

　さらにいえば、エバさんやアントニオさんの出身国であるフィリピンにおいて、保育や子育てが、どのような文化や意識の中で営まれていたのか、バックグラウンドを可能な範囲で考察しておく必要があります。これは日本においても、年配の方々がもつ「子守」に対するイメージを考え合わせてみるとわかると思います。もしかしたら、エバさんやアントニオさんの故郷にも、かつての日本の「子守奉公」のような習慣があったのかもしれません。あるいは、フィリピンの人たちは、気軽にベビーシッターを引き受けたりしていますから、私たちとは全く違ったイメージを、「保育」というものにもっているのかもしれません。

　いずれにせよ、制度化された日本の保育園を利用するということは、そういったもろもろの思いや不安にある程度の折り合いをつけていくのですから、それなりの時間と作業は必要になってきます。ここでは保育園を例にあげましたが、児童施設や母子生活支援施設、あるいは高齢者の施設利用についても同様のことが言えると思います。具体的な問題解決に向け踏み出していくためには、援助者が時間をかけて、期待や不安を具体的なものとして表現できるよう援助することが求められます。

（4）自己決定の観点から、面接の重要性について考える

　「主訴の確認」とは、やみくもに「あなたはどうしたいの？」と聞くことではありません。また本人の話すことを額面通り受け止めることでもありません。特に、エバさんのような、聞かれれば「はい」しか言わない人の思い、あるいは混乱した訴えをひたすら続ける人の思い、混沌とした中で表出される相談者のことばの中に潜む思いを、想像力を働かせつつニーズとしてキャッチしていく力量が、援助者には求められています。そのことを達成するためには、まずは基本中の基本である、相談者の「話をしっかりと聴く」ことなのですが、そ

れには、何より援助者自身がもつ思い込みを捨てることが最も重要です。もちろんただ聴くだけではなく、相談者の話を引き出すための適切な「返し」として、うなずきや言い換え、あるいは表情やしぐさなどで感情を伝えていくことも必要です。ただし「じっくりと話を聴く」局面では、相談者の話に対する解釈や解説、賛同や批判といった援助者側の考えを表明することは避けなければいけません。

　また、できるだけ相談者のペースや思考方法に合わせつつ、援助者が適切な質問を相談者に投げかけることも大事です。援助者によって行われる、想像力豊かに発想された質問の投げかけは、相談者の思考や意識を刺激し、最初はよく分からなくとも、回数を重ねていくことにより、自分の率直な思いや気づかなかった思いを言葉等で表現できるようになっていくからです。援助者側が、一般的な目標や援助の方法をひとまず白紙にして考えること、そしてそれを相談者に表明することにより、相談者の側も、いままで自分の思考や行動を制約してきた様々なくびきから解き放たれ、自由に思考し表現することができます。

　相談者の話を聴き、援助者が関心をもって質問をする、「本人から教えてもらう」ということよりも、相談者に「気づいてもらう」ために、面接は行われる必要があります。この作業を援助の開始時点でしっかりと行い、あるいは時に応じて繰り返すことにより、援助者は主訴を適切に把握することが可能となり、課題解決のための方法が相談者と援助者間で共有されていくことによって、相談者はおのずと自己決定していくのです。

2　解決の過程で自己決定していった、不登校と在留特別許可手続援助の事例から学ぶ

（1）社会的支持の再構築と、問題への適切な対処

　相談者の自己決定は、相談者が自分の抱える問題を現実的に認識することから始まりますが、外国籍の相談者の場合、問題に対し適切に対処していくためには、社会的な支持関係を再構築していけるように援助者が支援していくことが必要である、と私は考えています。

　一般的には、原因や因果関係ははっきりしないものの、相談者自身が自分の

周りの人や職場、学校、病院等の機関、あるいは地域との関係が壊れてしまっている、ということが多く見られます。一方で、相談者が目の前の問題を乗り越え、適切に対処していくためには、壊れてしまった周りとの関係を修復していくことも必要です。

　関係を壊してしまった原因がどこにあるのか、あるいは原因が本人にあるのか、本人の周りの問題であるのか、これは簡単にわかることではありませんし、「本人が悪い」とか、「周囲が悪い」とか、はたまた「世の中が悪い」とかいった「犯人捜し」をしても事態の改善は一向に進みません。大事なのは相談者が将来の問題解決のために動き始めることであり、いままでのやり方ではうまくいかない、あるいは選択肢は一つではない、ということを、援助者との関わりを通して気づき、新たな問題解決の方法を考えていけるよう援助していくことです。そのプロセスの中で、周囲との関係性をもう一度つくり直し、あるいは修復していけば、相談者は、問題解決のための周囲からの支持を獲得することが可能となります。このような作業を、ここでは「社会的支持の再構築」と定義してみます。

　周囲からどのように見られているか、どのように支持されているか（あるいは、支持されていないか）は、相談者自身の思考や行動に大きな影響を与えます。社会的支持の再構築は、相談者が自己決定をするための重要な課題でありプロセスでもあります。援助者は、相談者が周囲との関係性を修復あるいは再構築していくことを意識的に援助していくために、相談者のコミュニティに意識的に関わっていくことが求められます。

　相談者のコミュニティに、意識的に関わっていくといった動き方は、行政機関や既存の医療、あるいは社会福祉機関よりも、地域で相談活動を展開するNPOのほうがむしろ得意としている分野なのではないか、と思います。そこでこの項では、「当事者が動く（その動きを援助する）ことによって、周りとの関係性を再構築していくというプロセスのなかで、相談者自身が自己決定する」ということを考えていくために、もう一度私自身の事例をもとに、考えてみることにします。

　　（※以下の事例は、いずれも寿福祉プラザ相談室勤務時のものですが、内容は個人特定を避けるように変えてあります。また名前はすべて仮名です。）

〈不登校問題から始まった相談〉

　９月のある日、私の勤める相談室に、小学校の校長先生が訪ねてきた。校長先生によれば、６年生のダニエルくん（12）が、最近学校に来ていないのだという。たまに学校に来ても、３時間目を過ぎるといつのまにか、ふっといなくなってしまうらしい。

　その学校は元々不登校の生徒が多く、対応に苦慮していたようだが、校長によれば、その不登校仲間がダニエルくんを誘い出しているのではないか、ということだった。校長はさらに、当然学校へ行くよりも友達と遊んでいるほうが楽しいわけだから、誘いがあればついついそちらに流れてしまって、学校に来なくなっているのではないか、ここはひとつ、ダニエルくんが学校へ戻れるよう、両親や地域に働きかけてほしい、という依頼をして帰って行った。

◆ポイント１：不登校に対する価値観の違い

　これがこの事例にかかわるきっかけとなった出来事です。第三者の依頼から相談が始まっている、ということは最初の事例と共通していますが、今回はいささか複雑な要因が絡まっていました。

　不登校が問題になっているダニエルくんは、地域の中にある「ことぶきこどもひろば（以下、「ひろば」。なおこの名前も架空のものであり、実際とは異なります）」に毎日のように顔を出していました。このひろばは毎日午後の１時ごろから開いており、学校に行かれない子どもたちも気楽に顔を出せる場として機能していました。ひろばのスタッフにもいろいろな考えがあって、学校へ行くよう勧める人もいれば、無理して学校へ行かせることが子どもを苦しめることになる、と考えている人もいました。

　一方、訪ねてきた校長先生の学校も、地域柄様々な課題を抱える子どもが多く、また外国籍の子どもが多数在籍する学校でした。そういうこともあって、この学校は、在籍する子どもたちの課題に向き合う姿勢を伝統的にもち続けている小学校だったのです。この校長先生も赴任当初から、「課題校にいるがゆえにできる体験がある。それが教師として成長できる」というポリシーをもっ

て、子どもの問題で苦労する先生たちを励まし、また校長みずから子どものために日々奔走しているような人でした。

そして、私の所属していた相談室と、小学校、中学校、そして地域にあった子どものためのひろばのスタッフは、日ごろから常に協力しながら、長年子どもたちの支援にあたってきたという歴史がありました。ところが最近、ひろばに通う子どもたちの不登校事例が増え、学校の中で、「ひろばが不登校を助長しているのではないか」「学校の就業時間前にひろばが開かれているから、子どもたちがそちらに流れてしまうのではないか」という批判があがるようになり、ひろばと学校の関係がちょっとぎくしゃくしていました。

そんなさ中に、ダニエルくんの不登校問題が、学校から持ち込まれたのです。私は、ひろばを担うスタッフの考え方も、校長先生を始めその小学校の姿勢にも共感していましたし、また不登校についての自分なりの意見ももってはいたのですが、そういった要素をそのままダニエルくんの課題解決に持ち込むことは避けなければいけません。校長先生が帰った後に私は、いささかの「やりにくさ」を感じつつ、まずはダニエルくんのお母さんであるメリサさん（43）と会って話を聞いてみることにしました。メリサさんと会ってみることにしたのは、ダニエルくんがまだ保育園にいたときに、私が就学手続きのお手伝いをしたことがあったからです。それでも6年ぶりの対面でした。

〈母親との面接：わが子の不登校の悩みと、在留資格を取りたいという思い〉

翌日、早速メリサさんが相談室にやってきた。メリサさんによれば、それまでダニエルくんは休まずに学校へ行っていた。しかし小学校5年生頃から学校を休みがちになり、6年生になってからは、ほとんど学校へ行っていない、とのことであった。その一方で夜8時ごろになると友達がやってきて誘われ、一晩帰ってこないことも多いらしい。

そういうダニエルくんに対し、メリサさんがどう接しているのか尋ねてみた。するとメリサさんは「ダニエルには毎日学校へ行くよういつも言っているよ。でも夜帰ってくるのが遅いし、朝は私も仕事に行かなければいけないから……。ダニエル、学校の時間だよ、学校へ行こう、と言っても、ダニエルは布団をかぶったまま、ウンと返事するだけで全然起きてこないよ。パパ

も心配しているけど、朝は私よりも早いし……。私が仕事から帰ってくるともうダニエルはどこかへ遊びに行っていないし、夕ごはんのときだけ帰ってきて、8時過ぎると友達が誘いに来て、またどこかへ行っちゃう……」

「この間学校に呼ばれて先生のところに行ってきた。先生は、お母さん、あなたがしっかりして、ダニエルくんを学校に送り出さなきゃだめ、って言われた。私も自分でそう思う。一生懸命頑張ってる。でも、なにをいくらやってもダメなの。昔はいい子だったのに……。今は全然私の言うことを聞いてくれない」

「なんでダニエルはこんな子になったのか、って。それは私が悪いの。私がダニエルを甘やかしたから……。欲しいものは何でも買ってあげた。お金はきついけど無理してやりくりして、服でもケータイでもゲームでも何でも買ってあげた。だからダニエル悪い子になった。みんな私の育て方が悪いの……」

こんなやり取りを何回か繰り返した後、メリサさんは思い出したように、こんなことを語り始めました。

「オオカワさん、私たち今からビザ取れないですか。私の友達で、ほら、オオカワさんも知っているでしょう、そう、マークくんのところ。マークのママと私は同じ所で仕事しているんだけど、この間ビザがとれたって聞いたの。あそこのパパもウチのパパと同じような仕事をしているから、日本にいるのは私たちのほうが長いし。ビザとれるんじゃないかと思って、ずっと誰かに相談しようと思っていたの……」

不登校の悩みを語ることによって、メリサさんは在留資格を取りたいという思いを表明しています。そこで私はなぜそのように思うようになったのか、あらためて尋ねてみました。

「最近、イミグレ（Immigration：入管のこと）厳しくなった。私の友達も国にたくさん帰されている。道で警察の人に声かけられて、パスポート見せ

て、って言われて。いま持ってない、というと、家までついてくるの。それでビザがないってわかると、警察に捕まる。だから、道を歩いていても心配。町でお巡りさんを見るだけでドキッとする……」

　私がダニエルくんの不登校について話を聞きたい、と言ったことが呼び水になって、メリサさんから「在留資格」を取りたいという訴えが自然と出てきたわけです。そこで私は、在留特別許可について知っていることを話し、私が具体的にどういう援助ができるかについて説明してこの日の面接を終わりました。

◆ポイント２：主訴の背景に隠された問題の重層性を意識する
　ここで、課題として意識すべきことは２点あります。
　一つは、メリサさんの主訴が「在留資格」であったことは間違いないと思われますが、その一方で、メリサさんがダニエルくんの不登校について深く心を痛めている、という現実も軽視できない、ということです。そもそものきっかけは、学校からの要請を受けて、私がメリサさんに声かけをしたことによるのですが、周囲の思惑はともかくとして、メリサさんはメリサさんなりの問題意識をもっています。メリサさんは自分の子育てのあり方が悪かった、という認識をもっていましたが、ダニエルくんが学校へ行かなくなった（行けなくなった）原因には、他にも様々な要素があるはずです。また、ダニエルくんが学校に行かないことによって、親子の関係あるいは周囲の人との人間関係にもいろいろな影響が生じ、それがメリサさんのストレスになっていることも予想されます。つまり、メリサさんにとって、ダニエルくんの不登校に伴う不安やストレスを解消したいということが、メリサさんにとっての「ニーズ」となります。メリサさんが「在留資格を取りたい」という主訴をもっていたからといって、ダニエルくんの不登校の問題（メリサさんのニーズ）をそっちのけにして、在留資格の手続きだけする、というわけにはいかない、これが課題の一つです。

　もう一つの課題は、いささか厄介です。メリサさんの主訴である在留特別許可の審査においては、国内での定着度、安定度が重視されます。子どものいる世帯が在留特別許可を取る場合、その子どもが学齢期であれば、学校に欠か

さず通っていることが重要視されます。極端な話、成績がオール1であっても、休みがゼロであればそれでいい、という世界です。したがって、ダニエルくんの不登校は、ダニエルくん家族が在留特別許可を取るにあたっての大きな（場合によっては致命的な）妨げになります。

　さて、そうすると在留資格を取りたいと願うメリサさんは、当然ダニエルくんに学校へ行くよう強く促すようになります。援助する私としても、ダニエルくんが学校へ行ってくれれば当然在留資格が取りやすくなりますし、先日の学校の要請にも応えられるわけですから、すべてが万事丸く収まる、ということで、ダニエルくんを学校に行かせるための方法をあれこれ考えられるようになります。

　ところが、ダニエルくんにとっては、そのような周囲の思惑は「大きなお世話」です。ダニエルくんにとっては学校に行けない（行かない）のはそれなりの理由があるわけですから、いくらメリサさんに在留資格のためだからと言われたところで、そんなに簡単に学校に行けるわけではありません。ましてや援助者である私が学校に行く必要性を諄々と説いたとろで、「うるさい。人のことに口出すな」と思われてしまうかもしれません。

　つまりここでは、在留資格をとりたい、あるいはダニエルくんに学校に行ってほしいというメリサさんの主訴と、ダニエルくんの「学校に行かない／行きたくない／行けない」という思いが相反関係にあること、これが二つ目の課題です。

　この二つの課題を意識しつつ、私はダニエルくん家族の在留資格取得について、援助を始めることとし、今度は家族全員で面接をしたいので、都合をつけてほしい、ということをメリサさんに依頼しました。

〈厳しい条件のなか、在留資格取得に相談者自らが動き出す〉
　翌々日の雨の日の朝、「今から行きます」とメリサさんから電話があり、程なくメリサさんと夫のジョシュワさん（43）が二人でやってきた。ダニエルくんは来なかった。メリサさんによれば、必ず来るように言いつけ、本人もわかったとは言っていたのだが、出かける前にどこかへ行ってしまい、

結局連れてこられなかった、とのことであった。

　ジョシュワさんは、港湾労働の作業員として働いていた。今日は雨なので仕事がなくここに来ることができた、とのことであった。ジョシュワさんは温厚だが寡黙な人で、またメリサさんと違って日本語の会話があまりできないこともあって、ジョシュワさん自身の考えを十分に聴くことはできなかった。ただ、ジョシュワさんの職場仲間で在留特別許可を取った人も何人かおり、そういったことができる場合があるということは、ジョシュワさんも知っているようだった。

　メリサさんたちは、昨晩ダニエルくんにもこの話をした。在留資格が取れなければ、フィリピンへ帰らなければいけない、というとダニエルくんは、フィリピンへ行くのはいやだと言い張った、という。二人とも在留特別許可の手続きを取ることに異存はなかった。ただ自力でやることは困難であり、私の援助にも限界があるので、弁護士に相談することは考えているかどうか尋ねたところ、どんな手段を使っても在留資格をとりたい、お金も何とか用意したいとメリサさんが言い、ジョシュワさんも同意したので、早速具体的な手続きに入ることにした。

　その後私は、在留資格に詳しい知り合いの弁護士何人かに、電話でダニエルくん家族の在留資格について相談してみたが、どの弁護士も口をそろえて「とても厳しいと思いますよ」とのことであった。ただその中の一人であった山本弁護士が「難しいと思いますが、まずは話を聞いてみましょう」と言ってくれたので、私はメリサさんとその弁護士の事務所を訪ねた。

　メリサさんからこれまでのいきさつを聴き取った山本弁護士は、やはりダニエルくん家族の在留特別許可が認められる可能性はゼロに等しいだろう、と、具体的な例を挙げて説明してくれた。そして山本弁護士もダニエルくんの不登校が大きなネックになるだろう、学校に行かずに街で補導されでもしたらもう絶望的ですよ、ということを指摘した。けれどもメリサさんは、「どんなに難しくても手続きはしたい。ダメなら家族3人でフィリピンへ帰ります」と言ったので、山本弁護士は「それならば、まずは手続きの仕方を説明します。そのために必要な書類をお教えしますので、それがそろったら

もう一度お引き受けするかどうか検討してみます」と言って、手続きに必要な書類を書き出してくれた。

その後メリサさんは、必死になって本国からの書類を取り寄せるべく奔走した。しかし、フィリピン本国とのやり取りは困難を極め、メリサさんはなかなか必要書類をそろえることができずにいた。

さて、この間もダニエルくんの不登校状態は続いていた。私も、様々な方法でダニエルくんとの接触を図ろうとしたが、街でその姿をちらっと見かけることはあったものの、会ってじっくり話すことはできなかった。そこで私はメリサさんと一緒に、子どもの集まるひろばのスタッフに相談した。スタッフの一人は、「じゃあ僕のほうからも、ダニエルくんを見かけたら話をしておきましょう。あと、ひろばを開ける前にご自宅に寄って、ダニエルくんがいたら声をかけてみますよ」と言ってくれた。また、別のスタッフも「ダニエルくんの友達にも、家の事情を話して、あまり変な誘いをかけないよう、話しておきます」とのことであった。

そしてメリサさんと私は、ダニエルくんの小学校を訪れ、校長先生や担任の先生とも面談し、メリサさんはダニエルくんが学校に行くよう促しているがうまくいかないこと、いま在留資格の手続きをしていること等を詳しく説明し、理解と協力を求めた。校長先生もメリサさんの苦境は理解してくれたようであった。また担任の先生も、「もうじき卒業に向けて様々な行事があるので、それだけでも来てくれれば……。ダニエルくんは元々友達の多い子だったので、友達からも声をかけてもらうようにします。クラスのみんなは、ダニエルくんが学校に来るのを待っているのですよ」と言ってくれたので、メリサさんは涙を流しながら「先生、ありがとう、ありがとう……」と頭を下げた。

この後メリサさんは、ジョシュワさんと協力して、在留特別許可を求めるための書類を集め始めます。山本弁護士が、二人からの依頼をすぐに引き受けず、現状の厳しさを丁寧に説明したこと、書類集めをまずは本人たちにやらせてみたことも、重要なポイントであったと思います。

第5章　自己決定するために　123

◆ポイント3：適切な社会的支持を得るための援助〜地域の問題として意識する
　このように、周囲の協力を引き出すことができたのは、日ごろから関係機関同士の協力関係ができていたこともあるのですが、何よりもメリサさん自身が、決して十分とは言えない日本語で懸命に自分の状況を語ったことが、周りの人たちの理解と協力を得ることにつながったのだと思います。
　実はこの時期、小学校や中学校、あるいは地域にある子どものひろばでも、外国籍の子どもの家族の摘発例が急増し、大きな悩みとなっていました。今まで元気に学校に来ていた子ども、ひろばで楽しく遊んでいた子どもが突然来なくなる、そのようなことが起きてはじめて、「ああ、また入管に捕まって、国に帰されてしまったんだな」ということがわかり、学校の先生もひろばのスタッフも、自分たちがそれに対して何もできないことに心を痛めていたのです。ダニエルくん家族の窮状は、地域全体の問題でもあったのです。

〈逮捕・収容、家族を襲う危機、「無理をする」子ども〉
　ようやく援助が軌道に乗りかかった矢先、家族を大きな危機が襲います。

　在留特別許可に必要とされる書類はなかなかそろわなかったが、ダニエルくんはその後時々学校に顔だけ出すようになった。残念ながら卒業式は欠席となったが、中学校の入学式は身体より大きい詰襟の制服を着て何とか出席、4月は曲がりなりにも登校したものの、5月からはやはり休みがちとなった。それでも小学校のころに比べれば、登校する日は増えていた。
　そんなさなか、突然ジョシュワさんが相談室にやってきた。昨日の夜、メリサさんが警察に逮捕されたのだという。二人で歩いていたところを街で警官に声を掛けられ、在留資格がないことが分かると、ジョシュワさんに帰国費用を用意するように告げ、そのままメリサさんを警察に連れて行ってしまったらしい。
　3日後私は、メリサさんの面会に行くことにした。この日はうまい具合にダニエルくんが学校に来ている、とのことだったので、中学校の先生と連絡を取り、授業を途中で抜けさせてもらって、メリサさんが勾留されている警

察署へ行くこととした。

「ダニエル、家ではいい子にしてる？　ちゃんと学校行ってる？」
「……」
「パパは元気？」
「女いるよ」
「ママ、早く帰ってくるからね。いい子にしてるのよ」
「いいよ、別に帰ってこなくて……」

　面会が終わってから、ダニエルくんに「学校へ戻るか」と言うと、「いや、将太と遊ぶ約束してるから……」と言って、そのままさっと走って街中に消えていった。
　終わってからこの話をひろばのスタッフに話をすると、そのスタッフは笑いながらこう言った。「ああ、ダニエルならきっとそう言うでしょうね。でもあの子は、パパのこともママのことも、本当は大好きなのですよ」。
　1カ月後、メリサさんは入管法違反で起訴され即日執行猶予付きの判決となり、入管に収容された。

　メリサさんが入管に収容されて以降、ジョシュワさんとダニエルくんの二人だけの生活が始まった。ジョシュワさんは弁護士費用とメリサさんの保釈金を貯めるため、夜勤もこなして懸命に働き、何とか30万円を貯金した。
　そして、ダニエルくんはこの日を境に、毎日ではないものの、すこしずつ学校へ通うようになったのである。ただ、その様子を知る人の話では、かなり無理している様子がうかがえる、とのことであった。
　ある日、山本弁護士から電話があった。「先日ジョシュワさんからあらためて在留特別許可の相談がありました。けれども私はこのケースの在留特別許可取得はまず無理だと思います。ジョシュワさんは初めに30万円払い、あとは少しずつ払うと言っていましたが、彼が必死で稼いで得た貴重なお金を、取れる見込みのない在特のためにお預かりすることは、私にはできません」とのことであった。

私もそれはもっともな話だと思い、この間の協力を謝した。そして、今後は私が手続きを支援していくので、やり方が分からないときは助言をいただきたい旨お願いしたところ、こころよく承諾してくださった。

◆ポイント4：制御できない危機に面しているときは緊張と不安を解くことが先決
　相談者の手に余るほど大きな、あるいは今まで経験したことがないような危機に襲われたとき、相談者の緊張は極度に高まります。不安が感情を左右し、いままでの方法では対処できず、混乱に拍車をかけます。起きている出来事に対する正しい認識ができず（あるいは誤った情報に左右され）、不適切な行動に出てしまったり、周囲との関係を壊してしまったりすることもあります。その結果、相談者は社会的支持を失い、問題に対処する力がますます弱まっていきます。
　このような危機に相談者が陥っているときは、相談者の言葉や判断を、そのまま単純に相談者の真意と受けとめて援助することは避けなければいけません。想定もしなかった危機的状況のなかで、相談者の認識が混乱あるいは歪んでしまっていることがあるからです。また、「あなたはどうしたいの」と問いつめることも禁物です。むしろ「今は、何も決めなくてもいい」というくらいの、余裕をもって接する姿勢を援助者側が示すことによって、相談者が安心できるようにしたうえで、面接を重ね、相談者が現実を適切に認識できるように援助し、あわせて失われつつある社会的支持を再構築していく援助が必要です。

〈相談者のもつ力を再認識し、援助を組み立て直す〉
　そうこうしているうちに、在留特別許可手続きに必要な書類が本国から届いた。そして9月のある日、ジョシュワさんとダニエルくんの入管出頭に付き添い、必要な書類を窓口に手渡したあと、収容されているメリサさんと面会した。ダニエルくんにとっても、ジョシュワさんにとっても、久しぶりのメリサさんとの対面であった。そして奇しくもその日は、メリサさんの誕生日でもあった。
　その年の暮れ、メリサさんは仮放免となった。ひろばのスタッフは、「ここは民間人の出番ですから……」と言って、保証人を引き受けてくれた。

ジョシュワさんが貯めた30万円は保釈金ですべて消え、そして、ダニエルくんは再び学校へ行かなくなった。

　ダニエルくんやメリサさんのがんばりを期待するだけでは、もはやどうにもならない事態に遭遇していることを認識せざるを得なかった私は、二つのことを試みた。

　一つは、かつてメリサさんから話があったマークくん家族の在留特別許可を支援した団体をメリサさんと一緒に訪れ、協力を求めることにした。私たちは、マークくん家族がなぜ在特を取ることができたのか、わらをも摑む思いで、マークくんの支援に携わった武田さんに尋ねた。武田さんは、マークくん家族の在特獲得に一番大きかったのは、地域に住むマークくんの友人たち、特に在留資格を得て生活している同国人の応援が得られたことである、ということを教えてくれた。するとメリサさんは、あらためてマークくんの家族と会って、「どうやったら在特が取れたのか詳しく話を聞きたい。オオカワさん、タケダさん、一緒に行ってくれますか」と言い始めた。そこで私は、そのメンバーの中に、学校の先生や広場のスタッフも一緒に参加することを提案した。武田さんもすぐに賛成してくださった。このようにして、月に1回程、その団体の事務所に、ダニエルくん家族と在留資格を得たマークくん家族、そして私の他に学校の先生やひろばのスタッフも交えての「ミーティング」が始まった。

　同じ出身国の友人であり、在特が取れたマークくんのお父さんやお母さんの話は、メリサさんやジョシュワさんの大きな励ましとなった。ダニエルくんは来る日もあれば来ない日もあり、来てもきまりが悪そうな表情をして、ほとんど何もしゃべらなかったが、本人なりに事情はわかっているようであった。私たちはこの場で、ダニエルくん家族がいかに日本に定着し、まっとうな生活を送っているかを入管に理解してもらうために、どういう資料をそろえたらいいかを話し合った。嘆願書の作成は、マークくんのお母さんが同国人の友達に、ひろばのスタッフがそこへ通う子どもの保護者に声をかけてくれることになった。

　もう一つの試みは、地域の小学校、中学校と、在留資格についての勉強会

を実施したことだった。嘆願書については中学校の先生も協力を申し出てくれたものの、学校という組織の中で、そういうことに取り組めるものかどうか、躊躇を感じていたのである。その一方で私は、最初にダニエルくんの相談を持ち込んだ小学校の校長先生から「最近子どもたちが突然強制帰国させられる。その一方で在留資格が出る家族もある。私も公務員だから法律違反を見過ごすことはできないが、教育者の一人として、そういう子どもたちのために何ができるか、いつも頭を悩ませている。そのために私たちができることを考えたいので、在留資格についての勉強会をやりたいが協力してもらえないか」という依頼を受けていた。

こういった機運が実を結び、翌年の2月に地域の小中学校3校合同の在留資格研修会が開催され、3校の先生方、子どものひろばのスタッフ、ダニエルくん家族が住む地域の民生委員、そして私の職場の上司や同僚職員もふくめ、80人近くが参加した。講師は在留資格の手続きに詳しい行政書士の方にお願いし、日本の在留制度は構造上在留資格を失いやすい仕組みになっており、オーバーステイを生む背景となっていること、過去に地域であった事例をもとに、在留特別許可を得るために、地域の人たちがどういう協力をすればいいのか、についてわかりやすく話していただいた。

その一方で、メリサさんやジョシュワさんも友人たちに声をかけ、嘆願書を集めて回った。ジョシュワさんの会社の社長も、ジョシュワさんが大変な働き者であり、他の人の倍以上の仕事をこなしてくれる（無論これは事実でもある）ので、いつも助かっている、ずっと私の会社で働いてほしいと願っている、ということをわざわざ書き添えてくれた。こうして集まった多数の嘆願書は、メリサさん自身の手によって、その年の3月に入管に手渡された。

◆ポイント5：相談者の力量を超えた問題の解決のために、地域資源を使った新たな枠組みを構成する

これからどうしていいかわからない、という手詰まり感から始まったミーティングでしたが、メリサさん自身が今まで以上に積極的に問題解決に動き始めたという意味で、このミーティングは大きなターニングポイントとなりました。いいかえれば、相談者の一人であるメリサさん自身が、周りで暮らす地

域の人たちの力を、自分たちの「支える力」として生かすことができたように考えています。一方で、メリサさんやジョシュワさんが思いのほか友人が多く、慕われる人柄であったことを知ることができたのは、私にとっても収穫であり、私自身の中に気持ちの余裕ができたように思います。それは、在留資格のない人イコール社会的に孤立している人、という私自身が勝手に当てはめていた構図を打ち砕くことでもありました。

　また、ミーティングは、まずはメリサさんやジョシュワさんに今考えていることを話してもらい、それに対して周りの人たちが、「それなら私はこういう協力をします」ということを表明していく形で進められました。実を言うと私自身があまりそういうことを意識していたわけではないのですが、参加した人たちが、「励ます」ことはあっても、「促す」姿勢をとらなかったことが、メリサさんやジョシュワさん、ダニエルくんにとって、よい影響や刺激を与える結果になっています。

　在留資格の勉強会も、地域への働きかけの一つでした。学校の先生の多くは、超過滞在を良いことだと思っておらず、強制送還も法や社会の秩序を守るためやむを得ないことだと考えていました。一方で、先生たちは子どもたちが大好きです。そして、子どもたちの幸せや将来のために自分の力を尽くしたい、と考えていました。特に、この地域の学校の先生たちは、やむをえないことだと思いながらも、帰国させられる子どものつらさや悲しみを十分知りつくしている人たちでもありました。そのつらさや悲しみを少しでも減らすために、自分たちが何かできないか、在留資格がなく帰国を余儀なくされる子どもたちがいる、という困難な課題を直視し、一人の子どもの問題としてだけではなく、地域全体の課題として考えていこうという機運が学校の先生たちの中にあったからこそ、この勉強会が成立したのです。

〈相談者が新たな歩みを始めるとき〉
　残念ながら、この勉強会があってから間もなく私自身の異動があり、ダニエルくん家族の支援に関して、同僚職員とマークくん家族の在留特別許可を支援した団体の方に後を託して、私は相談室を去ることになりました。
　その後も、ダニエルくん家族の在留資格取得に向けた苦闘は続きます。しか

し数々の努力や周囲の支えもむなしく、6月には不許可処分となり、今度はジョシュワさんが入管に収容されてしまいます。万事休す、とみた周囲の人たちは、メリサさんに帰国を勧めたのですが、メリサさんはわずかな貯えを、ある友人に紹介された弁護士に手渡し、在留資格不許可処分取り消しの裁判を起こします。しかし、この弁護士は、メリサさんからお金だけもらって、入管の決定を覆すための積極的な活動は何もしなかったようです。それでもメリサさんは必死で働きながら、生活費を削って弁護士にお金を払い続けました。

　私が相談室を去ってからちょうど3年後の春、裁判に敗れたダニエルくん家族は帰国しました。中学校の先生の熱心な支援で定時制高校に入学することができたダニエルくんも、1年での中退を余儀なくされました。けれどもメリサさんは、在留資格が取れなかったことを悲しみこそすれ、そうやって自分が必死に頑張ってきたことを、少しも悔いていない様子だったということを、のちになって私は聞きました。そして、支えとなった多くの人たちへの感謝の言葉を残し、ダニエルくん、ジョシュワさんとともに母国フィリピンへ旅立っていった、とのことです。

　以上の事例から、相談者が自ら問題を把握し、社会的支持の再構築を図りながら問題の解決に向けて自己決定していくために、援助者にとっての課題を抜き出してみます。

◆課題1：援助者側の「思い込み」からではなく、相談者の「ニーズ」から援助課題を読み取る
　このケースは、ダニエルくんの不登校の相談に端を発しながらも、家族全員の在留資格をとるための支援が中心になりました。しかし、在留特別資格をとるというのは「手段」であり「結果」です。「自己決定するということ」という視点からこのケースを検証するには、一見相反しているかのように見える、ダニエルくんの「学校に行かない／行きたくない／行けない」という思いと、在留資格をとりたいというメリサさんの主訴を、援助者である私がどのように受け止め理解し、そこからニーズや援助課題を読み取る努力をしてきたのかどうか、ということが一つの課題となります。

◆課題２：言葉や抽象的思考力の獲得は、相談者の自己決定を大きく左右する

　一方で取り組みが不十分であった点もあります。ダニエルくんの不登校とそれを引き起こした彼の悩みや苦しみを理解し援助していくのであれば、援助を始める「いの一番」にダニエルくんと直接会うべきでした。今回の事例では、その大半が両親と地域へのアプローチにエネルギーが費やされ、ダニエルくんの不登校を引き起こした悩みや苦しみに対するアプローチが最後までできないまま終わっています。

　ダニエルくんのように、両親が外国籍でありながら、生まれてからずっと日本で暮らしている子どもが小中学校の勉強でつまずき、やがて学校に行かなくなる背景には、言語獲得のハンディが原因として指摘されています。

　はじめに子どもが言葉を獲得するのは、いうまでもなく２歳ごろですが、この時点で大半の外国籍の親は、来日からまだ数年しかたっておらず、日本語がほとんどできない状況にあると思われます。そうすると例えば保育園を利用している子どもの場合は、保育園では日本語、家庭では親の母語の中で生活するわけですから、二つの言葉の間を揺れ動くようにして生活していくことになります。そうなると単一の言語環境の中で生活している周辺の子どもと比較して、この時期の言語の獲得はおのずと不十分なものとなることを、周囲は理解する必要があります。

　それでも、年齢がまだ一ケタ台の年齢であれば、なにごとにも吸収力がいいので、いつまでも日本語に慣れない親をあっという間に追い越して、生活言語としての日本語を身につけていきます。そこで生じる新たな問題は、親子間のコミュニケーションの齟齬です。子どもはどんどん日本語を吸収する一方で、親の日本語能力がそれに追いつかなくなると、いわゆる「親のしつけ」が届きにくくなります。また学校のお知らせ等子育てに必要な情報もほとんどが日本語で入ってきますから、親がそれを読みこなして家庭教育に反映させるのは容易ではありません。一般の家庭で自然と行われている親子のコミュニケーションが、このような家庭では十分に機能しないということが起こりうるのです。

　さらに深刻になるのは、小学校高学年から中学校に上がる時期です。このころ、特に中学校に上がると、算数から数学に変わることに象徴されるとお

り、授業の内容が一気に抽象的なものとなります。それらを理解するためには日常言語ではなく、抽象言語の獲得が必要になります。そうすると、外国籍の親をもつ子どもは、日常会話は何不自由なく話していても、いままで述べたように言語獲得や親子のコミュニケーションに多くのハンディを抱えていますから、この時期を境にとたんに勉強がわからなくなり、学校へ行くのは苦痛以外の何物でもなくなります。

　学校に行かないダニエルくんの遊び相手も、実は大半が不登校の子どもたちでした。おそらく背景は違っても根っこは同じような悩みを、無意識に共有していたのだと思います。とすると、援助者である私は、そのようなダニエルくんのもつ悩みや苦しみを受け止める努力を怠るべきではなかった、と言えます。

　もちろん、言語獲得や不登校の問題を、援助者のケースワークだけで解決することはできません。学校や地域を巻き込んだ息の長い取り組みが必要となります。しかし、言葉や抽象的思考力がどれだけ獲得されているか、ということは、相談者の自己決定に大きく影響します。ダニエルくんがこれまで歩んできた中で感じていた様々な思いを、時間をかけて繰り返し聴いていくことにより、ダニエルくんが自己決定するのを支えていくことができていれば、ダニエルくんの学校に対する思いや姿勢もまた違ったものになっていたかもしれません。

◆課題3：相談者の生活を全体的に理解することにより、重大な局面での自己決定を助ける

　また、このケースはダニエルくん、メリサさん、ジョシュワさんが、それぞれの大きな不安をかかえたまま、様々なことを決めていかなければいけない局面が多数あります。その時、援助者である私が、3人が自らの欲求に沿って自分を表現し、自発的に活動することができるよう刺激することができたのか、そして、生活の困難を乗り越えていくなかでそれぞれが成長し、自らの問題を解決できるような援助関係や環境であったのかどうか、あるいはそれを創り出すことができたのか、言いかえれば、一人ひとりあるいは3人の家族としてこれから「どのように生きたいのか」ということについて、援助者である私が、ダニエルくんたちと相互に確認し共有する作業を行ってきたのか、ということが課題となります。

　先に、混沌とした中で表出される相談者の思いの中に潜むニーズを、想像力

を働かせてキャッチしていく力量が援助者には求められているということを述べました。このケースにかかわるなかで、私にとって一番印象的だったのは、山本弁護士から在留資格取得は難しいと言われたとき、ふだん寡黙なジョシュワさんが、「それでも家族3人で闘いたい」と言った言葉でした。その言葉を聞いて以降、私は「この人たちは家族そろって穏やかに暮らしたいという思いをもっているのではないか」と考えるようになりました。そして、その思いが満たされるのであれば、在留特別許可が出て日本に住めるのか、在特がないまま不安に日本に住みつづけるのか、あるいはフィリピンに帰国して生活するのか、それはあくまでも「結果」にすぎない、とも思うようになりました。

そのような受け止め方が正しかったのかどうか、いまとなっては確かめるすべもありません。いま言えることは、援助者としての私が「家族3人が穏やかに暮らすこと」が家族のニーズであると捉えたのであれば、ダニエルくんやメリサさん、ジョシュワさんとの面接を重ね、あるいは在留特別許可や学校の問題からもひとまず離れ、いまの生活のありようや、今後日本に残ったときの、あるいは、帰国したときの生活について、イメージを膨らませたり、不安や希望について語る場を設けたりする等の作業に、もう少し多くの時間とエネルギーを割くべきであったと考えます。私がジョシュワさんから「それでも家族3人で闘いたい」という言葉を聞いたときに、そこでわかったつもりにならずに、通訳者を確保して、じっくりと面接を行う機会を設けるべきでした。

このケースでは、いま述べたようなことをサポートする役割を、学校の先生やひろばのスタッフ、在留資格を得たマークくん家族が果たしてくれており、その人たちの認識と私のそれがさほど食い違っていなかった（であろう）ことが幸いしていたように思います。はじめは不登校と在留資格の問題に立ち尽くすしかなかったダニエルくん家族が、困難を承知で在留資格の獲得に向かい、また、不登校の問題を学校の先生と話し合い、自分たちの努力を地域の人たちにも理解してもらおうとするなかで、自分のやっていることに確信をもてるようになってきたことが、ダニエルくん家族の自己決定に大きな力を与えています。

その意味でも社会的支持の再構築は重要であるといえるのですが、やはり援助者自身が、相談者の話を聴きとる作業を繰り返し行っておかないと、援助者

が「相談者を分かったつもり」になってしまったり、周囲との認識のずれに気づかなかったり、あるいは、相談者のペースを軽んじて無理に事を進めたりすることにより、相談者の自己決定を妨げる結果となってしまうおそれがあります。

　1例目のケースでは、聴き取りとニーズの確認の重要性について述べましたが、2例目のケースについては、相談者の主訴からのニーズを読み取る作業が、援助にあたってのもっとも重要なポイントであったと思います。特に、在留資格や帰国など、シビアな選択を迫られるケースの場合は、これから相談者自身の「(自分は)どのように生きていきたいのか」という意識が、自己決定にあたっての重要な要素です。ゆえに援助者は、相談者の生活の営みを確認することによって相談者が「これから」を主体的に考え、相談者がおのずと自己決定していくのを助ける、という姿勢が求められます。

3　相談者の自己決定を援助するために

(1)　援助者に必要とされる態度

　ここでは、相談者の自己決定を援助するために、援助者が必要とされる態度について、二つの事例検討を基にまとめてみたいと思います。

①援助者の思い込み・先入観を捨てて、相談者のニーズを把握する

　「聴き取りとニーズの確認」の重要性は、これまでも繰り返し述べてきたとおりです。援助者は、相談者の言葉に耳を傾けるとともに、自らのもつ「思い込み」を捨てることです。それは相談者について第三者からの情報であったり、面接したときの相談者の服装や言葉使い、態度などからの思い込みも含まれています。適切な面接により、聴き取りを繰り返し丁寧に行うことは、相談者が自分の生き方を決め、あるいは援助者が相談者のニーズを把握するために欠かせない作業となります。もう少し具体的に言えば、援助者にとっては、きめ細かく相談者の悩みや思いを受け止めることができ、その後の援助計画策定にあたって、相談者の希望をすくい取り、それに沿った選択肢を十分に提示するための情報を得ることができます。そして相談者にとっては、自分の思いを受け

とめてもらえる、という安心感をもつと同時に、その理由を自分で語ることにより、現実を適切に認識し、次の対処行動がとりやすくなります。

②コミュニケーションの重要性を認識する

　主訴の確認を繰り返し行うためには、相談者と援助者との間が、十分なコミュニケーションを図ることができる環境にあるかどうか、ということが重要な要素となります。

　援助者のとる不適切な態度や、相談者の文化的背景に対する援助者の無理解が、コミュニケーションバリアになってしまう場合がままあります。援助者は常に、相談者とのコミュニケーションを妨げる要因に注意するとともに、相談者ができるだけ自由な環境の下で自分の思いを語ることができるよう、コミュニケーションのバリアをできる限り取り除いておく、そして相談者が形成しているコミュニティとの接点をもつ姿勢と努力が求められます。

　相談者の中には、人とコミュニケーションをとることが苦手な人も多くいます。あるいは、人とのコミュニケーションをうまくとれないことが、問題の解決を妨げている場合も多くあります。特に外国人の場合は、言葉の壁がありますが、コミュニケーションの障害が、周囲の無理解を生み、問題のさらなる悪化を招いてしまうというのは、障がい者支援の局面においても同様のことが言えます。

　また、あわせて相談者がもつ文化とその背景について十分に理解しておく必要があります。文化や習慣の違いは、人が暮らしていくにあたっての様々なあつれきとなり、ストレスとなります。文化的背景を理解することにより、相談者がなぜそのように考えるのか、なぜそのような行動をとるのか、について援助者が複眼的な理解をすることにより、相談者と援助者のコミュニケーションをより豊かなものとし、相談者ができる限り自由に考え、自己決定していくための環境を整えることが可能となります。

　コミュニケーションの確保という観点から、外国人の相談援助不可欠な要素となるのが通訳の確保です。援助者側が相談者の主訴を適切に把握する、ということのみならず、相談者は母語で考え、母語で語ることにより、自らの課題を認識していくことができるからです。たとえ日本語が上手な人であっても、

母語で考え、母語で語ることによる機会は、相談援助の局面で確実に保障されるべきです。しかし、援助の局面において通訳確保は極めて困難である、というのが現状です。通訳活動に対する公的な支援あるいは制度化が強く求められます。ただし通訳の確保は、あくまでも聴き取りとニーズ把握の第一歩であり、そのことだけをもって、コミュニケーション確保のすべてが達成されるわけではありません。

(2) 改めて自己決定とはどのようなことなのか

さて、ここで自己決定とはどのようなことかについて改めて整理してみたいと思います。ある問題を抱えている相談者が、その解決に向けて相談にみえたとき、援助者はその問題解決の方法がいくつかあれば、それを提示し、そのいくつかの中から相談者が一つの解決策を選ぶということは一般的にありうることです。しかし、ケースワークにおける自己決定とは、与えられた選択肢の中から何かを選ぶ、ということではなく、そこに至る相談者の模索するプロセスにおいて、誰からも、何からの圧力も受けずに自分で決めるということなのです。

例えば、これまでの人生を顧みて、相談者自身が今後の自分の人生をどうしたらよいのか、といった局面もあります。このような場合、必ずしも選択肢の提示はありません。むしろここで援助者が選択肢を提示することは、相談者の自己決定を援助者の意のままに誘導してしまうおそれがあります。もちろん、可能性や制約について説明することはあると思いますが、置かれている状況の中で「これからどのようにしていくか」を決めていくのは、相談者自身です。

援助者は、相談者が決めた結論よりも、そこに至る、紆余曲折する葛藤のプロセスにおいて、相談者が自分で決めることをいかにサポートするか、が重要になってきます。言いかえれば、自己決定とは、誰からもどこからも制約を受けずに自分で決めることができる権利ということもできます。

(3) 自己決定を阻むもの

①援助者側の思い込み

二つの事例を通して自己決定の問題を考えてきましたが、ここであらためて

考えておきたいのが、援助者側の「思い込み」と、援助者による相談者への「説得」という問題です。

　はじめに、「思い込み」について考えてみます。最初の事例では第三者からの「保育園入所」相談依頼はあったものの、その依頼内容をそのまま「主訴」として聴いてしまい、相談者との面接では主訴確認からスタートしていませんでした。そして様々な苦労の結果入所は認められたものの、相談者は保育園に通所はしませんでした。2番目の事例では、相談者の直接の訴えは、子どもの不登校の問題と、在留資格を取りたいという、二つがありました。しかし、その後支援を重ねていく経過のなかで、あるいは、相談者が自立的に動き始めていくことにより、相談者のニーズが「家族が一緒に生活できること」にあり、在留資格の取得はその一つの手段であったのかもしれないということに援助者である私は気づいていきます。

　相談者の訴えを充分に聴き取ることをせず、援助者の思い込みや解釈で「この人の相談はこういうことだ」と早合点したり、思い込んでしまったりすると、問題の解決からはますます離れ、相談者の自己決定を妨げる結果となります。

②援助者による相談者への「説得」

　つぎに、「説得」について考えてみたいと思います。

　思い込みにつながりやすい事例として、最初の事例にあったように、第三者からもちこまれた相談という場合がありますが、この場合の事例の注意点はすでに述べました。それ以外で思い込みやすいのは、まず時間的制限と制度利用に制約がある場合です。相談者としては、ゆったりした気持ちで相談したいのは当然ですが、援助者もそれは同じです。ところが、相談内容によっては早く結論を出して手続きをしないと間に合わないかもしれないと援助者が考えてしまうことがあります。ここに援助者が「説得」を行ってしまう落とし穴があります。

　というのは、相談者がなかなか結論を出せないでいるときに、制度の限界や選択肢の少なさ、あるいは時間的な制約のために、援助者側の過去の経験や「成功体験」に依拠した、相談者への「説得」がされる事態がまま起きるのです。援助者が「こうするほうが相談者にとって良いことだ」と思い込んでし

まった瞬間、たとえ援助者が、一方的にそのように進めるつもりはなくても、相談者の自己決定は棚上げされ、援助者の判断が前面に出てしまい、相談者の自己決定の権利を奪ってしまうことになるのです。しかし、どんなに「良い選択肢」であっても、それは「援助者にとっての良い選択肢」でしかなく、相談者自身が「誰からも、何からの圧力も受けずに自分で決めた結論」でない以上、たとえ説得に「成功」したとしても、それは相談者が自己決定したことにはならないのです。

（4）自己決定を支えるために

①相談者自身が自分で決めることを援助する

もちろん、相談者が手に入れることのできるいくつかの選択肢の中に、必ずしもすべてに満足するものが含まれているとは限りません。むしろ、どれも「帯に短し、たすきに長し」であることがほとんどです。あるいは、相談者が時間をかけてじっくりと考え決めるのが理想であるにしても、実際の局面では、その時間を十分に確保できない場合もあります。

考えてみれば、相談者によって100パーセント満足できる選択肢が、そうそう用意されていることはありません。大事なのは、相談者が適切な援助のもとで、時間をかけて考え、自分にとって最善と思われる結論に達するというプロセスを経ることであり、ろくに考える時間も与えられず、なんだかわけのわからないうちに、押し付けられるような形で結論を出さざるを得なかった、と相談者自身が感じているのであれば、どんなにその選択肢が良いものであったとしても、相談者が自ら成長し、自分の問題を解決できるような関係性や環境を意識的に創り出すことにはつながりません。

切羽詰まった状況では、選択肢がない状態での決断を即座に迫られる場合もあります。相談者はその場を乗り切るために、何らかの選択と決断を余儀なくされるわけですが、もし「時間稼ぎ」ができるのであれば、相談者が考え、自己決定する時間を確保するよう全力を尽くします。しかしそれが現実に不可能であり、かつ当面取りうる手段がたった一つに限られ、あるいは残された時間が一晩、いやわずか1時間しかなかったとしても、むやみに決断を迫るのではなく、いったんはそのような状況から離れ、相談者が自分の思いを自由に話し

考える場を可能な限り設定します。そして援助者は、やむをえない決断を迫られた相談者の苦しみを受け止めると同時に、これから新たに発生する問題に対し、「これからも一緒に考えていきましょう」という態度をはっきりと示します。どんなに切羽詰まった状況で出された決断であっても、あるいはその決断が援助者の考えと全く違ったものであっても、それは相談者の自己決定であり、援助者はそれを尊重し、ともに考えていくことによって、次の支援につないでいくことができるからです。

　②行きつ戻りつする相談者を、継続的に援助する。
　思い込みの原因が制度上の制約、時間的制限にあるとすれば、援助者として心がけることは二つあると思います。
　一つは、制度上の制約について、言い方を変えれば、制度のはざまに落ち込む人の存在について行政、あるいは社会全体アピールすることにより、利用可能なものに変えていくということです。そのためには、その実態を調査する必要があるかもしれません。あるいは、具体的な一つの事例を通して行政との話し合いをし、困難な実情を訴えるという方法もあります。つまり現場の声を行政に届け、社会にアピールすることで、制度を改めていく動きを援助者としてつくり出す、ということです。これは当座の問題解決に直結しない場合もありますが、援助者は、制度上の制約により生じた結果を援助者の体験に閉じ込めたり、放置したりするのではなく、問題解決のきっかけとして生かしていく責務があると言えます。
　もう一つは、自己決定は「行きつ戻りつ」しながら達成されるということ、そして一度自己決定が行われた後でも、さらに新たな問題に向かって相談者は歩き始めるということを援助者は認識し、継続的な支援を行うということです。
　特に、今まで体験したことがないようなことをしなければいけないとき、使ったことがない制度やサービスを利用する場合、相談者には、清水の舞台から飛び降りるくらいの覚悟とエネルギーがいります。それは、例えば施設入所のように、今までの自分の生活スタイルや、時には価値観までも捨てなければ達成されない、という性格のものもあります。あるいは、いったん決めてはみたものの、後になってその決定を覆してしまったり、決めたことを取り下げて、

第5章　自己決定するために

また悩み迷い始めたりすることもあります。

　自己決定のプロセスにおいて援助者は、行きつ戻りつしながら悩む相談者を辛抱強く見守る必要があります。自己決定のプロセスには「時間がかかる」ということを、援助者は常に認識していなければなりません。問題解決を急ぐあまり、一日も早く行動を、と迫りがちですが、緊急の場合でもない限り、行きつ戻りつしながら自己決定のプロセスを踏もうとしている相談者をむやみに「急(せ)かす」ことがないよう、常に心がけておく必要があります。

　③相談の門戸を常に開いておく。
　自己決定のプロセスを踏んで、相談者が何らかの選択と決断をし、新たな道を歩み始めた場合でも、援助の必要性がそこで終わるわけではありません。相談者が強く望んだものであったとしても、新しい生活が始まれば、環境に適応しようとするために、心身ともにストレスがかかり、結果として挫折してしまうこともあります。人の生活においては、一つの結論は新たな課題を背負うことと同義であり、その繰り返しで日々を営んでいかざるをえません。相談者が自己決定した後でも、援助のすべてがそこで終わるわけではない、という意識をもち、援助に継続性をもたせることが必要です。

　なお援助者は、援助の終結後も、相談者が自己決定するための大きな「支え」となっています。援助が終結したときに、「困ったら、いつでもまた相談に来てください」と声をかけ、その後に相談者が新たな問題を抱え、つまずいたり、迷ったりしたときに、再度相談に乗る準備をしておくことで、相談者の安心感はより高まります。相談者が自己決定するために、援助者は相談の門戸を、常に開いておくことが求められます。

おわりに

　どのような状況に置かれた人であっても、あるいはどのような生き方をしてきた人であっても、自分自身で自らの課題や問題を直視し、自分自身が解決の主体として課題や問題の解決に取り組み、そして自分の人生を自分自身の力で歩んでいく権利と潜在能力があると信じます。ゆえに、ソーシャルワークの技

術は、人が自分自身の力で問題解決をしていくことを援助するために用いられるものである、と考えます。

　バイステックが提起した「自己決定」も、相談者の権利と能力を尊重する価値観に立脚しています。相談者が自己決定するためには、相談者の抱える問題を深く理解し、相談者が自ら成長し、自分の問題を自分なりの方法で解決できるような関係性あるいは環境を意識的に創り出す「人の助け」が必要です。援助者によって行われる一連の作業――「面接において相談者の悩みのありようを丁寧にとらえ、相談者の希望をすくい取り、そして援助に必要な情報を集める努力をして、できる限りの解決手段を相談者に提示する」という営みの繰り返しは、相談者が自己決定をするにあたって大きな助けとなります。

　自己決定は、誰かに指示されるものでも、誘導されるものでもありません。かつ、自己決定はその人一人だけで達成できるものではありません。人と人との協働作業を通して、あるいは社会との関係のつなぎ直しを通して、相談者はおのずと「自己決定」していくのです。

　そして、その人の自己決定のプロセスに、援助を通して「意識的に関わっていく」のが、ソーシャルワーカーの役目です。決して容易な作業ではありませんが、私自身も常にそのことを意識しながら、相談者の自己決定を支えることができるよう、行きつ戻りつしながら、努力精進していきたいと考えています。

第6章　秘密が守られることで成り立つ相談関係
——秘密保持の原則——

山根珠妃（葛飾赤十字産院）

はじめに

　バイステックはケースワークの原則として最後に「秘密保持」を掲げています。相談者を援助する際に「相談者の秘密を守ることは大切だ」とすべての援助者は理解しています。

　秘密とは本人が隠しておきたい想い、個人的な好み、家族関係や社会関係等も含まれる広範囲なものです。また、氏名、生年月日、住所等その人を特定するための客観的な個人情報も秘密に含まれます。

　この章では援助専門職として関わる場合秘密を守るとはどういうことか、個人情報をどのように扱うかなど、援助者が相談者の個人情報のもつ社会的価値を理解した上で相談援助に取り組むために、現代社会における「秘密保持」のもつ意味を考えていきます。

1　援助専門職として「秘密を守ること」とは？

（1）個人情報の主人公は相談者

　最初に何を相談者の秘密と認識すべきかについて考えていきます。援助者として相談者からの相談依頼を受けたときから、相談者の様々な情報に触れる機会があります。相談者にとっては自分や家族に解決したい課題があること、相談希望があると相談依頼をしたこと、相談に来たこと自体を秘密にしたい方もいます。私たち援助者は、思い悩まれている相談者にとって少しでも力になりたいという思いから、日常的に「気軽に電話してくださいね」とか「遠慮しないで声をかけてくださいね」と相談者に声をかけたり、インターネットのホー

ムページや相談機関のパンフレットに書いたりしています。ですが、日々出会う相談者で、気軽に相談に来ました、という人はまずいません。相談者は、大切な秘密や話しにくいことをあれこれ思い悩んだ結果、相談することで解決の糸口をつかみたいとやっとの思いで相談に来たということも多く、相談者にとって相談するという行為は、自分の現実や秘密を家族でも知人でもない第三者に伝える勇気が必要な行為です。援助者は、援助者との関わりすべてが相談者にとっては秘密にしたいこととして捉えることが重要です。

また、「人は自分に関する情報の主人公である。けれど、ソーシャルワーカーはそこに踏み込まないとできない仕事である。だから秘密を守る必要がある。本人には自分の情報が誰にどのようなことまでを知られているか知っている権利がある」と窪田暁子先生から聞いたことがあります。そこには、援助者が相談者の生活課題解決を援助するにあたり、相談者を尊重している姿勢が現れていることが理解できます。つまり援助者は、相談者自身の情報に関する権利を尊重し、侵害しないことを相談者に理解してもらうために、相談者に対して守秘義務を言葉または態度で明確に伝えることが必要なのです。

（2）相談者にとっての「秘密」

相談者の秘密といっても、いろいろな秘密の範囲があり、誰に秘密にしたいのかが限定的であることもあります。もし自分がHIV感染の可能性があるかもしれないとしたとき、誰に知られたくないかといったら、自分の家族には知られたくないかもしれません。また、外国籍の相談者が一番話しにくそうな表情で話すことで多いのは、在留資格に関わることです。オーバーステイ状態になってしまった方は公的機関に知られたくないので、自分が話したことの秘密がちゃんと守ってもらえるのかどうか、援助者から通報されたり、その危険性に繋がることにならないか、と強く不安を感じている様子が見られることがあります。

逆に、簡単に第三者に話せるようなことではないと思われることを、相談者がためらいなくさらっと話すようなときは、相談者が何を意図してそのようなことを話すのかを注意深く受け止める必要があります。例えば、薬物使用をしていた経験があるということをさらっと話されたとき「そんなこと言うなん

て」と捉えるのではなく、相談者にとってどのような意味があってそのような話をするのか考えてみる必要があるのです。例えば「若い頃、ちょっと薬物やっててね」と武勇伝のように話したあとで、「あの頃はそれが『かっこいい』と思ってやってたんだ」と話す人もいますし、「自分はそんなつもりはなかったんだけど、周りに流されて」と後悔する気持ちになり、「これからは自分の体を大切にしていきたいと思っている」と言う人もいます。

　また、自分の両親や周囲の人が薬物を使用していたり、アルコール依存の傾向があったりすると、自分の家族も友達の家族もそういう状況で、「それが当たり前の生活だと思っていた」ということもあります。生育歴や生活歴によっても、話す事柄が相談者にとってどんな意味があるのかがずいぶんと違ってきます。仮に援助者が「えっ!?」と驚くようなことであっても、そうした視点でいろいろ聞いていくと、相談者の深い理解につながります。

（3）援助者に課せられた守秘義務の範囲

①相談者を尊重する：話したくないことは話さなくてよい

　援助者は相談者に「あなたの秘密を守りますよ」いう約束をしますが、同時に「あなたが話したくないことは話さなくてもいいですよ」と伝えます。「守秘義務」には、援助者は守秘義務があるからといって秘密を聴き出してよいということだけではなく、相談者が秘密にしたいことはそのまま秘密にしてよいということも含まれます。

② 援助終了後も守秘義務は継続する

　援助者に課されている守秘義務は勤務時間のみが対象ではありません。面接終了後の帰宅途中等、援助者の私的な生活時間においても継続しています。当たり前のことですが、通勤時間等にスタッフと、または家族との雑談などにおいても相談者の個人情報を話してしまうことは守秘義務違反となります。

　さらに言えば、援助者が勤務先を退職したら守秘義務が終了するものではなく、それは今後一生継続していくものであるという認識と自分に対する規律をもって相談援助に臨むことが重要です。

③所属機関としての守秘義務規定を確認する

　同じ援助者であっても、その所属機関によって守秘義務規定が異なるものです。ここでは内容に触れませんが、個人情報保護法が制定され、医療・介護関係事業者における個人情報の適切な取り扱いのためのガイドライン等各分野でどのような対応が求められているか明確化されています。例えば、所属先が医療機関であれば、患者さんがその医療機関に外来通院中であることや、入院中に誰が面会に来たか等も個人情報であり、守秘義務として規定されていることでしょう。

　また、援助者が公務員の立場であり、相談者が非正規滞在となった外国籍者であった場合の対応を見てみましょう。例えば、ＤＶ被害を受けて緊急避難を求めている相談者や治療を必要としている患者さんが非正規滞在となった外国籍の場合、法務省では以下のような通知を出しています。

【質問：不法滞在外国人からの相談を受けた職員は出入国管理及び難民認定法第62条第2項に基づき、入国審査官または入国警備官に通報しなければならないか？
答：国または地方公共団体の職員には法律上通報義務が課せられている。しかし通報義務を履行すると課せられている行政目的が達成できないような特殊例外的な場合には、通報義務により守られるべき利益と職務の円滑な遂行という公益の比較衡量により違法性が判断される。】〔法務省管総第1671号平成15年11月17日付　出入国管理及び難民認定法第62条第2項に基づく通報義務の解釈について（通知）〕

　これは、公務員として通報する義務よりも相談者の安全確保等援助する業務が必要と判断される場合、通報義務より現実的に業務遂行（上記の例の場合、治療や相談）が優先されるということです。相談者が通報義務に怯えて相談できない、公務員が通報義務のみを訴えて本来行うべき業務遂行に至らないことのないよう、援助者は知っておかなければならない通知です。

　実際に、相談者の生活を援助するために様々な関係機関が協力体制を構築することが求められます。自分が所属する機関の規定を認識しておくこと、関係機関がどのような目的や規定に基づいて援助しているかを知っておくことは、

援助者として相談者が安心して相談できる環境を整えるために必要なことなのです。

　以下、援助者が相談者の秘密を守るためにどのような環境整備が必要か、医療機関を例にポイントを挙げます。

（4）秘密が守られるための環境整備

　相談者に対し「秘密は守ります」と口頭で伝えることはもちろんですが、ここでは相談者が話しやすく感じられるような具体的な環境整備について考えていきます。

①相談室で聴く

　人の往来のある廊下や待合室で相談を受けるのではなく、他の人に話を聞かれない相談室のような個室で相談を受けることが大切です。相談者は物理的にプライバシーが守られていることがすぐにわかります。特に経済的な話や家族関係など他人に聞かれたくありません。複数の援助者が相談室に在中している場合にはパーテションなどで仕切るなどの工夫が必要です。相談者が車椅子や歩行器を使っても入れる相談室であるとなお好ましいです。ただ、現実的にそのような相談室が持てない場合や使えないときは、次善の策として空いている外来診察室や、病室などを代用します。

②時間を確保する

　予め相談が約束されている場合は、相談者のための時間を確実に確保します。初めての相談であればおよそ40分から1時間くらいが目安となります。相談の約束をしておらず他の方の相談時間が迫っているときは「今でしたら15分ほどでしたら時間が取れます。後日改めて相談をというのであればもう少しゆっくり時間が取れますが、どうしましょうか」と相談者に尋ねる方法もあるでしょう。

③電話の取り扱い

相談者の話に集中するため、組織で持たされている携帯電話や相談室の内線電話に出なくてもよい状況をつくっておきます。相談の途中で電話が鳴り、話が中断することは避けたいものです。電話交換手にこれから相談に入るので電話を繋げないでほしい旨を伝えておくといいでしょう。

④記録の取り扱い

相談記録を紙で残している場合は、個別にファイルし鍵のかかる場所で保管をします。しばらく間をおいて相談者が来ても経過がわかるようにしておきます。

また、現在多くの医療機関では電子カルテを使っています。相談員の記録も「他職種連携」「情報の共有化」という名のもとにすべてを電子カルテに記載し、残すよう所属する機関から求められている場合もあるでしょう。しかし相談者が語ったことすべてを電子カルテに残す必要はありません。基本的には客観的事実のみを記すという観点で記録するといいでしょう。相談者が相談の中で話された情報は援助者との関係において話されたことです。電子カルテに触れることのできるすべての人の眼に晒す必要はありません。職能団体としてこれらについてすっきり整理できていない現状は、まさに今後の大きな課題です。

（5）秘密を無条件に保持していればいいのか

相談者が自分の抱える問題、その社会的背景や法律、一般の社会規範から逸脱したと思われる事情を誰にも知られたくないという感情は、当然尊重されなければなりませんし、援助者がその秘密を守ることは相談援助の基礎である信頼関係を築くために最低限の前提です。また、社会がどのような理解度、許容度をもって受け止めるのかということによっても、相談者がどれくらい不安に感じるか、これから先もずっと他者に知られたくないと思うかどうかは異なってきます。

しかし、相談機関においては、相談者の最善の利益のために必要な情報を共有する必要があることもあります。また、その秘密が相談者本人やその周囲、社会にとってリスクをもたらす場合は、相談者にそのリスクを整理して伝え、秘密を開示する必要性を理解していただくことが必要になる場合もありま

す。以下、事例で見ていきます。

　　医師からHIV感染の可能性があるという検査結果を聞いた妊婦Fさん。精密検査を受けてもし感染していることが判明したら、Fさんから赤ちゃんに母子感染している可能性や、パートナーへの感染の可能性もあるので、パートナーと赤ちゃんも検査をしたほうがいいと言われ、相談室を訪れました。
　　Fさんはパートナーと一緒に生活しており、パートナーとともに子育てするつもりです。Fさんは「精密検査で私が陽性でなければいい。私だけ陽性で死ぬなら仕方ない。私が死んだらパートナーが子育てしてくれると思う」とパートナーには話したくないと頑なな態度でした。
　　Fさんは自分の生命にかかわる問題であることは理解しているものの、母子感染やパートナーへの感染の可能性については気づかないふりをしていたいように見えました。
　　そこで医療ソーシャルワーカー（以下、MSW）は「検査の結果を聞いたばかりで、ご自分のことだけでなく赤ちゃんやパートナーへの感染のことまで考えられないのは無理ないことだと思います。でも、パートナーと赤ちゃんとの生活を大切にしたいのであれば、みんなが健康に過ごすためにどうしたらいいか考えてみませんか」と提案しました。
　　Fさんはパートナーが感染源である可能性や感染している可能性、そして赤ちゃんも感染している可能性を見過ごすことによる結果のほうが怖いことであると感じたようでした。「もし彼が感染していたら、彼が先に死んでしまうこともあるのかも。そうしたら、赤ちゃんは誰が育ててくれるの？」と不安そうな表情になりました。MSWは「Fさんだけの問題ではないから、まず彼に話してみませんか。赤ちゃんの命にかかわることだから、彼も早く聞いたほうが一緒に考えられると思います。彼と一緒に精密検査の結果を聞いたほうが彼と話しやすいようであれば、次回は彼と一緒に来院してください」と伝えました。Fさんは明日パートナーと来院すると言って帰りました。

　　MSWは、Fさんが今後の精密検査によってHIV感染陽性が確認された場合、

①Fさんの発症と死亡する可能性、②母子感染、③パートナーの感染とパートナーとの関係性という三つの生活課題が想定されることを念頭にFさんの話を聴きました。Fさんはこのまま自分が秘密にして隠していたら、パートナーと赤ちゃんの生命にかかわることになってしまうことを理解し、彼に伝える決心ができました。

　Fさんがもし言いたくないと頑なに秘密にしようとした場合、MSWとして、Fさん、パートナー、赤ちゃんだけでなく、他の第三者をも感染させる危険性があることを伝えなくてはならなかったと思います。

　相談者にとって秘密にしたいことであっても、相談者の最善の利益のためには、情報を共有する必要性を一緒に考えることも援助者の大切な役割です。

2　「秘密が守られる」のが相談の基盤

（1）秘密が守られる安心感が相談関係の第一歩

　相談者にとって秘密が守られるのは、当然の権利と言ってよいものです。とはいえ一般的に相談者が自分の秘密は守られているという実感をもつことは、なかなかむつかしいものがあります。そこで援助者は、最初の面接場面で「これからお伺いするお話は、院内を含めて私以外の人に伝わることはありません」と相談者の秘密が守られることを伝えます。しかし、このように話しても、相談者の中には「援助者側から正直に話しなさいと言われているような気がする」という受け止め方をされる場合も考えられます。ですから援助者は、先ほどの最初の面接の場面で発した言葉のあとに、「でも、話したくないことは、お話しにならなくて結構ですよ」といった言葉をつなぐことによって、面接当初から、援助者側の秘密保持と相談者の自由な発言が保障されることを伝えることが大切です。

　このように細心の注意を払う面接も、援助者であるMSWにとっては今後この職業の在りようにとって、大きな岐路と思えるほどの課題を現在抱えています。それは職員間の情報共有化の問題です。

　多くの医療機関では相談室あるいは、医療連携室に入室するときに看板があって、そこには大抵「秘密は厳守いたします」などと書いてあります。こ

れは、MSW という一人の専門家に、相談者が話をし、それはどこにも、誰にも漏れることはありませんよという誓約書のようなものです。ところが、最近の医療機関内部の様子は、電子カルテ化が進み、院内の関係スタッフで情報を共有するという流れが加速されてきています。これは、新しい動きですから、MSW としてどう対処すべきか、真剣に議論する必要があります。例えば、院内の要請に従って、面接の記録をすべてそのまま書いて共有化した場合、どういうことが起こるでしょうか。万一そのことが相談者に分かってしまった場合、恐らくその瞬間から相談・援助関係は崩壊するものと思われます。相談者は、あくまでその援助者を信頼して固有の話をしたのです。それが他の人間にも伝わっているということは、それ以外の第三者にも自分のことが伝わっている可能性を感ずるでしょう。

だからこそ、たとえ院内のスタッフといえども、共有化が必要だと言われようとも、すべてを話すということにはならない。仮に相談にみえた人に、この部屋で話したことは院内の他のスタッフにもすべてオープンにされますよと言ったとしたら、相談に来る人は限られてくるでしょう。それでは、情報だけをもらいに来る人や、自分の抱えている相談事は話さず、制度の説明だけを求めて来る人になるように思えます。それはもはや「相談・援助」という双方向の関係でつくられる場所ではなく、一方通行の「諸制度案内所」にすぎなくなるでしょう。さらに、そうなってしまうと、相談の専門家である必要はなく、誰が対応してもよいということになるでしょう。

ですから他のスタッフとの共有化との関係では、大変でも、個人のすべての記録を MSW の記録として個別に作る必要があると言えますし、電子カルテには客観的事実のみを記載し、最低限の情報のみ伝えるといった対応にならざるを得ません。そのような共有化姿勢を堅持しつつ、病院の相談室や、NPO の相談室の看板にそうした表示がない場合には、必ずそのような看板を出すことで、相談者が扉を開く勇気の後押しをすることは大切なことです。

案外、重要な秘密保持の崩壊は、複数いる相談員に話が伝わることで起こる可能性があります。相談室では、相談者の担当が決められますが、相談者がいつ来ても、必ず担当の援助者が在席しているとは限りません。このことを前提として、援助者側は、定期的にケースカンファレンスなどを行い、情報の共有

化を心がけます。ただし、相談者は必ずしもそのことを知らされていない場合があります。同じ部屋の相談員と言えども、相談者にとっては秘密にしておきたい第三者と言えるのです。

　ここで認識していただきたいことは、「秘密を守る」ということは、何か特別な事柄を、どのように漏れることがないようにするのかではなくて、毎日行われている「日常」の仕事の流れの中に、「秘密」もあるし、無意識の中で相談者の秘密を第三者に話してしまっていることがある、ということです。案外援助者が無意識であるが故に問題であり、いかにして意識化していったらよいのかが課題ということことになります。

　このように秘密が守られることが相談の基盤なのですが、もし、秘密が漏れてしまった場合、どのような問題が生じてしまうのかを、具体的な事例を基に次節で考えていきます。

（2）秘密保持が守られなかったために崩れる相談援助関係の基盤

　援助者は相談者の秘密を守るために、自分自身の言動はもちろん、物理的な環境整備にも細心の注意を払わなければなりません。援助者の言動、または環境の不備によって、秘密保持が損なわれることは決してあってはならないことで、援助者はその点に細心の注意を払うべきです。

　しかし相談者の支援のため、多くの人々とチームを組み、また地域や他機関との連携が欠かせないMSWには秘密保持を守る際にしばしば問題が生じます。そしてそのことによって、相談者とMSWだけでなく他の援助者との援助関係も崩れることが多々あります。

　ここではそのような他の援助者が関わったため秘密保持が保てなかった例をいくつか挙げてみます。

①秘密保持が保てなかった例

　ⅰ）青木MSWは相談室の管理者スーパーバイザーとして、部下からケースについて報告を受け、部下のケースについても把握しています。

　ある日、部下である岩沢MSWが急用で外出してしまったとき、相談者Bさんの娘さんが相談室に来られ、「いきなりですみません。岩沢さんいらっ

しゃいますか」と青木MSWに話しかけました。岩沢MSWは急用で外出し、今日は病院に戻らないと伝えると娘さんは非常にがっかりした様子で「そうですか……お話ししたかったのに……」と言いました。青木MSWは岩沢MSWからこの相談者が失業し無収入になってから、家族ともども非常な葛藤を経て、やっと生活保護を申請する決心をされ、娘さんが役所に申請に行かれることを聞いていました。そこでねぎらう思いもあり、「今日は役所に行かれたんですよね」と声をかけると、娘さんの顔色がさっと変わり「役所に行くことをどうして知ってるんですか！　岩沢さんが話したんですか」と鋭く問いかけ、「もういいです」と駆けるように立ち去りました。

　その後　岩沢MSWはその相談者、娘さんからの信頼を失い、また職場で青木MSWと岩沢MSWの関係も悪くなりました。

　ⅱ）金子MSWは60代の単身男性の支援を行っています。脳梗塞により自宅で倒れ、その数日後、新聞の集金員に発見され、救急入院となりました。現在リハビリの結果、軽い右麻痺で歩行は歩行器、構音障害、注意障害は残っているものの、ADLはほぼ自立しているため、退院について考える時期となりました。男性は自宅に帰ることを希望していらっしゃいましたが、他県に住むキーパーソンである兄夫婦は、ひとり暮らしを懸念して有料老人ホームも考えていると金子MSWに話しました。MSWがこのことをカンファレンスで伝えたところ、数日後PT（理学療法士）が「有料ホームにいらっしゃるなら歩行器は使えますね。広い場所を歩く練習をしましょう」と男性に話しました。男性は大変驚き、怒り、家族を責めました。ご家族は「ワーカーさんだから、誰にも話さないと思って相談したのに、他のスタッフに漏れていた。また弟には時期を見て話そうと思っていたのに、先に他の人から聞いてしまったから、『自分に内緒で病院とぐるになっている』と怒って口もきいてくれない。どうしてくれるのだ」と言われました。男性自身も「自分たちの家の事情を他のスタッフに漏らした。あんたなんか信用できない」と激しく怒りました。

　以後この相談者、ご家族は完全に金子MSWを拒否し、師長が代行するという事態にまでなってしまいました。

ⅲ）木村MSWが担当している80代の女性はもともと脳梗塞の後遺症があり、軽い認知症もあったため、介護度2でデイサービスなど利用していました。今回家で転倒し、大腿骨を骨折して木村MSWの勤める病院に入院しましたが、ほぼ入院前の状態に戻りそろそろ退院ということで、木村MSWはご家族とも話し合い、ケアマネジャーにも退院準備を始めたいと伝えました。数日後、ケアマネジャーからMSWに電話が入りました。この女性の娘さんより電話があり、偶然町で出会った、かつて女性が通っていたデイサービスの職員から「退院ですって？　またうちに通うんでしょう。待ってるわよ」と言われたとのこと。娘さんは「なぜ母の退院をデイサービスの職員が知っているんですか？　あなたが話したんですか！」とたいへん怒っておられたとのことでした。「私は退院に備えて、内々に打診しただけなのに。まだ正式に契約もしていないのに話してしまうのは問題ですよね。デイサービスの職員は悪気はないのでしょうがね」とケアマネジャーは当惑していました。

②なぜこのようなことが起こるのか

　これらはいずれも「情報の共有」と「秘密保持」との関係から生じた問題で、そのことによって相談援助関係に大きな問題が生じています。

　ⅰ）はMSW間の問題です。MSWも病院内で一つの組織ですから当然上司への報告義務があります。またMSW間で情報を共有しておくことも個人でなく職種として働いているので、必要なことです。

　しかし、それを相談者にどの程度まで知らせるかは検討の余地があります。一般に、相談者は内容にもよりますが、同じ職種であっても担当者以外に自分の相談内容を知られることは望まないでしょう。しかし、不在のときなどに全く申し送りがないのも相談者に不便や不満を与えます。

　そのような事態が予測される場合には「このことは他のMSWとも共有しておいたほうが、私がいなくても手続きが進むと思いますが」と相談者に他のMSWとも情報を共有することのメリットを伝え、了承を得ておくのがよいでしょう。一般的に制度の手続きなどはMSW間で共有して、担当者がいなくてもスムーズに進むようにしておくことが、相談者にも有益です。しかし相談者の生活背景や心理的問題、家族の問題などは、たとえMSW間で共有していて

も、担当者以外は相談者に「知っている」ことを伝えないことが必要です。

ⅱ）では二つの課題があります。一つめはスタッフ間における秘密保持、二つめは相談者本人と家族（関係者）間の秘密保持です。

スタッフは医療機関の目的の遂行、その中での相談者の最善の利益のために必要な情報を共有する必要があります。MSWからの情報も当然その中に含まれます。これは「秘密を守らない」のでなく、「（専門職間で）秘密を共有する。秘密を守る専門職の範囲が広がる」ということなのです。まずそのことを相談者に伝えておく必要があります、しかしそうであっても、言ってほしくないことは伝えないので、あらかじめ言ってくださいと相談者に話すべきです。

しかし他のスタッフに言わないでくださいと言われたことでも、MSWだけが抱えていると、生命に関わる、その他相談者に重大な不利益が及ぶ危険もあります。相談者にそのことを説明し、できれば情報共有の了承を得るべきですが、相談者がそれを望まない場合はスタッフにそのことを話し、厳に秘密を守ってもらうことでしょう。それほどのことではない場合も、スタッフ間では他者から得た情報を簡単に相談者に伝えてはならないのです。それが必要な場合（この例では「どこに退院するつもりか」）はそのスタッフ自身が相談者に尋ねればよいのです。

ただ相談者は様々な職種から何度も同じことを訊かれて、うんざりすることもあるので、最初に述べたように家族構成や職歴など基本的な情報は共有することを伝え、何度も同じことを訊かないようにする配慮も必要です。そのうえで微妙な情報、相談者が他の人には言わないでほしいと言った情報については、個々に配慮するのがよいでしょう。

チーム医療が当たり前のこととなった現在の医療機関では、スタッフ全員がこの秘密保持と情報の共有の原則を固くわきまえていなければなりません。

二つめは家族、または関係者が相談者自身に秘密にしてほしいと言ってきた場合です。もっとも病名、予後等治療に関わる事項は現在の医療機関はまず相談者に伝えるべきという原則があると思います。しかし、それでも相談者にそれらを秘密にしてほしいという家族がいます。他にも相談者が自宅に帰るつもりでいるのに、家族は施設入所を考えているような場合もあります。

また入院中の会社の倒産や、近親者の死など本人にショックを与えそうなこ

とを家族から「私たちは本人に言わないので皆さんも言わないでほしい」と頼まれることもあります。

　このような場合はMSWが先に家族の秘密を破ることは、もちろん避けなければいけませんが、相談者が自分の人生の主人公であり、自分に関わる情報を知る権利があることを家族または関係者に説明する必要があります。しかし相談者にとってつらい情報もあるので、相談者の心身の状態、フォローアップの体制など充分な配慮のもとに適切と判断された上でなされるべきです。この配慮なしに本人の権利だからと、正論を振りかざし、性急に伝えることはかえって相談者を傷つけ、時に大きな問題を残します。

　相談者自身が家族、関係者に秘密にしてほしいということは、その気持ちは充分に尊重しながらも、スタッフとの関係と同様に、自分自身の最善の利益に照らして熟慮するように意見を述べる必要があります。もちろん決めるのは相談者自身ですが。

　ⅲ）これもⅱ）と同じく援助者間の情報の共有と秘密保持の関係に問題が生じ、相談者の家族が「情報が漏れた」と感じた例です。この場合MSWとケアマネージャー間の情報の交換は、ご家族に伝えられ了承されていたと思います。しかしその範囲が直接の援助者より外に広がった時点でご家族は情報が漏れたと感じ、直接の援助者への信頼関係も揺らぎました。

　医療機関と地域との連携なくしては成り立たない現在の保健・医療・福祉の支援体制の中、多くの援助者（フォーマル、インフォーマル）間での情報の共有と秘密の保持のあり方は大きな課題です。

③まとめ〜チーム、地域との連携の中での秘密保持

　以上、秘密保持に問題が生じた例を述べました。相談者にとって秘密が守られないと感じたとき、MSWはじめ援助者に対する信頼は一挙に崩れ、回復は非常に難しくなります。

　援助者個人の不注意や配慮の足りなさから秘密保持が守られないことは、援助者の倫理からあってはならず厳に戒めなければならないことです。そしてそれに他者が関わったときには、さらに別の配慮が必要です。今後チーム医療の必要がますます叫ばれ、また「地域包括ケアシステム」の推進によって、病院

と地域の機関（フォーマル、インフォーマル双方の）の連携も密になり、さらにひとりの相談者に関わる人が多くなってきます。フォーマル、インフォーマルを問わず、関わる人にも秘密保持の重要さを理解しそれを実行する姿勢が問われます。そのうえで情報の共有と秘密の保持のバランスをとってゆくわけですが、これはある意味マニュアルを作ることは難しく、その都度検討していく課題かもしれません。

その際の基準はあくまで相談者の権利の尊重、最善の利益を求める心ではないでしょうか。この基準に照らしつつ、地域包括ケアでの情報の共有と秘密保持のあり方を日々検討していかなければならないと思います。

秘密保持は他の相談援助関係の原則の基盤ともいえる相談援助関係を結ぶ基盤なのです。

3 緊急時は個人情報開示が優先される

（1）生命に危険があっても提供されにくい個人情報

2011年3月11日に発生した東日本大震災の際は、意識がないわけではないが患者自身が何の薬を飲んでいるのか正確にわからないことも多く、国保連では被災者の医療支援として救護所や病院・診療所などの医療機関からのレセプト（診療報酬明細書といい、氏名・性別・生年月日・診療科・病名・薬・処置・検査等ごとの点数が記載され、医療機関が保険者へ医療費を請求するための請求書）の照会を行いました〔国保課等から国保中央会への事務連絡「平成23年（中略）の地震で被災した被保険者に対する診療報酬明細書の第三者提供の取り扱いについて（3月25日付け）」〕。何よりも、個人情報保護法という法律を守るという視点ではなく、眼の前にいる患者さんが不利益を被らないよう法や制度を活用し、交渉していくMSWや保健医療関係者の仕事がみられました。

このような大震災の場合だけでなく、日常でも、緊急時に本人の同意を取ることができない状態であって、本人に関する情報が必要になる場合があります。例えば、医療機関に救急車で入院されたような患者さんの場合、本人は意識が不明とか、意識はあってもコミュニケーションがとれない場合など、医療機関では本人の医療情報を知りたいと考えるでしょう。そうした場合、本人の情報

はどのように扱われるのでしょうか。2005年4月1日施行の「個人情報保護法」では、その23条において、当事者が意思表示できない場合、情報が入手できる条件を四つほど定めています。その中の一つに次のような項目があります。「人の生命、身体又は財産の保護のために必要がある場合であって、本人の同意を得ることが困難であるとき。(例：事故の際の安否情報など)」と。問題は、このように法律で定めても、医療や福祉の現場では、簡単に個人の情報を提供されにくい現状があるように思います。それを具体的な事例で考えてみましょう。知人のMSWの事例です。

　救急病院では、意識のない患者さんが運ばれてくることがある。初めての医療機関では、病歴や服薬状況、保険証の有無・種類や家族の状況もわからない。先日、宅配業者が119番通報、頭部から出血し、意識のない高齢の男性が救急搬送されてきた。救急対応をしている医師よりMSWに「身元がわからない。服薬情報も含めてなんとかわからないか」と連絡があり、救急室の看護師と共にジャンパーのポケットからクリーニングの預かり証を見つけた。預かり証のクリーニング店に電話をかけて救急搬送されたことを伝え、この方の情報を教えてほしいと尋ねたところ、名前と住所と電話番号が登録されておりすぐに教えてもらうことができた。当然クリーニング店では病歴や服薬の状況はわからないので、住まいの管轄する地域包括支援センターに電話を入れ、家族や介護保険の利用状況などを尋ねた。そこでは、先ほどのクリーニング店とは全く違い「個人情報ですのでねぇ」と、のらりくらりとこちらの聞きたいことを教えてくれない。緊急事態であり、場合によっては手術をするかもしれない、手術にあたっては、病歴や服薬状況がいかに重要であるかということを丁寧に怒りを抑えながら説明したところ、やっと担当ケアマネジャーやかかりつけ医を教えてくれた。

　この地域包括支援センターの職員は、どうして生命にかかわる当事者の情報を教えてくれなかったのでしょうか。まず考えられることは、法律を良く読み込んでいないと思われることです。仮に読み込んでいる人がいたとしても、それは管理職等の一握りの職員で、そこで把握されたことが全職員に共有する形

で徹底されていないことです。もう一つは、個人情報は決して漏らしてはいけないという意識が強く、なかなか開示しようという意識が働かないということでしょう。しかし、この裏には万一個人情報を漏らした場合、罰則規定があることと無関係ではないと思います。要するに医療機関や施設内で、開示できる場合のシミュレーションを皆でやることが必要だと思います。

　このような場合、この事例のMSWのように、じっと我慢してその必要性を説くことが大切です。もちろん法律を引き合いに出すことも方法でしょうが、法律では「生命や、身体の保護の為」に開示するという、具体的なケースが列挙されているわけではないので、連絡してもそのことが議論にならないとも限りません。従って、粘り強く今必要であることを説明することを第一選択にするほうが良いと思います。

（2）現場からの取り組み

　法律的には災害時や緊急時に備えた取り扱いが定まっていないため、前述の事例のように個人の緊急時には個人情報の入手が難しいことがあります。かといって、援助者を名乗ればどんな情報も入手できるようになってしまったら、本人が不要な混乱に陥ることになり、これは正しい個人情報保護のあり方とは言えないことは確かです。柔軟な対応をと言ってもどこまでの対応をするか、緊急時であればその線引きはなおのこと困難なものです。

　私たちは行政の援助だけで生活しているわけではなく、インフォーマルなご近所づきあい、NPO・NGO等市民団体に力になってもらいながら生活もしています。緊急時だからこそフォーマル・インフォーマルな援助が求められること、しかし実際に支援が届かない場合があることを普段から意識しながら生活することも必要です。

　いつ緊急時が訪れるかは誰にもわかりません。わからないから日頃から自分の大切な情報を緊急時に使ってもらうことを想定した準備を考えておくことが大切です。例えば一人暮らしの人が生命にかかわる手術が必要な状況となった場合も緊急時と言えますし、親族で連絡が取れる人がどこにいるかという個人情報が必要になります。

　こうした困難な個人情報の開示を住民側から提案してつくったシステムの一

例として、東京都大田区で行われている「大田区高齢者見守りキーホルダー事業」を紹介します。

2008年4月、大田区で働く社会福祉士、サービス事業者、ケアマネジャー、弁護士、病院、地域包括支援センター等、医療・保健・福祉の専門職と地元の百貨店等企業が協賛し、「おおた高齢者見守りネットワーク」が発足しました。

その活動の中で地域に暮らす人たちにとっての安心とは何かを考えた結果、「SOSみま～もキーホルダー登録システム」が考案され、2009年8月から導入されました。このシステムは高齢者がもし外出先で突然倒れ、救急搬送された場合など、迅速に住所氏名等の確認が行えるようにするためのものです。また、認知症の方の徘徊などで警察に保護された場合にも同様に役立つものです。キーホルダーが目印になり、搬送先病院や警察などが、地域包括支援センターに連絡し、高齢者の緊急連絡先やかかりつけ医、病歴やアレルギーの有無、担当ケアマネジャー等必要な情報を伝えるというシステムです。

2012年度からは大田区の事業として大田区全域に導入されました。

（参考図書：『地域包括ケアに欠かせない多彩な資源が織りなす地域ネットワークづくり　高齢者見守りネットワーク「みま～も」のキセキ』おおた高齢者見守りネットワーク（愛称「みま～も」）編、ライフ出版社、2013年。）

日頃から顔の見える関係性で支えあって生活している実感が、柔軟な対応へのアイディアにつながるのだろうと思います。このようなネットワークづくりに援助者として積極的にかかわることも必要です。

（3）個人情報は本人のもの

個人情報保護法には、本人が本人の情報をコントロール（他者がもっている自分の情報の訂正・削除を求める）できる権利をもつことが明記されています。また、医療機関でのカルテやCT、レントゲン、MSWの相談記録など、さらに生活保護を受給されている場合は、福祉事務所の相談記録を情報公開の手続きによって入手すること、また訂正を求めることができます。

本人が個人情報を診療や相談援助等で関係者に託してからは、カルテ情報の流出、顧客情報の流出等、何か侵害されたことが情報管理者によって確認され、公になって初めて本人が侵害されたのだと確認できるようになります。ま

た、大きく報道されることはなくても、援助経過において関係機関間の情報取り扱い周知が不十分であった場合などには、本人がまさか他者に知られていると思っていなかったのに知られていたという援助者に対する不信感につながります。個人情報の侵害は取り返しがつかないものであり、現実的に侵害されたことに関する援助はとても難しいものです。まず本人の権利を侵害しないことが重要であるのは間違いありません。万一、誤った情報として流されているような場合は、訂正を求めるコントロール権を行使する必要があると思います。

　援助者は相談者の生活課題を解決するために、相談者個人に対して守ること、例えば医療機関であれば医療チームや関係職種との間で共有すること・しないこと、大田区の一例のように社会システムづくりとして関わることなど、様々な形で知りえた個人情報を守ったり共有したりすることが求められます。

　なぜならば援助者は相談者の秘密や個人情報を知りえるものですが、最初に相談を受けた援助者だけで相談者の生活全般の援助ができるわけではありません。だからこそ、相談者の力になってくれる人たちとの情報共有が必要になります。例えば医療チームで、地域の高齢者関係職種で相談者の生活を支えるネットワークを構築する必要があります。援助者として相談者の知りえた秘密のなかで、例えば入院が必要になったときには医療チームとは共有する必要がある情報もあります。その時援助者は、相談者が入院生活を安心して過ごすために相談内容の一部分を医療チームに伝えておく必要があることを相談者に伝え、了解を得てから医療チームと情報共有します。援助者は相談者の秘密、個人情報の取り扱いを責任もって慎重に行うことが必要です。

　このような情報の取り扱いを、相談者が「自分に関する情報の主人公である」と尊重されていると感じる、つまりはひとりの人間として援助者に尊厳を守られていると感じる援助態度として認識することが重要です。秘密保持とは、援助者から相談者に対して「あなたは大切な人です。だから、あなたの想いも大切なものとして扱います」というメッセージを表す援助態度であると思います。そのため、主人公である相談者と、そして相談者が理解した上で他の支援者たちと情報の取り扱いを共有することが必要です。

補論　MSW のための外国人医療入門

鶴田光子

はじめに〜 MSW にとっての「外国人」医療

　「外国人」へのソーシャルワークは従来から行われてはいましたが、その数は多くはなかったと推測されます。しかし 1990 年代より、急激に増加し、従来の援助の経験では対応が難しい例が多くなりました。

　現在 MSW がかかわる「外国人」は国籍も多様ですが、さらに国籍が日本以外の人だけではありません。後述のように日系人、中国帰国者とその家族、国際結婚で生まれ、日本の言語と文化と異なる親に育てられた子どもなど、日本国籍であっても日本の言語や文化と異なる中で生活してきた人も多いのです。そこでここでは「外国人」を単に国籍だけでなく「異なる言語と文化をもつ人々」と定義しました。

1 「外国人」医療に関する悩み

　ではこうした「異なる言語と文化をもつ人々」の悩みにはどのようなことがあるのでしょうか？　いささか古い調査になりますが、1999 年神奈川県社会福祉協議会の実態調査では、①ことばが通じない、②自国の文化、習慣との違い、③医療費が浮かび上がってきます。現在は定住化も進んでいるため、医療にかかわる問題も多様化していると考えられます。

　そのような「外国人」を支援する MSW にとって、どのような知識、スキル、価値観、視点が必要なのでしょうか。といっても基本的には「ソーシャルワーク」を行うことで、通常の支援と変わるものではありません。しかしその中にも「外国人」に固有のまたは特に必要と思われる知識、スキル、価値観、視点もありますので、それらについて述べてゆきます。

(1)「外国人」支援に特にもつべき知識

①在留資格

　日本人相談者にはない要件で、「外国人」の生活には大きな影響を与えるものですから正しい知識をもちましょう。各地の出入国管理局（通称・入管）にはわかりやすいパンフレットがあります。

　＊非正規滞在者について「不法滞在」という呼び方はその人自体を「不法」と烙印を押すイメージがあるので、福祉的にはふさわしくない呼び方です。

　非正規滞在は、在留資格をもたないということで、それは法的な権利をほとんどもてないということです。以前はそれでも「外国人登録証明書」は「在留資格無し」と書かれてはいましたが、持つことはできました。しかし2012年の入管法の改定により、外国人登録が廃止され、在留カードが交付され、自分の住んでいる市町村で「外国人住民票」が作成される制度に変更になりましたが、非正規滞在者には「在留カード」は交付されないので、公的にその人の存在自体を証明する方法がない状況になっています。

　従って医療を受けたくとも、健康保険に加入できず、就労も雇用者が「在留カード」を提示させ、「就労制限の有無」を確認する義務が生じましたので、就労もできず生活保護も受給できません。

　このような状況から脱して、正規の滞在者になるためには「在留特別許可」申請と「難民」申請があります。

②「在留特別許可」（入管法第50条）

　本来であれば日本から強制退去されるべき外国人に対し、法務大臣が特別に在留を許可できるとされています。

　申請要件は
　　＊永住許可を受けている場合
　　＊かつて日本国民として、日本に本籍を有していた場合
　　＊人身取引等によって、他人の支配下に置かれて日本に在留するものである場合

＊その他法務大臣が特別に在留を許可すべき事情があると認める場合
（過去の例から類推される要件は「おおむね10年以上日本に滞在し、子どもたちが日本の小中学校に通い、日本での生活が安定している」等です。）

ただし、在留特別許可はあくまで法務大臣の裁量による特例であって、認められる客観的条件が定められているわけではありません。

③「難民」申請

日本における「難民」には「インドシナ難民」と「条約難民」があります。「インドシナ難民」は1975年インドシナ3国（ベトナム、ラオス、カンボジア）の政治体制の変化に伴い、新しい体制のもと迫害を受けることを恐れ、逃れた人々です。日本では人道上の理由から、これらのインドシナ難民の定住を認めました。この受け入れは2005年に終了し、現在インドシナ難民の申請はありません。

それに対し「条約難民」とは、母国において、人種、宗教、政治的意見等によって迫害を受ける恐れがあるため、母国を逃れてきた人々です。現在「難民申請」を行うのは、この「条約難民」です。

日本では1981年難民条約を批准し、難民認定制度を設け、法務大臣の権限で難民認定を行うことになりました。「難民」と認定されれば、「定住者」となり在留カードも発行され、住民票の作成も行われます。「難民申請中」で3カ月以上の在留資格のある人は「中長期滞在者」となり在留カードが発行され、住民票も交付されますが、在留3カ月以下の人は在留カードは発行されず、非正規滞在者としての扱いになります。

正規の滞在者になることは、その国で公的に存在を認められ、医療を受ける、就労するなど人間としての基本的な権利を回復し、安定した生活を送る基本ですからMSWはその取得に協力を惜しんではなりません。

②③の制度は適用されると正規の滞在者となり、法的な権利は大幅に回復されます。ただし、どちらの制度も認定がかなり厳しいので、専門家やこの問題に詳しい団体に相談することが必要です。

（2）非正規滞在者の受診、入院に際して

非正規滞在者が来院すると、管理者等病院職員から「（出入国管理局に）通報をしなければ」と言われることがあります。このような場合の通報は、公務員の場合は入管法第62条により義務がありますが、民間の病院には義務はありません。さらに公務員であっても、通報により外国人にとっての利益が妨げられる場合、人道上の理由により通報の義務はありません（145頁参照）。したがって医療機関の場合、通報によって適切な医療が受けられない事態も生じますので、むしろ通報してはならないのです。

MSWはこうした規定や見解を根拠に則って職員に説明し、病院の使命である「適切な医療の遂行」が行われるよう啓発する役割を負っています。

①「外国人」に適用される法制度、ことに医療福祉制度

日本国籍をもたないと日本の制度が使えないということはありません。滞在資格があり、国民保険加入のように一定の条件を満たす必要がある場合もありますが、ほとんどの医療福祉制度は利用できます。

非正規滞在者であっても、労災、入院助産制度、養育医療　育成医療、感染症予防法などは利用できます。また非正規滞在者は国民保険には加入できませんが、社会保険は、国籍、在留資格の有無は問いませんので法律的には加入できることになっています。

生活保護が非正規滞在者に適用されないのは、命や生活の保障に大きな問題となります。この状況の緩和策として1899（明治32）年に制定された「行旅病人及び行旅死亡人取扱法」は入院に関して適用されることになっていますが、実際には都道府県単独の財政負担となっているため、独自の運用が定められていない地方自治体では利用することはできません。また、自治体によっては神奈川県や東京都の「外国籍患者未払い補てん事業」のように7割を補塡し、3割を医療機関が負担する制度も地方自治体によってはありますが、利用に制約があり、1人につき1年間で外来3日、入院で7日程度しか利用できません。

②患者家族の母国の背景（文化、宗教、医療事情、政治経済の状況など）

ひとくちに「保険」といっても日本の健康保険制度と同じ制度の国はまずありません。違う認識のうえでいくら説明しても、問題解決が進まない場合もあります。治療の説明時でも「食い違い」が生じる恐れがありますので、医療事情に関しては確認する必要があり、帰国が想定される場合の医療の継続を考えるときも必要です。

　経済的にも日本との違いがあることを踏まえる必要がありますが、かつて日本が経済的に圧倒的な強さを誇っていた時代とは変わり、新興国の経済発展が著しいことも念頭においておく必要があります。また非常に防衛的な対応をする患者家族は、母国が言論統制が厳しい国であるかもしれません。難民または難民認定申請中の人は母国での迫害または脱出の際の困難からトラウマがあり、精神的・経済的にも不安な状態に置かれています。

　このような側面から考えるとき、患者家族に対し、「国に帰ったら」という提案は慎重になされなければなりません。日本人にとって一般的に「国（母国）」は文字どおり母のように受け入れてくれる存在で「国に帰る」ことは望ましいことと考えられます。しかし前に述べたように医療技術、制度が日本のように充実していない「母国」に帰ることは治療が中断されることを意味します。また難民のように「母国」が自分を迫害し、すでにそこには自分を受け入れない状態もあります。社会体制や紛争、貧困のため帰国しても生活はもちろん、生命すら保証されない国もあります。日本での生活が非常に長くなり、母国には家族、知人もいない、生活の基盤もない場合もあります。そうした意味で「母国に帰ったら」という言葉は慎重に選ばなければならない言葉です。

　文化、ことに宗教は患者家族のアイデンティティ、スピリチュアルな側面を理解するのに重要な意味をもっています。特に生（出産）と死が身近にある医療の場では、これらは先鋭化して現れることが多いのです。日本では一般的に宗教への関心が薄く、重要視しませんが、世界の多くの人々は宗教が生活の中心になっていますので、できる限りその習慣や宗教的行事への参加、禁忌事項などを尊重すべきです。最近は日本でもホテルやレストランでイスラム教やユダヤ教の戒律にのっとった食事を提供するところも出てきましたが、病院はまだまだのようです。

③社会資源　ことにインフォーマルな資源

「外国人」の資源は日本人と同様なものが使える場合も多いのですが、公的な資源は基本的に日本人を想定していますので、「外国人」にはまだまだ不充分です。そのためインフォーマルな資源は欠かせません。最近はボランティア団体、NPO などで外国人支援を行う団体も増えてきました。国際交流協会、「外国人」に詳しい MSW に尋ねるなどして、情報を収集しておくことが必要です。そして単にリストを持っているだけではなく、関係者との情報交換や、直接コンタクトをとるなどで実態を把握しておくことが大切です。

「外国人」への支援では教会や日本語教室など、従来の業務ではなじみ薄い資源も登場し、重要な資源となります。なじみがないからと関わりをためらっていると、貴重な資源を見逃すことになります。

ことに通訳は「外国人」の来院時から即必要となるので、依頼できるところを整備しておきましょう。最近は医療通訳に取り組む自治体もわずかながら増えてきました。後でスキルの箇所で述べますが、「医療」という場を考えたとき、くれぐれも安易に患者の子どもや友人に依頼するのでなく、養成を受けた通訳を依頼するよう MSW 自身も認識し、そして医師をはじめ他の医療スタッフへ啓発するよう努めましょう。また必要な資源がなければ関係者と協働して創り出すことも MSW の役割といえます。これについては「(3) 支援に特に必要な技法」で述べます。

(3) 支援に特に必要な技法

基本的には「ソーシャルワークの援助技術〜ミクロからメゾ、マクロへ〜」です。その中でも特に必要と思われるのは以下のとおりです。

①調整、交渉の技法

「外国人」に関する理解は徐々に深まり、「外国人」専門の相談員や通訳などを置くところも出てきました。。しかし定住化に伴い、問題も多様化して関係機関の利用も広がり、今まであまり「外国人」になじみのなかった機関も関わるようになると、まだまだ慣れないため、「外国人」が相談機関に赴いてもうまくつながらないこともあります。また経験不足から、行旅病人法など使える

制度も「使えない」「知らない」と言われることがあり、わずらわしさから敬遠されたりもします。また「外国人」もことばの不十分さからあきらめてしまうこともあります。

そこで MSW は代弁者となり、粘り強く交渉することが求められます。これは院内においても医事課や病棟などに対して必要な技法です。

DV や虐待、難民性のある、また人身売買等犯罪被害者の場合等、組織として対応することが必要で、MSW だけが抱え込むことはリスクが大きく援助も困難になります。ただし MSW としてこのような場合に必要な社会資源、連携すべき関係機関を知っておくことは必要です。

②ネットワーク形成、リンキング

「(1)『外国人』支援に特にもつべき知識」の項で述べたように 「外国人」への支援はまだまだ資源も少ないです。そこで情報交換や支援のため、ネットワーク形成と適切な資源につなぐリンキングの技法が必要になります。フォーマルな資源のほか、「外国人」支援に経験のある MSW や機関、インフォーマルな資源と情報交換などしておくことが有益です。特にインフォーマルな資源は実態も様々なので、できれば実際にコンタクトをとり、実態を把握しておくことが援助に有効です。

また、協働する際の留意点ですが、NPO やボランティアは基本的に立場や財政基盤は弱く、熱意でもっているようなところがあります。ヘルパーの仕事を休んでボランティアに来てくださった例もあります。病院職員としては殊に言語の問題などでは頼りたい気持ちが強く、夜中に電話で呼び出したりした例もありましたが、職員に過剰に頼られ、疲弊して支援の場を去って行く支援者も少なくないので配慮が必要です。このことを、他の職員にも理解を求めなければなりません、身分保障や経済的保障のある病院職員とは違う立場であることを理解し、一方的に「使う」だけでなく、「育てる」「共に働く」の意識も大切です。

「外国人」に詳しい援助者に対しても同様です。忙しい業務をさいて情報提供や助言をしてくれるのですから、礼をつくし、訊きっぱなしにするのでなく、報告をしたり、これも「共に歩む」「今度は自分も提供しよう」という姿勢が

必要です。

　③資源を創り出す技法、ソーシャルアクションの技法

　たびたび述べたように「外国人」の支援にはまだまだ資源が少ないのです。できるのを待つのではなく創り出す技法、さらに社会に訴え、変革をしてゆくソーシャルアクションの技法も忘れてはなりません。

　例えば、神奈川県にある日本で最大規模の医療通訳養成派遣の NPO「MIC かながわ」は、10余年前医療通訳の必要性を痛感した MSW やボランティア、「外国人」が行政との協働でつくりあげたものです。現在も養成派遣活動のほか、市民フォーラムを開催するなどして広く市民や医療関係者に医療通訳の必要性を訴えています。

2　面接の留意点

　「外国人」支援には大きな課題があります。支援の中核をなす面接がことばの壁のため充分にできないことです。この際有効な手段は通訳です。ここではまず通訳を使う面接の留意点を述べます。

（1）通訳を介した面接

　前節「（1）『外国人』支援に特にもつべき知識」の項で述べたように、多少言葉がわかり、いつも来ているからと患者の家族（特に子ども）や知人、職場の人などに安易に通訳を頼むことは、医療の場という特殊性を考えたとき、言語、特に医療関係用語に関する知識や、患者との関係性から避けなければなりません。例えば、子どもに親の厳しい病状を通訳させるのは酷なことですし、知人や職場の人ではプライバシーの問題も生じます。中立的な立場で、できれば医療通訳の養成を受けた通訳を依頼しましょう。（「知識」の項で述べたように通訳の依頼先を把握しておきましょう。）

　面接時に慣れないと、つい患者・家族より通訳に話しかけがちですが、ことばはわからなくても患者本人、家族にきちんと向き合いましょう。その際、非言語表現が大切です。また、日本ではまだまだこのような場合も多いのですが、

通訳が友人や、養成を受けていない善意の「ボランティア」の場合、患者・家族に代わって話してしまったり、訊かれないのに、患者・家族の個人情報を話すこともあるかもしれません。その際それにつられず、あくまで「通訳」の立場に戻るよう促さなければなりません。相談内容が複雑で面接が継続されるような場合は、通訳を変更することも検討する必要がありますが、その際、変更が友人等の感情を害し、患者家族に不利益をもたらさないように配慮する必要があります。

（2）通訳なしで日本語のあまりできない「外国人」と面接する場合

＊婉曲、複雑な言い回しは避けましょう。（現在『やさしいにほんご』の手引書が出版されているので参照するとよいです。）
＊言語以外の手段を活用します。（絵や写真を見せる。数字、ローマ字、ひらがな、漢字を書くなど。ただし中国での漢字と日本の漢字では意味が異なる場合があります。）
＊外国人＝英語ではありません。英語を話さない外国人は意外に多のです。自分が話せるからと、安易に英語を使わないよう注意しましょう。特にいわゆる和製英語、略語は英語圏の患者家族にとって、もっともわかりにくいようです。
＊ことばがわからないことで尊厳を損なう対応にならないよう、非言語で補いましょう。しかし、このような面接はどうしても限界があるので、できるだけ早く通訳を依頼する必要があります。

3　支援に必要な視点・態度

＊視野を広く、柔軟性をもって、自分（日本）の物差しで測らないことが大切です。
＊異なる文化、宗教に対する尊重の心と繊細な態度は欠かせません。
＊「外国人」は、母国と異なる言語と文化の中で、矮小化されている部分も大きいことを理解し、本来の力を発揮できるよう、本人への働きかけや環境整備を行いましょう。

＊特に非正規滞在者や難民認定申請中の人、人身売買の被害者など厳しい状況に置かれ、権利を侵害されがちな「外国人」に対して、人権擁護代弁の役割を果たしましょう。
＊言うまでもなく「外国人」に対して、国や立場で一切の差別をしてはなりません。

　近年、国は外国人観光客や医療ツーリズムの利用者への医療サービスに積極的です。それ自体は国益のためよいことと思いますが、日本で地道に働き、私たち日本人とともに暮らし、日本の社会を支えている定住外国人も同じように大切にすべきではないでしょうか。

まとめ

　以上、医療の場における「外国人」への支援について述べました。
　ここで、再度強調しますが、これは一般のソーシャルワークと異なるものではありません。むしろ「もっとも疎外されやすい人々に目を向け、権利擁護（アドボカシー）とエンパワーメントを行う」ことは「『社会正義、人権、集団的責任、多様性尊重』の原理を中核とするソーシャルワーク」の原点といえます（国際ソーシャルワーカー連盟「ソーシャルワークの定義」参照）。
　また国際連合が「世界人権宣言」に基づいて作成した国際条約の一つ「経済的、社会的及び文化的権利に関する国際規約」の9条で「この規約の締結国は、すべての者が到達可能な最高水準の身体及び精神の健康を享受する権利を有することを認める」と規定しています。また2項の（d）で「病気の場合にすべての者に医療及び看護を確保するような条件の創出をするべき」と述べています（高山俊雄「我が国の外国人医療の現状」参照。）
　私たち日本人は世界の中に生きる者として、この規約を守らなければならないのです。

　最後にぜひお伝えしたいことは、「外国人」は決して「弱者」ではありません。ましてや「面倒な人」ではありません。言語や文化の壁から多くの配慮

を必要とするかもしれませんが、その力を生かす環境が整えば、その力を発揮し、日本の社会に多くのものをもたらし、豊かにしてくれるでしょう。言語や文化の壁はすべて取り除かれなくても（あってもよい場合もあります）、意識の「壁」を取り除くか低くするとき、「多文化共生」（「外国人」だけでなく障害者や、マイノリティといわれる人々にも居場所のある、だれも排除しない、ソーシャルインクルージョン（社会的包含）の実現された社会）となるでしょう。「外国人」に優しい社会は日本人にもすべての人にも優しい社会です。「外国人」に優しい医療は日本人にもすべての人に優しい医療となるはずです。MSW は「外国人」の医療をきっかけとして、このような社会、医療の場を創ることの一端を担わなければならないのです。

参考資料
門美由紀「インクルージョンの視点から見た外国籍住民の生活支援」『ソーシャルワーク研究』Vol30, No4. 相川書房、2005 年。
松野勝民「栃木県多文化ソーシャルワーク養成セミナー資料」。
日本社会福祉士会編『滞日外国人支援の実践事例から学ぶ　多文化ソーシャルワーク』中央法規、2012 年。
鶴田光子「外国籍患者へのソーシャルワーク～病院ソーシャルワーカーへの聴き取り調査から～」『医療と福祉』No80, Vol40-No1. 日本医療社会事業協会、2006 年。
特定非営利活動法人多言語社会リソースかながわ（MIC かながわ）編『地域でともに生きるために　医療通訳フォーラム　2013　in かながわ』。
高山俊雄「我が国の外国人医療の現状」『月刊自治研』45 巻、2003 年。
石河久美子『多文化ソーシャルワークの理論と実践――外国人支援に求められるスキルと役割』明石書店、2012 年。
「外国につながる子どもたちの物語」編集委員会編、『まんが　クラスメイトは外国人　多文化共生 20 の物語』明石書店、2009 年。
移住労働者と連帯する全国ネットワーク・入管法対策会議　在留カードに異議あり！NGO 実行委員会　『改訂にゅうかんほう非正規滞在者・難民申請者のためのQ&A』2011 年。

第Ⅱ部

事例：「バイステックの原則」から見た面接場面

はじめに

　第Ⅱ部では、これまでみてきたバイステックの原則が、実際の相談場面でどのように具体化されるのか、また、原則に沿った面接がどのような効果をもたらすのかについて、具体的な面接場面のなかで注釈（左段のストーリー部分の下線部分に対応して、原則に基づいたコメント、MSWが面接場面で注意すべきポイント＝※印、情景説明＝別書体）を加えながら明らかにすることを試みています。

　事例は完全なフィクションですが、近年の医療機関で多くの医療ソーシャルワーカー（以下、MSW）が直面し、ジレンマを抱えながら遂行している転院に関わる業務をテーマに選びました。

　ここで展開される面接は、決して完全で理想的な面接ではなく、バイステックの原則に反する言動をおかしがちな場面や、その際どのような言動として現れうるのかという点もあえて入れました。

　また、在院日数短縮化がいっそう厳しくなっている今日では、残念ながらここで展開するプロセスを経ることが難しいことも少なくありません。

　しかしながら、ソーシャルワークの価値や基本的事項に立ち戻り、確認する作業はとても大切です。ここでは、現場では時間不足等を理由にスキップされがちなプロセスや、面接における基本的かつ重要事項と思われる点についても押さえるようにしました。

　また、外国人や労災のケースなどは、あまり一般的ではなく、特別の情報や知識が必要であることが多いため、これらについては随時必要な補足説明を入れました。従って、これらの諸点についても留意してください。

【離婚後、独りで生きていく決意をした独居男性の転院と家族援助事例】

　中小企業で機械の部品製造会社に勤務する56歳の山本満さんは、突然職場で倒れ、救急車で救命救急センターのある「東の森病院」に運ばれた。直ちにＣＴ検査をしたところ、脳出血であることが判明し、そのまま救命センターに入院することとなった。
　そこで主治医の脳神経外科長谷川医師は、救急車に同乗してきていた同僚の宮川さん（50歳）に山本さんの家族関係を聞いたところ、詳細は不明だが、一人暮らしであるとの返事。医師は続けて「家族関係者はいるのかどうか」を問うた。宮川さんはよく分からなかったので、「職場に連絡して、分かる者に来てもらうことにしたい」と言うと、長谷川医師は「ではその方がみえたら、医療相談室のMSWの滝本に会うように、伝えて欲しい」と話した。
　長谷川医師は直ちにMSWの滝本さんに電話し、経緯を説明した後「山本さんの会社の方がみえたら、本人の病状説明と今後の治療方針を説明したいので、関係者の方と連絡を取ってほしい」と伝えた。

【場面１】滝本MSWと会社事務員吉川さんの面接

滝本（以下、MSW）：ソーシャルワーカーの滝本と申します。ご多忙中駆けつけていただきありがとうございます。
　私は山本さんの入院中や退院後の生活について、ご本人・ご家族がどのように過ごしたらいいかを一緒に考えお手伝いをする役割を担っております。山本さんのご家族のことや山本さんがどのように過ごされてきた方なのか、いろいろと伺えたら助かります。
吉川さん（以下、事務員）：山本さんの会社

※一般には、ソーシャルワーカーが何をする人なのか、理解が普及しているとは言い切れません。MSWとして、この病院においてどのような仕事をしているのか、何ができるのかの説明を含めて自己紹介をすることは関係形成の導入部分として重要です。

で事務をしています吉川といいます。山本さんは、いつも黙々と作業している仕事熱心な人で。急に倒れてしまって本当にびっくりです。

MSW：<u>急なことで吉川さんもびっくりしましたよね。会社の皆さんも驚かれているのでしょうね。</u>

事務員：ええ。もうみんな動揺しちゃって。山本さんはどんな状態だろうって、心配してます。

MSW：そうですよね。

事務員：付き添っていった宮川から、誰か山本さんの家族のことがわかる人来てって連絡が来まして。私は職員の入職・退職などの事務手続きを担当しているもので、それで駆けつけました。

MSW：山本さんの現在の状況は脳出血という診断で、まだ意識が戻っていないようです。主治医はすぐにご家族に病状と手術が必要だと考えていることを伝え、ご家族の同意を得たいと考えています。
　吉川さんは職員の連絡先の管理をされるお立場ということでしょうか？

事務員：はい。

MSW：現在、本人にご家族等のお話を伺うことができない緊急時です。<u>これからお伝えいただいた連絡先の方には「緊急時なのでやむをえず当院から勤務先にお願いして連絡先を教えていただいた」とお伝えしますので、ご協力ください。</u>

受容：駆けつけてきた吉川さんが山本さんに好印象をもっており、本当にびっくりしていることを受けとめています。

秘密保持：緊急時の対応として勤務先がやむなく医療機関からの要請に応じてくれたことを、医療機関も個人情報取扱い上責任をもって家族に伝えることを約束しています。
　個人情報保護法は、本人の同意

事務員：わかりました。
MSW：山本さんは一人暮らしと聞いています。会社に届け出ているご親族はどなたかいらっしゃいますか？
事務員：こちらでは娘さんの連絡先を聞いています。娘さんの電話番号と住所をお伝えします。娘さんの名前は倉持道子さん、連絡先は000-XXXX-XXXX。住所は〇県△市です。
MSW：娘さんはおいくつかわかりますか？
事務員：ええと、25歳です。
MSW：<u>山本さんのご家族の状況について正確に伺いたいと思います。山本さんの奥様のことは何かご存じですか？　連絡先を娘さんにしているのは何か訳があるのでしょうか？</u>
事務員：……。
MSW：<u>緊急時なので、吉川さんがわかる範囲でもう少し詳しく教えてもらえたら助かります。お話しくださった情報については、ご本人の治療上必要なこと以外には漏れることのないよう厳重に守ります。</u>
事務員：……そうですよね。山本さんはずっとうちの会社で仕事してます。以前は結婚してましたが、離婚して、娘さんは奥さんのほうの姓を名乗っているって。お子さんは一人娘で、順調に大卒後就職もできて、でも一人暮らしだから後は嫁に行ってくれればとかといろいろ話してました。で

なく情報を公開できないとしていますが、緊急時には生命の安全が優先されます。保健・医療・福祉の専門職はあえてこの情報を必要とする場合があり、情報の収集・入手をするときがあります。だからこそ、情報の管理・取り扱い方はいっそう厳しく求められているのです。

個別化：山本さんの娘が最初に連絡を取るべき家族かを判断するために確認しています。

秘密保持：手術が必要な緊急時のような場合においては、本人が触れて欲しくない家族関係についても立ち入る必要がある場合もあります。一方で、その必要性がいくら大きくても、援助者はその事情をきちんと説明し、情報の扱いには慎重でなければなりません。

も、奥さんのことはねえ。暗い顔になって話そうとしないし、こっちも聞きにくくて。
MSW：そうでしたか。では離婚した奥様の連絡先はわからないのですね。
事務員：はい。まったくわかりません。
MSW：そうですか。山本さんは娘さんとは連絡がとれているのですか？
事務員：娘さんも社会人だし、たまに山本さんが娘さんと会って仕事の話をしたようなことを話してました。最近、娘さんから奥さんも仕事で忙しいって聞いたみたいでしたよ。ご家族のことはそのくらいしかわかりません。
MSW：吉川さん、いろいろお話ししてくださってありがとうございました。本当に必要な人に連絡をとるため、いろいろお聞きできて助かりました。これから娘さんに電話してみます。
事務員：よろしくお願いします。
MSW：それから、吉川さん、もう一つ大切なことを聞かせてください。山本さんのお仕事のことです。具体的にどのようなお仕事だったのでしょうか？
事務員：私どもは精密機械の部品を製造している会社で、山本さんは商品管理の責任者としてできあがった部品が商品として問題なく納入できるかチェックしています。
MSW：山本さんの勤務時間も教えていただけますか？
事務員：勤務時間は、全員8時半から17

統制された情緒的関与・非審判的態度：事実確認をすることが目的であるため、誰かの立場への共感的な感情は入れずに淡々と聞いています。

※**労働生活の把握**：年齢を問わず、面接の中で労働生活の状況を把握することは、疾病の背景を理解し、退院後の生活設計をする上でも重要な判断材料となるため、職歴、職務内容等の仕事についての情報収集は重要です。また、中小零細企業では過酷な労働条件が比較的多いこともあり、労災・職業病の可能性もあるため、ここではさらにより詳しく聞く必要があります。

時半です。うちはそんなに大きな会社ではないもので、交代勤務で製造ラインを常に動かしているわけではないんです。でも、この時期は毎年受注量も増えるから、この2カ月は皆20時半過ぎくらいの帰りです。
MSW：毎日約3時間の残業を1カ月22日で計算すると、およそ66時間の残業をしておられることになるでしょうか。会社がとても多忙な時期で、皆さん大変なのですね。他にも具合が悪くなってしまう方はいらっしゃいましたか？
事務員：いやあ、工場の中が常に暑いからみんな体力的にきついなあと言ってますが、この時期休めないし、倒れたのは山本さんが初めてです。
MSW：山本さんは会社の健診で何か健康上の問題はありましたか？
事務員：ええと……、健診で高血圧を指摘されて。きちんと受診してたみたいですよ。
MSW：そうですか。それと、山本さんの1カ月の給与は？　今後、山本さんの休職中の傷病手当金や社会福祉サービスの利用など、経済的な面での検討が必要になることが予想されます。そのためにも、山本さんの生活状況として仕事や経済的なことも理解しておけたらとても役立つので、ご協力いただけたら助かります。
事務員：社会保険料等含めて支給月額はだいたい50万円です。
MSW：吉川さんのお話で山本さんのご家

※労働超過の有無：気温や危険度等労働環境の状況、他にも同じような症状のある人がいないかどうかなどは、労災との関係を検討するうえでの重要なポイントです。

族のこと、お仕事のことがよくわかりました。またいろいろお尋ねしたいことがでてくるかもしれないので、吉川さんのご連絡先を確認させてください。
事務員：何かあれば、会社にご連絡ください。
MSW：お忙しいなか、お時間いただきありがとうございました。

　MSWは吉川さんとの面接の後、直ちに山本さんの娘である倉持道子さんと連絡をとった。道子さんは驚いて「どんな状態ですか？　意識はあるんですか？　手術はいつするんですか？」などと矢継ぎ早に質問したが、そうした説明を含めて、主治医が一度お会いしたいと言っていると伝えると、直ちに伺いたいとの返事。この後、MSWは長谷川医師に娘の道子さんが明日午後3時過ぎにみえると連絡した。
　翌日、道子さんは長谷川医師から病状と今後の治療方針の説明を受けた。長谷川医師の説明では、「脳出血は左運動野での出血で、右半身及び言語の障害が生じる可能性がある。CT上では出血は一定量あり、脳の中に吸収される可能性は少ないのでできるだけ早く手術することが良い。いろいろな検査が済み次第、2日後に行う予定」との内容であった。また、何か困ったことがあったら相談室のMSWを訪ねるようにと言われた道子さんは、不安のあまり相談室を訪ねることにした。

【場面2】滝本MSWと道子さん1回目の面接

MSW：昨日電話いたしました医療ソーシャルワーカーの滝本です。<u>急な連絡に驚かれたと思います。</u>
道子：<u>……何と言ったらいいのか。</u>
MSW：長谷川先生から医療ソーシャルワーカーについて聞いていらっしゃいますか。
道子：はい。長谷川先生が何か困ったこと

個別化：相談者の立場を理解した細かい気配りを示しています。

※相談者は、明確に「主訴」を持ってくる方ばかりではありません。医師に言われたから、看護師に相談室へ行くように言われたからと相談者の意向ではない場合さえあります。そのような場合は、

があったら相談室の滝本さんに相談にのってもらうように、って言われたので……。
MSW：私たちソーシャルワーカーは、<u>患者さんご家族の相談をこういった面接室でお受けしていますので、外部に声がもれることはございません。また、お話しいただいたことは他の方にお話しすることはいたしませんが、治療上どうしても必要な場合は、あらかじめ話してもよいかどうか確認させていただきますので、ご協力をお願いいたします。</u>
道子：はぁ。……明後日手術なんです。父は、元の身体に戻るんでしょうか。私、どうしたらいいか……。先生を信じていないわけではないのですが、長谷川先生は手術上手いんですか？　大丈夫ですか？　明後日に手術って言ってましたけど、今すぐでなくていいんですか？　2日も空けてしまって、もっと悪くなりませんか？　今、話もできないような状態なんですよ。それに……。
MSW：娘さんの<u>ご心配はわかります。</u>お父さんが急に入院されていろんな問題が、いきなり目の前に飛び込んで慌ててしまいますよね。
道子：ええ。それに……。
MSW：（道子さんの言葉を遮って）<u>ですから、一ずつ一緒に考えていきましょう。</u>
　えっとまず倉持さん、長谷川先生からお父様の病気の状態についてどんな説明が

相談自体が不本意であり、そのことが言いづらいということもあります。そうした気持ちの表れである沈黙は大切にしたいものです。

秘密保持：個室でプライバシーが保たれ、他の人に相談内容が伝わることはないことを初めに伝えています。治療上必要な場合は、関係者と情報を共有することがあることをあらかじめ説明し、了承を求めています。

心配事が一度に押し寄せてどうしていいかわからず、MSWに今の想いを吐き出しています。

受容：「ご心配はわかります。」との発言は、言葉としては受容していますが、道子さんの不安・心配な言葉を遮ってMSWのペースで面接を進めているので受容しているとはいえません。ここでは、「さぞご心配なことでしょう」とまず道子さんの気持ちを受容する言葉かけをして道子さんの話を聴くことに徹することが大切です。

受容：明らかに道子さんの発言を遮っているので受容できているとはいえません。さえぎらずに気持ちを全部吐き出していただくことが大切です。

非審判的態度：「ですから」には

りましたか。
道子：長谷川先生は、父の左側の脳が出血していて、右側の手や脚に麻痺が出たり、言葉をしゃべることができなくなるかもしれないとおっしゃっていました。手術をする方針だけど検査が終ってからということでした。
MSW：倉持さんの中で今いろいろとご心配事があると思いますが、まず、何がひっかかっていますか？
道子：手術は成功するでしょうか。麻痺はどのくらいの確率で出てくるのでしょうか。
MSW：それがご心配ですか？
道子：麻痺が出る可能性はあるけれど、どの程度かはわからないって……。それにその場合は別の専門病院でリハビリをしたらいいとも言ってました。……まだ手術もこれからなのに、リハビリ病院に移ったほうが父のためにいいなんて、何がなんだかわかりません。手術をするこの病院でリハビリも続けてくれればいいのに。
MSW：そうでしたか。そうですよね。手術してみないと麻痺がどうなるかわからないことが不安なのですね。ちゃんと伺ってなくてごめんなさい。
道子：本当にどうしたらいいのか……。
MSW：不安ですよね。まずは、検査ですね。それから明後日の手術、その後にリハビリテーションですね。検査の結果も長谷川先生から説明があると思いますので、そ

審判的態度が滲んでいます。

※医師の説明と家族の理解や思いがすれ違ったまま進むと、後々のトラブルに発展することはよくあります。ここでボタンを掛け違わないように、道子さんが医師の説明をどのように受けとめているかを確認することが必要になります。

　道子さんは、最初に大きな不安をMSWにぶつけていましたが、メモを見ながら、しっかり医師の説明を理解していました。
　医師の説明をどのように受けとめているかを確認した上で、道子さんが相談室にこられた理由（主訴）をあらためて確認しています。
　ここでも道子さんは医師の話を理解しています。しかし、「麻痺はどの程度かわからない」という言葉に、むしろ麻痺が出ない可能性のほうに期待をしたい気持ちもあり、だからこそ今リハビリ病院の話が出ること、病院を移動する話が出ることに混乱し、納得できない様子がうかがえます。

受容：MSWは、道子さんの言葉から三度「麻痺」のことを聞くことでようやく気がつき、道子さんの不安を肯定しました。

こでまたお話を聞いてみてください。倉持さんのご心配な気持ちが少しでも解消できるために必要であれば、私も同席します。
道子：ありがとうございます。でも大丈夫です。何もかもが急な出来事で、今は私自身が焦っているんです。
MSW：倉持さんが他にご相談できる方はいらっしゃいますか？　ご親族とか。
道子：聞いていらっしゃると思いますが、両親は離婚していますので、父の相談を母にはできません。他に親しい親族もいませんし、私がすべて一人で考えていくしかないんです。
MSW：そうでしたか。お一人でお父様のことを考えていかれるのはいろいろ大変なこともあるでしょう。今後の手術や、リハビリテーションのことは、お父様ご自身のご意向を伺いながら、私も一緒に考えていくお手伝いをさせて頂ければと思っています。手術が終わって、状態が落ち着いたらお父様の様子を伺いに行きますね。
道子：よろしくお願いします。
MSW：はい、わかりました。それから、話は違いますが、私のほうからお伝えしておきたいことがもう一つあります。
　お父様が救急車で運ばれた日に会社の方と少しお話させていただきました。56歳というお若い年齢で脳出血ということで、残業時間もそれなりにあったようです。労災の可能性もあるかもしれません。申請

受容：MSWは道子さんの思い詰めた、切羽詰まった様子を理解し、道子さんの労をねぎらい、不安を受けとめています。そして、MSWが道子さんの問題解決を支援する存在（自己決定しやすい環境を整える一環としていつでも相談にのれる体制）であることを伝えています。

※労災申請は、医療費や生活費など今後の見通しにも関わることであるため、初期の段階で情報提供だけでもしておいて、その段階で

するかしないかはご本人、ご家族の希望です。労災が認められれば医療費や、休業中の補償として今までのお給料の8割が支給されることになります。手術の前ですし、今決める必要はありませんが、資料をお渡ししておきます。もし可能性があるようでしたら、申請など試みてみるお気持ちはありますか？
道子：労災なんてよくわかりません。考えてもいませんでした。
MSW：そうですよね。手術が終わって落ち着いてからでいいので、ちょっと資料をご覧になってみてください。ご質問があれば資料のことだけでなく、なんでもご連絡ください。私の名刺をお渡ししておきます。お仕事もあるでしょうからお電話でも結構です。
道子：ありがとうございます。相談できるところがあるということがわかっただけで少しほっとしました。

の意向を聞いておきます。申請の意向がある場合には、次回までお互いが準備しておくことなどを確認します。
　脳・心臓疾患の労災認定については「厚生労働省」のホームページを参照。

　手術の後、医師から血腫はすべて除去されたとの話を聞いた道子さんは、気になっていた後遺症について長谷川医師に訊いてみた。医師は「今はまだ朦朧とした状態にあると思うのではっきりしないが、血圧が安定しておれば、ベッドサイドで関節が固まらないようにするための理学療法（運動機能の訓練）を始めたいと思う」との回答であった。また、「言語の状態も今の時点では何とも言えない」とのことであった。

　その後2週間ほどして、道子さんは山本さんと一緒に長谷川医師からリハビリの進捗具合を聞く機会があった。医師の説明では、「ベッドサイドのリハビリの効果はあり、意識も徐々にはっきりしてきた。ただ、言語の状態は発語がなく、意思の表

出ができない構音障害の状態にある。言語については、訓練士が一人しかいないので、病棟まで来ることができない状態であり、申し訳ない。理学療法と言語療法（ことばの理解や表出の訓練、嚥下の評価を行う）を両方やるためには、リハビリ専門病院に移ってそこでやったほうが良いが、病状が安定するまで、もう少し、こちらで診させてほしい」、という内容であった。

術後4週間が経過したとき、長谷川医師から滝本MSWにリハビリ病院への転院依頼があった。そこで、<u>MSWは山本さんの病態像を確認するため、病棟に赴き、現時点での病状と看護師への確認作業を行った。</u>そのうえで、道子さんと面接することを考えていた。

※**現場確認・本人の状況確認**：転院の依頼は、電話や電子カルテなどの紙面で行われることも多いですが、必ず医師・看護師に依頼内容を確認し、本人の状況を訊く必要があります。事例のように本人の意思表示ができない場合でも、直接本人と会い、声をかけたり触れたりしてかかわり、その時の状態に向き合うことも面接です。

【場面3】滝本MSWと道子さんの2回目の面接

MSW：その後、お父様のご様子はいかがですか。
道子：はい。おかげさまで手術は無事成功しました。はじめはこれからどうなるのかと不安でいっぱいでしたが、<u>だんだん意識もしっかりしてきました。リハビリも毎日しているようです。</u>
MSW：<u>それはよかったですね。私も訓練室でリハビリをしている山本さんの姿をお見かけしました。体調も順調のようで、リハビリにもがんばって取り組まれてますよね。</u>
道子：そうなんです。仕事が忙しくてなかなか父のリハビリを見ることができないの

道子さんは、お父さんに寄り添い、日常生活の変化の様子を見ています。道子さんのお父さんに対する想いが伝わってきます。
個別化：クライエントの様子に関心をもって把握しようとしています。
受容・意図的な感情表出：MSWも本人のことを気にかけていることを伝え、リハビリに励んでいる様子を共有し、道子さんの受けとめ方を確認しようとしています。

【離婚後、独りで生きていく決意をした独居男性の転院と家族援助事例】

ですが、3日前からリハビリの訓練室まで看護師さんに車いすで連れて行ってもらっているそうです。これからどんどんリハビリしてよくなってくれたらいいのですが。
MSW：そうですね。本格的なリハビリをする時期ですね。
道子：そうなんです。食事もトロミ付きで介助が必要な状態ですし、言葉のほうもまだはっきりしなくって……長谷川先生はこの病院には言葉の訓練士が一人しかいないのでリハビリ専門病院に行ってやったほうがよいって言うのですが、私としては、このままこの東の森病院でリハビリしてもらいたいんです。看護師さんやリハビリの先生もよくやってくれています。
MSW：このままこの病院でリハビリを続けたいのですね。お父様ご自身のご意見はいかがでしょうか。
道子：父の意思は私にはよくわからないですが、私に任せてくれていると思います。
MSW：お父様が入院して1カ月。急な入院で病院から連絡させていただきましたが、倉持さんも仕事とお父様の介護とで大変でしたね。
道子：はい。毎日仕事の帰りに病院に寄って、父の顔を見て洗濯物を持ち帰り、翌日朝、洗濯物を届けてから出勤しています。私も余裕がないんです。長谷川先生のおっしゃることはわかるんですが、ここなら近くて私が通うにもいいんです。父もよう

MSWに呼応するように道子さんの想いが言葉になりました。

MSWは課題を焦点化しようとしています。

道子さんの希望が言語化されました。

受容：MSWは道子さんと同じ言葉を繰り返し、道子さんの願いを受け止めています。
自己決定：道子さんの希望でなく、リハビリを受ける本人の意思確認の必要性を示唆しています。

個別化・受容・意図的な感情表出：道子さんの介護の苦労をねぎらうとともに、道子さんは、なぜそうした希望を抱くようになったのか確かめようとします。

受容・意図的な感情表出：MSWの「大変でしたね」の言葉が呼び水となって、道子さんの張りつめた感情、切羽詰まった想いが表出

くこの病院に慣れてきましたし。なんとかおいてもらえませんか。
MSW：う〜ん。それはちょっと……。当院は急性期の病院で、リハビリのスタッフの人数は限られています。お父様の場合、ようやく訓練室まで行けるようになったとはいえ、まだまだ車いすに固定していないと自力では座ってはいられない状態ですし、長谷川先生のおっしゃっているように言葉の訓練も同時に行う必要があるんじゃないですか。
道子：それはそうなんですけど……。父にはリハビリして良くなってもらいたいです。
MSW：しかもリハビリ専門病院に行くとすれば、入院できる時期は限られているんです。その時期を逃すと専門病院に入れなくなってリハビリできなくなってしまいます。お父様のためにも行ったほうがよろしいんじゃないですか。
道子：……そうなんですか……。父にはまだまだ元気でいてほしいです。仕事一筋にやってきた人ですし、会社にも頼りにされていました。ただ、私もこれから先のことを考えると不安で……。
MSW：なかなか将来のお父様の様子がみえないのでご心配ですよね。担当に言ってリハビリの様子を見てみましょうか。
道子：日中なかなか来られませんし、リハビリの様子を見せていただいたら、本人のことがもっとわかるかもしれませんね。

されます。

統制された情緒的関与：ここは、まず道子さんの思いを受けとめてから現実の状況について話し合うほうが望ましいのですが、ここでのMSWは病院側の事情（急性期病院に長く入院できないという病院の都合と病院のリハビリ機能の客観的な限界が患者さん本人にとって不利益だという専門的な判断）を通すことを優先してしまい、その結果道子さんの不安に対して感情的に反応してしまっています。

非審判的態度：MSWはたたみかけるように制度の説明をして、リハビリができなくなると、道子さんをなかば脅して説得しています。これは非審判的態度とは反対の態度です。

このような場合、「一度長谷川先生に相談してみましょうか。私も同席させていただきたいと思いますが、いかがでしょうか」という展開も一つの方法です。面接場面での本人、家族の希望は、MSW自身が判断するのではなく、主治医の見解を確認する形で進めていくのがよいでしょう。ここでは、本人、家族がどのように納得されているかが大切です。

受容：リハビリ場面を見ることは、

MSW：それでは、連絡してみましょう。いつもなら、そろそろ訓練の時間ですが……。（病棟に電話する。）病棟に確認したら、つい今しがた、リハビリ室へ向かったそうです。行ってみましょう。

　（リハビリ見学後。）
MSW：お父様のリハビリの様子を見ていかがでしたか。
道子：正直、驚きました。たった2週間であんなに動けるようになっているんですね。本人も一生懸命取り組んでいました。リハビリの先生も、本人にやる気があるし、リハビリの効果が出る時期なので専門病院に行ったほうがよいと勧めてくださいました。父のためにも行ったほうがよいと感じました。
MSW：リハビリ担当者もお父様の今までの1カ月の成果を見て、そういう判断をしているんだと思います。
道子：でも実際、病院ってどこにあるんでしょう。私も仕事が忙しくて遠いところでは行けないので、私の自宅近くであればいいのですが。それに費用はどのくらいかかるのか心配です。
MSW：うーん。倉持さんの自宅近くの病院が希望なのですね。実は近くにはあまりないんですけど、比較的双葉病院が近いかな。費用もまちまちですし……。専門病院といっても、病院の種類としては回復期リ

状況を共有し、将来の現実的な検討を道子さんができるようにするための提案です。

※リハビリ場面を一緒に確認するにあたってMSWは、日頃からリハビリ担当者とのコミュニケーションをはかり、意見を聞き、状況を把握していることが前提となります。

ハビリテーション病院ということになります。
この種類の病院に入院できるのは、病気になってから、2カ月以内と決まっています。お父様の場合、手術をしているので実際には手術日から2カ月以内に先方の病院に転院が完了していなければなりません。そういうルールになっていますので、万一一つの病院を申し込んで受け入れてもらえなかった場合には期限内に転院できなくなってしまう可能性もあるので、通常、同時に2、3カ所あたることが多いです。それでは、なるべく倉持さんの希望に沿うところに、いくつかあたってみたいのですが。

道子：そうですか。わかりました。

MSW：相談できる病院としては、双葉病院のほかに北山回復期リハビリテーション病院、大友病院があります。大友病院も倉持さんのご自宅から比較的近いと思いますが、この病院は、はじめに個室に入ってほしいと言われることが多いので部屋代がかかるのではないかと思います。その点、北山回復期リハビリテーション病院はほとんどが大部屋なので入院費の目安がたちやすいですね。費用ってどのくらいかけられますか。

道子：父は入院直前まで働いていましたが、現在は休職中です。入院費もこの間はじめの半月分の請求書が届いたのですが、滝本さんに聞いて会社から限度額適用認定証の

自己決定：道子さんが自己決定しやすいように、制度の正確な説明、予想される見通しとそれへの対処としての提案がされています。

個別化・自己決定の尊重：クライエントの状況に合わせた制度の説明をしていますが、入院期間の限界や社会資源の不足など、現実的には制約があるため、純粋な「自己決定」とは言い難いのが現実です。

個別化・秘密保持：経済面はより個別性が高いところです。生活のどこにどのくらいの費用をかけるかも、個人の価値観が反映されます。援助者が勝手に判断することを避け、相談に必要なこと以外は

交付を受け、ようやくお給料で支払うことができました。これからはお給料が出ないので会社で傷病手当金の手続きをしたところです。父の預貯金がいくらあるのか、本人からまだ聞いていませんし、私も自分の生活でいっぱいで援助できません。余計なお金をかけられないのです。
MSW：そうでしたね。<u>病院に問い合わせをするとき改めていくらかかるか聞いてみましょう。</u>そうすると……。
道子：さっきは自宅から近いほうがよいと言いましたが、<u>やはり費用の点が一番心配です。</u>
MSW：それではご自宅からは少し遠くになりますが、第一希望は、北山回復期リハビリテーション病院、二番目を双葉病院、三番目を大友病院にしましょう。<u>それぞれの病院のソーシャルワーカーに山本さんの現在の状態や経済的なご希望をお伝えして相談することになりますが。</u>
道子：お願いします。それから……もう一つお聞きしたいことがあるのですが、よろしいですか。
MSW：はい、どのようなことですか？
道子：この前いただいた、労災の資料のことです。最近ようやく読んでみたのですが、父は労災にあたるのでしょうか。
MSW：そうですね。仕事中のけがとは違って職業病としての労災は、仕事の過重が原因で病気になったことを被災者が証明

むやみに立ち入らないことも大切です。

個別化：クライエントの状況に合わせた転院の相談をしています。

自己決定：道子さんは、転院に関して一番に考える条件は経済面だと整理しました。

個別化：転院の相談といっても、患者・家族の置かれている立場や状況は異なります。

秘密保持：先方の病院には、本人のＡＤＬのほか、家族構成、経済面の希望を伝えることを確認しました。

する必要があります。例えば、残業時間、それと残業が続いていたことによる疲労の蓄積、他にも作業環境や責任ある仕事に就いて過重な負担があったか、などです。

道子：父は、ずいぶん働いていたようですが、私は父の仕事の内容をほとんど知りません。医療費とか生活費とか、これから療養が長くなると思うので、少しでも負担が少なくなればと思ったのですが……。何だか大変そうですね。

MSW：<u>確かにまだ労災かどうかは分かりませんが、まずは入院する前のお父さんの仕事の状況をよく確認することが大切です。そして、仕事の状況を労災の認定基準に照らしてみて申請するかどうか検討してもよいのではないでしょうか。</u>具体的には、ふだんお父様が一緒に働いていた同僚の方に仕事内容を確認することから始めるとよいと思いますが、どうでしょう。

道子：そういえば、父が救急車で運ばれたときについて来てくださった方は現場の方で、一度御礼の連絡をしました。その方なら名前は知っています。

MSW：できればこの入院中、会社の方とお会いしておくとよいと思います。労災の時効は治療費と休業補償は事故発生による初診日から２年間です。会社の協力が得られるうちに、聞けることは整理しておいたほうがよいので、よかったら私も同席します。

※労災申請の詳細は228頁〜参照。

　労災には、①治療費、②休業補償、③後遺症、④遺族補償と、申請して認められれば補償が受けられる種類が四つあります。すべて必要に応じて個別に請求することになります。従って、治療費の請求はしたけれど、休業補償の請求をしていなければ、労災が決定したとき、休業補償が支払われることはありません。

　ですから最初の申請では、通常①と②を申請します。請求書ですから①は医療機関から、②は本人が申請することになります。労働基準監督署（労基署）は、申請された請求書に基づき、会社や本人から聴取し、受診した医師からの意見書も取り寄せ、総合的に調査して、これら請求された費用が労働災害によるものか、否かを調査して決定するのです。この請求に

道子：まだ労災を申請するかどうかは分かりませんが、さっそく連絡を取ってみます。同席してもらえると心強いです。お願いします。

対する時効は①と②では本文にあるとおりです。

　このあと、道子さんはさっそく父親の同僚である宮川さんに連絡をとり、MSWと一緒に会う約束をした。宮川さんは、商品管理部の同僚で、二人は山本さんの入院前の仕事の様子をあらためて聞かせてもらった。
　この話を聞いて、道子さんは父親の仕事の状況から考え労災ではないかと感じ、父親に労災申請をしたらどうかと相談したところ、本人もうなずいたということであった。
　そこで、MSWは、労災申請にあたって事実確認をするために、道子さんとの面接を行った。

【場面4】滝本MSWと道子さんの3回目の面接（労災申請について）

MSW：転院については、それぞれの病院に問い合わせて、連絡を待っています。<u>今日は、この間、宮川さんから聴き取ったお父様の職場の環境や仕事内容を一緒に確認しましょう。そのうえで、労災を申請するかどうかを検討したいと思います。</u>
道子：先日は、同席していただいてありがとうございました。宮川さんにいろいろ話していただいて本当に感謝しています。父の仕事の様子を知って、改めて労災なんじゃないかって思えてきました。第一、職場で倒れたんですから労災ですよね。
MSW：そう簡単ではないんです。<u>けがと違って仕事が原因の脳の病気の場合、単に職場で倒れたからといって労災が認められるわけではありません。あくまで従事して</u>

※労災相談の場合、被災した本人が、仕事との因果関係を立証しなければならないため、まずは業務実態を具体的に確認する必要があります。そのためには、通常行う相談とは別に、労災相談として時間をとり、仕事の実態を整理し、把握する面接を行うことがポイントです。

個別化：本人の仕事内容を労災相談として、整理し直しています。

<u>いた仕事と病気に因果関係があることが証明されなければなりません。</u>まだわかりませんが、一つひとつ整理してみましょう。事業主は、××精密機器㈱、所在地は××区、就労場所は会社の所在地と同じ、業種は製造業、精密機械の部品製造、そして、お父様の職種は商品管理の責任者でしたね。雇用形態は正社員、勤続年数は38年。労働時間は就業規則では、平日の8時半～17時半。土・日・祭日は休み、脳出血発症日は〇月〇日、15時頃、工場内で突然倒れ、同僚の宮川さんに付き添われて当院に搬送されました。

道子：はい。その日の夕方、滝本さんから連絡をいただきました。病院からと聞いて、本当に驚きました。あれからいろんなことがありました。

MSW：<u>そうでしたね。本当に、急なことでいろいろありましたね。</u>

　仕事の状況についてですが、宮川さんのお話では特に発症の2カ月前から毎年受注が集中する時期で、景気低迷のなか、納期に間に合わせるために、連日社員全員で残業、休日出勤を強いられていました。責任者だったお父様は、実務を行うとともに、管理職として業務管理、労務管理を行い、職務は重責で多忙な日々を送っていたということでした。

道子：残業時間とは言っても、父はタイムカードがなかったそうです。どうしたらよ

受容：道子さんの気持ちに共感しています。

いのでしょう。
MSW：確かにお父様の場合、管理職のため、本人のタイムカードは確認できませんでした。けれど通常同僚の方と一緒に働いていたようですし、同僚のタイムカードを参考にして計算しますと、発症前、毎日3時間の残業をしていたことになります。週5日間の勤務で週15時間、22日勤務したとして1カ月間で66時間となります。繁忙期で休日出勤もありましたので、合計の残業時間はこれ以上あるでしょう。認定基準では、発症前6カ月間の労働を見ますので、会社にさかのぼって確認する必要があります。認定要件は、他にも発症直前の異常な出来事があったかどうか、発症前1週間において特に過重な業務に就いたかどうかなど、発症日に近いほど仕事との因果関係があると考えられています。会社にはもう少し丁寧な聞き取りが必要になってきます。

　また、業務の過重性については作業環境や精神的緊張を伴う業務があったかどうかなどの負荷要因についても検討することになっています。それから事務員の吉川さんから伺った話では、お父様は会社の健康診断で、高血圧が指摘されていたようです。道子さんは何かご存じですか。
道子：父は、高血圧の薬をずっと前から飲んでいました。父と別居してからは毎日、見ていたわけではありません。アパートに

個別化：本人の仕事内容を認定基準に照らし合わせて整理しています。

※持病との関連も丁寧に検討しておく必要があります。

薬の袋がありましたが、薬がたくさん残っていた印象もありません。

MSW：そうですか。もとも高血圧で治療をしていて、薬で血圧は安定しているのに、脳出血を起こすというのは、薬でコントロールできないほどの激務が続いていたということになり、労災認定の可能性があります。後で、お父様が通っていた病院名を教えてください。聞いてみる必要があります。

道子：わかりました。高血圧だと労災がだめってわけじゃないんですね。

MSW：はい。こうした内容を整理したら、「自己意見書」を作成していきます。今回のお父様の病気は、仕事と因果関係があるということを本人の立場で主張することです。

道子：「自己意見書」ですか。なんだか大変そうですね。労災かどうかは、労基署が会社を調べてくれるのではないのですか。

MSW：そうではありません。労基署は、あくまで認定基準に合致しているかどうかを判断するのであって、仕事との因果関係を立証するのは、被災者本人です。

道子：それは知りませんでした。私にはとても書けそうもありません。手伝っていただけますか。

MSW：もちろんです。

道子：ありがとうございます。よろしくお願いします。今日改めて一緒に整理してみ

※自己意見書については236頁参照。「自己意見書」とは、労災の申請をした場合、自分の病気は仕事が原因で生じたのだと自己主張する為の文書のことです。従って、書式も決まっていませんし、分量も決まっていません。ただし、全ての労災申請にこうした意見書を書くわけではありません。病気と仕事の関係性がはっきりしないような「職業病」の場合に書かれることが多いと言えます。また、自己意見書以外に、第三者に病気と仕事が密接な関係を持っているという主張を書いてもらう場合があります。例えば、他院の医師とか、労働組合の方、同僚の方などに「意見書」という形でお願いするのも、労災認定に導くための一つの方法です。

て、残業時間も規定を超えてますし、このままでは、会社のために働いてきた父がかわいそうです。宮川さんも証言してくれるとおっしゃっていましたし、宮川さんから話を伺って、父とも話しました。<u>労災を申請したいと思います。</u>
MSW：そうですね。私も協力します。主治医にも道子さんのご意思を伝えて、協力を要請しましょう。医師の意見書は重要ですから。
道子：病院の皆さんに協力してもらえるなら安心です。ありがとうございます。
MSW：<u>労災申請のご意思が確認できましたので、医療費はかかりません。生活の負担が大きければ労災申請中でも、傷病手当金は給付されます。</u>それから、今後の労災の進め方については、ＮＰＯの労災相談センターに協力をしてもらったほうがよいと思います。今まで、たくさんの労災を勝ち取っていますし、職場への働きかけや労基署との交渉など、一緒に動いてもらえます。一度連絡を取りましょう。
道子：よろしくお願いします。

　後日、山本さんは休業補償の８号様式を監督署に提出し、労災申請をした。

　MSWは早速北山回復期リハビリテーション病院のMSW近藤さんに、所定の申込用紙をファクスする旨の電話をした。ところが、「今はかなり入院の申し込みが

自己決定：道子さんは、本人の意向をふまえ、MSWと認定基準に照らして父の業務実態を整理するなかで、労災申請をすることに決めました。このように、申請するという場面では、具体的な検討や客観的な事実を積み上げ、提案することで自己決定が保障されます。

個別化：労災申請と健康保険との制度の活用について、本人の現状を踏まえ具体的に説明しています。

※最初の労災申請では、既に触れたように、治療費と休業補償請求を一緒にすることが多いと言えます。しかし、申請者が今すぐに生活費が必要であるという場合は少し違ってきます。

　一番大事なことは、労災では申請した後、結論が出るまで相当の時間がかかる場合があることです。脳血管疾患などでは数年ということもあります。生活の余力があれば結論を待てますが、そうでない場合は、休業補償の請求をしながら、傷病手当金も申請することになります。更に、治療費も労災申請しながら、健康保険証を使うこともあり得ます。どちらの場合も、労災が決定したときには、健康保険と労災の相殺制度ができていない現状では、傷病手当金分

多く、入院まであと1カ月以上かかるかもしれない」との返事であった。発病日あるいは手術している場合は手術日から2カ月以内に転院してリハビリを開始していないと回復期リハビリテーションの対象にはならない。このため受け入れは微妙だが、申し込みだけはしておこうと考え、ファクスすることにした。そして残りの双葉病院のMSW岩城さんと、大友病院のMSW佐々木さんにそれぞれ電話したうえで申込書をファクスした。

この結果、数日後双葉病院から2週間後に入院OKという連絡が入った。北山回復期リハビリテーション病院からはその間には連絡がなかった。

をご本人が、治療費については、医療機関が立て替えて返済するという厄介な手続きが必要になります。医療機関ではこの煩雑さを回避するため、治療費は労災申請1本とし、結論が出るまで待っていただくケースが多いようです。

※脳血管疾患の労災認定基準の確認

業務による明らかな過重負荷を受けたことにより発症した脳血管疾患は、業務上の疾病として取り扱われます。認定要件については233頁を参照。

労災認定への総合判断にあたって、労働時間以外の負荷要因や本人の基礎疾患も意識して情報収集を行い、また同様の病気や事故が他にも発生しているかどうかを聞くことも参考資料となります。

【場面5】滝本MSWと道子さんの4回目の面接

道子：いつも大変お世話になっております。
MSW：ご苦労様です。今日は、この間から三つほどリハビリ病院に入院のお願いをしてきましたが、その中の双葉病院さんから入院を受け入れたいというお返事を頂きましたので、その連絡で来ていただきました。双葉病院さんにお願いするということで進めさせていただいてよろしいですか？　もしこの時点でもご都合が悪いことがあればおっしゃって下さい。

※転院先に対する最終確認をしています。これはどんなに段取り良く進めていても、突然の状況変化がありうるからです。

道子：進めていただいて結構です。ただ、私の仕事の関係もあるものですから、転院日はいつという連絡なんでしょうか？
MSW：ということは、倉持さんが同行していただける日で調整して欲しいという意味でしょうか？
道子：はい。
MSW：転院日は一週間後の３月７日（木）にどうぞ、と言ってきています。私は倉持さんのご都合を優先して考えたいと思いますので、まず今の時点で３月７日のご都合はいかがですか？
道子：私は、できましたらその日でないほうが良いのですが。勝手を言って申し訳ありません。可能なら翌日の３月８日（金）だと休みがとれると思うのですが……。
MSW：わかりました。それでは３月８日ということで、会社のほうに休みの了解をとられる必要はありますか？
道子：いいえ、仕事は私の判断でできるようになっていますので、確認をとる必要はありません。
MSW：わかりました。それでは転院日については、早く確定日を決めておいたほうがよいですね……。（倉持さんの頷きを確認して）これから先方の医療ソーシャルワーカーの岩城さんに電話してみます。
（MSWが岩城氏に電話をかける。その結果、主治医にも確認した上で３月８日でもＯＫとなった。）

道子さんは同行するとは話されていませんが、道子さんの質問から類推しています。

個別化：一般的には転院には同行しなく、転院日についても先方の病院の意向はあります。が、ここでは、道子さんが父と同居しておらず、しかし状況を把握しておかなくてはならないという個別事情を考慮して、転院先の病院の都合ではなく、道子さんの都合を優先しようとしています。

受容・個別化：転院日は道子さんの希望を受け入れています。また、道子さんの会社での立場に気を配り、それに合わせた援助をするため仕事の都合を確認しています。

転院の日は決まりました。先方の病院までの移送の方法については、病院として寝台車の手配をすることはできますが、どうされますか？
道子：寝台車の費用はどのくらいかかるんですか？
MSW：移送距離にもよりますが２万円くらいかかると思います。
道子：ずいぶんかかるんですね。……例えば、私の車で移送するということはできるものなんでしょうか？
MSW：どのようなタイプの車ですか？車によっては可能な場合もありますので、車のタイプを伺ったうえで、長谷川先生に確認してみようと思いますが。
道子：はい。中古車なので少し古い車ですがバンタイプのものです。
MSW：では、長谷川先生にそういう形のものでもよいかどうか確認してみましょう。
道子：お願いします。
（MSWが長谷川医師に確認したところ、「悪くはないが、万一のことを考えると寝台車のほうが安心だが」という返事が返ってきた。）
MSW：（長谷川医師の考えを伝えたうえで）寝台自動車の利用について何か不安なことがありますか？
道子：不安ということはないのですが、２万円というのは、あとで少し戻るというようなことはないのでしょうか？
MSW：この費用は後でご自分が加入して

個別化：移送方法についても、道子さんがどのように考えているのかを確認しています。

受容・非審判的態度：移送方法についても道子さんの提案を受け入れています。

※移送方法に迷っている道子さんに、医師の考え方を確認して伝え、道子さんがより納得いく方法を選択できるようにしています。

移送費の負担を軽くしたいと考える道子さんは返金の可能性を聞いています。
※移送費の請求は事前申請が原則

いる健康保険に請求することができるようにはなっています。
道子：そんなことができるんですか？
MSW：はい。全額戻ってくるというのではなくて、3割負担は治療の場合と同じです。かかった費用の7割が戻るというようになっていますので、立て替えておくということになります。ただし、確実に戻るという保証はありません。というのは、健康保険のほうで移送費を認めるかどうかの審査があるためです。
道子：わかりました。それでは、長谷川先生も寝台自動車のほうが安心とおっしゃっておられますので、そうすることにします。それで、車の依頼は私のほうでしたほうがよいのですか？
MSW：いいえ、<u>私のほうで依頼することはできます。ご希望の業者があれば、そちらに連絡いたしますが。</u>
道子：いえ、滝本さんのほうで紹介して下さるのなら、それにしたいと思います。よろしくお願いいたします。

（寝台自動車の手配は MSW が行い、費用も含めて一両日中に連絡することとなった。）
MSW：実は、<u>倉本さんにお父さんのことで、確認しておきたいことがあるのですが、もう少し、お時間をとらせていただいてよろしいでしょうか？ それとも別の日にしたほうがよろしいですか？</u>

ですが、緊急な場合は事後も認められます。保険者の財政状況で承認の可否が決められる傾向を感じます。国民健康保険の承認は厳しい現状があります。不支給の場合は異議申し立てすることができます。

自己決定：移送業者の選択について、MSW にもできることを伝え、道子さんの意向を確認しています。

面接をもう少し続けたいので、その時間的な確認をしています。

道子：いえ、本日は時間が取れるようにしてきていますので大丈夫です。

MSW：私としては今後の療養の事を考えますと、お父様のことを転院する双葉病院の医療ソーシャルワーカー宛てに療養経過を<u>サマリーとして</u>渡したいと思っています。そのことで少しお話を伺いたいのですがよろしいでしょうか？

道子：わかりました。ただ伝えていただきたいことと、伝えてほしくないことがありますが……。

MSW：<u>そうでしょうね。双葉病院にわかっておいて欲しいことと、事実であっても伝えたくないことがおありになるということですね。</u>

道子：はい。

MSW：それでは少しずつお伺いします。まず、<u>お伝えしたくないことというのは、どのようなことですか？</u>

道子：母のことです。両親が離婚するときに、かなり複雑なことがあったらしくて、私と同居していたときから、母は今後父とは一切関係をもちたくないと言っていました。父も病気になる前の話として、母には迷惑をかけたくないと言っておりました。そんなことがあったものですから、父の入院のことも母には全く話していません。

MSW：そうですか。<u>何か余程つらくて、深いご事情がおありになるんでしょうね。今のお話で少し立ち入ってお伺いしたいの</u>

※サマリーの書き方は客観的事実を記入し（例えば、家族構成、経済状況、ＡＤＬ、治療及び援助経過など）、MSWの理解に基づく説明や解釈は入れない。つまり、MSWの評価は入れないということです。それを相談者の承認を得て完成させます。

受容・非審判的態度：クライエントには、人に触れて欲しくないこと、話したくないことなど、それぞれの事情があります。そのことをMSWはそのまま受容し、尊重することを示しています。

個別化・秘密保持：転院先の病院に伝えたくないことを確認しようとしています。ここでは、単純に伝えたくないことという意味ではなく、将来、問われる可能性のあることも念頭に置いて確認する面接になっています。道子さんの希望は、「母に連絡をされると困る」ということなので、その気持ちを尊重しています。

個別化・受容：MSWはこの面接で山本さんご本人と家族のことをより理解したいと、将来の山本さ

ですが、よろしいでしょうか？
道子：はい。
MSW：ご両親が離婚をされたとき、倉持さんはおいくつだったんですか？
道子：私が大学を卒業したときですから22歳です。
MSW：3年前ということですか。そうするとご両親はあなたの卒業を機に夫婦関係に一定の結論を出されたということでしょうかね。……その原因について、お話しいたただける範囲で結構なんですが、お話しいただくことは可能でしょうか？
道子：どうも私が小さい頃には、両親の間で喧嘩が絶えなかった記憶があります。
MSW：喧嘩というと、どのようなものですか？
道子：父が一方的に母に物を投げつけたり、叩いたり、怒鳴りつけたりというようなものでした。
MSW：ということは、<u>お母様はずーとお父様とのことを悩み続けておられたのかもしれませんね</u>。
道子：私の記憶の中の父は、よくお酒を飲んで、警察から電話が来たり、朝まで帰って来なかったりしたことが何度もあったように覚えています。
MSW：いわゆるアルコール依存症のような状態であったと。
道子：私には正確なことは分かりません。
MSW：<u>そういう記憶は倉持さんがおいく</u>んの生活に絡めて娘さん、奥さんの様子を聞くことにし、その了解を得ています。

※アルコール依存症を父親に持つ娘は、多くの場合、依存症が続く原因は、母親にあると単純に考える傾向があり、そのことから母への敵意と父への強い愛情を内にもつことがあります。このため、自分ならあんな状態にはさせはしないと、小さいときから考えていることもあります。従って、母親が家出をしたり、離婚したりすると、自分が何とかしなければいけないと考え、すべてを背負おうとする傾向があります。MSWはこの「娘の意気込み」に簡単に乗ってしまってはいけません。実際にはそんなことは不可能であり、娘は早晩潰れてしまうことが想像できるからです。したがって、娘の何でも背負おうとする感情を促進させないよう、意図的に制御する必要があります。そしてむしろ、地域の関連機関との連携や社会的な制

つくらいからのものですか？
道子：小学校低学年の頃からです。
MSW：そうでしたか。あなたがそんな小さな頃からですか。……小さいときからずいぶんつらい思いをされて来られたんですね。
道子：いいえ、私の中の父はお酒は入っていても、私をかわいがってくれて、とても優しかった父です。母はいつも泣いていたような印象ですけど。
MSW：なるほどね。ところで、お父様は今もお酒で問題を起こすようなことはあるんでしょうか？
道子：一緒に住んではいないので、わからないこともありますが、ないと思います。もし、問題を起こしていれば、恐らく会社のほうから連絡が来ると思いますし、大体月に2～3回は父のところに寄るようにしていたんです。以前は自宅に酒瓶が沢山ありましたけれど、そういう様子は全く見られません。離婚してからの父はお酒を断ったと本人も言っておりましたし、毎月の断酒会にも通っていたようです。
MSW：わかりました。今のお話は、先方の病院に伝えてもよいものとして書かせていただいてよろしいでしょうか？
道子：是非お願いいたします。
MSW：それにしてもよく立ち直られましたね、お父様は。
道子：離婚の話が母から出て、かなり落ち

度を利用する中で複眼的な支援体制を考える必要があります。
※道子さんの生活史における親子関係、道子さんの親への想いを確認しています。

意図的な感情表現の制御・統制された情緒的関与：道子さんが両親のことを話すようになったのは、道子さんの希望からではありません。そのため、ここでは、まだ道子さんが感情を表現する心の準備ができていない可能性があります。MSWは、道子さんの感情にあまり深く触れず、事実の確認をすることで、道子さんの今の父への想い、関わり方を理解しようとしています。

受容：道子さんの希望は、「母のことを伝えない」ことではなく、「母のことに触れないようにしてほしい」ということなので、その気持ちを尊重し、事情を先方のMSWに伝えることにしました。

意図的な感情表出：道子さんの話

込んでいるときがありました。1年くらいそんな時があって、それまでほとんど行ったことがなかった断酒会に通うようになりました。それで徐々にお酒を飲まなくなっていったのですが、母の気持ちは変わりませんでした。父はこれは自業自得だと言っていました。

MSW：そんな経緯があって離婚されたんですね。それで今後は一切何があっても関わらないというお母様のお話になっていくんですね。

道子：父のほうも、母には今後一切迷惑はかけないと誓ったのだと、離婚後に母が教えてくれました。

MSW：大変よくわかりました。つらいお話をよく話してくださいました。では、離婚されていることと、当分は道子さんお一人で対応される決心でいらっしゃることをお伝えして、特にお母様のことについては、触れないようにしてほしいとお伝えしたいと思います。

道子：はい、よろしくお願いします。

MSW：他には何かありますか？

道子：いいえ、後は特にありません。

MSW：では今度は、是非伝えて欲しいことは何かありますか？

道子：あの……、父がいずれ回復して……どの程度の回復かわかりませんが、自宅に帰るというような場合、これまで父は一人暮らしでしたし、まだ今の状態ですと、か

は、客観的事実が多く、まだ自分自身の感情を表出することには抑制的であることがうかがえます。これは、ワーカーとの関係にまだ距離があることを示してもいます。したがってこの段階では、「感情表現を抑えたい」道子さんの気持ちを尊重することが重要です。

秘密保持：「母のことに触れてほしくない」との道子さんの気持ちが守られるためには、先方の病院にも事情を話す必要があり、MSWはそのための連絡の必要性と、双方が専門職として秘密保持を守ることを確認しています。

個別化：一般的に転院は定まった手続き通りに行われることが多いですが、個人の療養にとっても、療養を支える家族にとっても大きく環境が変わるので、転院の援助はことさら家族の個別の事情に応じて行われることが必要です。

なり自宅での生活は難しいと思っています。ですので、どこか長く療養できる施設を考えて欲しいと思っています。
MSW：なるほど。ただ、これから双葉病院に移られて、リハビリを続けられれば、どのように回復されるかわかりませんよね。ですから、ご希望は現時点のお父様の状態が前提ということで書かせていただくことで、よろしいですか？
道子：はい、確かに今後のことはわかりませんね……。では、私の希望を滝本さんのおっしゃるような前提で伝えて頂けますか？　ともかく父の生活状況が伝わっていれば、今後を考えていただくうえで参考になると思いますから。
MSW：わかりました。他に伝えておきたいことはありますか？
道子：いいえ、特にはありません。
MSW：それでは、今のお話をサマリーに書かせていただきます。そして書いたものを送らせていただきますので、確認してください。

道子さんはお父さんの今後について大変不安に思っています。施設への入所希望が出されたのは、その表れです。

受容・非審判的態度：道子さんの希望に対して、話としては受け入れつつ、将来の療養については、その時点の現実評価の中で判断することを示唆しています。このような態度は審判的な態度というものではありません。

※サマリーを転院先に提出する前に本人、家族に確認してもらい、内容の共有をします。

　転院日、手配した寝台自動車が迎えに来て、同乗する道子さん。双葉病院に着き、ともかく病棟に落ち着いた山本さん。道子さんは医師と看護師のサマリーをそれぞれ担当者に渡した。主治医は金田医師。師長は笹本さんであった。その後、MSWの岩城さんに会うため相談室を訪問、MSWのサマリーを渡した。岩城さんはそれを読んで、特に言葉はなく、わかりましたとだけ言った。
　それから2カ月半、山本さんはリハビリに励んだ。この結果、ADLは改善してきたものの、自宅に戻って一人で生活するにはいろいろと問題が生ずる可能性があった。

【場面６】 双葉病院・岩城MSWと道子さんの１回目の面接

　朝、山本さんの主治医の金田先生から岩城MSWに電話があり、「先日のカンファレンスで、ゴールが近づいたので今後どうするのか、家族がMSWと相談して決めるようにということになっていた。今日家族を呼んで話すので、その後、MSWのところに家族が相談にいくと思う」とのことであった。

　MSWはすでに入院時、道子さんには自己紹介をしており、必要があればお手伝いをする旨、伝えてある。道子さんの面会は大体土日か、平日も朝早くか夕方遅くなのでなかなか顔をあわせることはないが、それでも会ったときは声をかけ、ねぎらうなど関係を維持していた。

　山本さん本人にも、「相談室の者で生活のことや入院中にかかわることのお手伝いをする係り」と自己紹介しており、ベッドサイドやリハビリ室では話しかけていた。さらに先日のカンファレンスでも主治医やリハスタッフ、看護師などの話を聞き、山本さんの現状、ゴールを把握していた。現状は金田医師の説明どおりであったが、ゴールは、要介護５であって、身体的には歩行はよくいって杖、それも見守り必要か、実用的には車椅子。排泄はなんとか自分でできるようになると思うが全く安全とはいいきれない、更衣、整容　食事なども、工夫すればかなり自分でできるようになるが、見守りか多少の介助は必要。もっとも問題になる言語は、現在かなり回復しており、現在こちらの言うことははっきり、簡単に言えばかなり理解する。理解は音声より文字のほうが入る。発語もまだ意味不明であるが、時々意味のある単語も発するようになった。

　今後は月単位、年単位でみるとかなり改善し、日常生活に必要なコミュニケーションはとれると思う。仕事に関しては、環境整備と周囲の理解があれば、前と同じというわけにはいかないが、ある程度仕事はできる。ただ高次脳機能障害の影響がどれくらい残るか、現状では判断しがたい。もし高次脳機能障害が強ければ、一般会社での仕事はかなり難しいかもしれない。徐々に体験して段階をあげていくのがよいのでは、という判断であった。

　MSWはそれらの情報をもとに、山本さんの今後の可能性と、それに伴う支援について組み立てておいた。

　その後　山本さんと面接。山本さんと一番コミュニケーションのとれる担当の伊藤ＳＴ（言語聴覚士）にも同席してもらうため、訓練のあとに面接した。

MSW：山本さん、こんにちは。今リハビリでお疲れですか？
山本：（笑顔で首をふる。）
MSW：よかった。山本さん、リハビリ頑張っていらっしゃいますね。リハビリが進んでこの病院を退院されるようになったら、どんな生活したいですか？
山本：（「カイシャ」と言っているように聞こえる。）
MSW：カイシャ？（紙に「会社」と書いてみせる。）
　会社にいらっしゃりたいんですね。山本さんはお仕事熱心だったのですね。
山本：（何か言う。不明。）
ＳＴ：忙しい？　会社忙しかったの？
山本：（うなずく。）
MSW：そうですか。忙しく働かれたんですね。またお仕事されたいんですね。で、どこに住みますか？（紙に書く。）
山本：（意味不明。）
ＳＴ：（岩田町？）岩田町の自分のうちだね。（MSWに「よく自宅のこと岩田町って言ってます」。）
MSW：（紙に「岩田町のご自宅」と書く。）
山本：（うなずく。）
MSW：山本さんはお一人暮らしでしたよね、これからもお一人で暮らされるのですか？
山本：（うなずく。）
MSW：そうですか。お一人で暮らされる

個別化：山本さんの障害に配慮し、通常の面接よりclosed questionを多く用い、非礼にならない程度に婉曲な言い回しの敬語を避けている。

個別化：紙に書いて確認するという、言語障害がある山本さんにあったコミュニケーション方法を取っている。

ST：娘さんとは暮らさないの？
山本：（「嫁」と言っているように聞こえる。）
ST：嫁？　娘さんお嫁にいくの？
山本：（涙ぐんで何か言って横に手をふり、自分をさす。）
MSW：そうか　いつか娘さんはお嫁にいかなければならないから、一緒に住めないんですね。

受容：山本さんの自分の願いと娘を思う葛藤を受け入れる。

山本：（涙）
MSW：山本さん、わかりました。山本さんは会社でお仕事したいし、娘さんがお嫁に行ってもいいように、お一人で岩田町で暮らしたいんですね。山本さんは本当に働き者で、娘さんのことも心配していらっしゃるんですね。お気持ちはよくわかりました。山本さんの願いがすぐ全部かなうかわからなけれど、娘さんとも相談してできるだけお手伝いします。今日はありがとうございました。

受容：山本さんが積極的に意見を表明したことを評価し、受け入れている。

ST：山本さん、よかったね。
山本：（涙ぐんでMSWの手を握る。）

MSWは現実との乖離の大きさに心重くなりながら退室する。

その日の4時半すぎ、相談室のドアがそっと開き、道子さんが顔を見せた。

道子：301号の山本満の娘です。すみません。急に来てしまって……。今よろしいですか？
MSW：大丈夫ですよ。今ちょうど手が空いていますから、どうぞこちらへ。（面接室

秘密保持：面接の内容の秘密を守

へ案内する。）
　金田先生から伺っていました。
道子：昨日金田先生から話があるとお電話があり、午後休みをとってさっきお会いしました。すると、「３カ月近くたっても状態が変らないので、この病院ですることがない。どこか他に移ってほしい。どこに移るかは岩城さんに相談するように」と言われました。それでびっくりして思わずご連絡もせず、来てしまいました。すみません。
MSW：いいんですよ。<u>金田先生から病院を替るわように言われてびっくりされたんですね。……倉持さんはどう思われますか。</u>
道子：状態があまり変らないのは私にもわかります。でもひどいじゃないですか！　やっとこの病院で落ちついてリハビリができると思ったら、また病院を替わられなんて！　これで３度目になるんですよ！　頑張ってリハビリしてきた父がかわいそうじゃないですか、あんまりですよ。（泣き出す。）
MSW：<u>倉持さんはここまで頑張ってきたのに、また替わらなければいけないことに、やりきれないお気持なんですね</u>
道子：本当に情けないです。あんまりです。
（泣き続けるのをMSWは黙って聴く。）
道子：（やっと顔をあげ）……すみません。
MSW：納得できないお気持ちだろうと思います。<u>よろしければリハビリのスタッフ</u>

るために面接室に案内しています。

受容・統制された情緒的関与：転院先からまた転院しなければならないと言われ、不安を抱えている様子の道子さんに対し、ＭＳＷの側は感情を抑えて対応。道子さんの受け止め方をまず確認しています。

※医師の説明のさらなる補足をすれば道子さんは話を聞いてもらえないという思いを強くする可能性があり、また道子さんの不安に同意すれば転院に対する怒りの感情が強くなる可能性が考えられ、いずれも道子さんの本来の考えや想いを確認することが難しくなります。したがって、MSWは医師の話（転院）の内容自体に言及するのではなく、道子さんの動揺している様子にまずは焦点をあて、そのことを受け止めています。そして、それがどのような考えによるのかを確認することで、道子さんが冷静さを取り戻せるように支援しています。

受容：父の努力にもかかわらず、また転院しなければいけない現状に対する道子さんの憤りを要約し、共感しています。

※退院支援はMSWの業務であるが、その前提としてまずクライエ

からもリハの状況をご説明するようにしましょうか？
道子：いえ、いいんです。リハビリのことは見学もして、リハビリの先生のお話も聞いて、本当だと思います。それはいいんです。ただ父があっちに行け、こっちに行けとモノのように扱われるのが悔しいんです。先生は国の方針と言われましたが、ひどいですよね。
MSW：ご納得いかないのももっともです。現在の医療保険の法律では、私どものようなリハビリを積極的に行う「回復期リハビリテーション病院」ではリハビリをできる期間が決められています。山本さんのように脳血管の障害の方は6カ月が期限です。それ以上はリハビリをしても、保険点数がつかないので当然病院としてはリハビリをしません。ということは期限を超えて入院されてもリハビリをしないのですから、意味がないので退院ということにならざるを得ないのです。
道子：そんな決まりがあるのですか……。
MSW：私もあまりにも画一的だと疑問に思うことも度々ありますよ。患者さんやご家族の立場はそれぞれ違うのですからね。
道子：本当に情けない気持ちです。
MSW：そうはいっても皆さん同じように退院していらっしゃるので、山本さんと道子さんに一番良い方法をご一緒に考えましょう。

ントの思いを理解し、その後の支援の中でその思いが実現可能かどうかにかかわらず、たえずその思いに寄り添いながら進めていきます。MSWの退院支援は単なるサービスにつなげることではありません。

※説明場面の再設定：ここでは、以下のような認識から、MSWは主治医やリハビリ担当者からの説明の機会を再設定することを提案しています。①医師と家族の意向（認識）のズレが生じている。②転院はMSWが説得するものではなく、医師からの病状説明と併せて説明されるべきものである。③医療者と治療を受ける患者・家族の間には、患者・家族が想いを言いにくい上下関係があるため、MSWはその仲介役として、双方が納得のいくコミュニケーションがはかれるよう介入、または患者・家族の代弁をする。

統制された情緒的関与：口調は中立的ですが、制度的な制約を問題と認識しながら説明することで、道子さんの「頭では理解していても納得いかない気持ち」に共感を示しています。

個別化：山本さんの問題を「皆さん」ということばで画一化していることになり、「個別化の原則」に反しています。道子さんにとっ

道子：（浮かない表情で）そうですね。でもどのような方法があるでしょうか、全然わからなくて……。
MSW：まず大きく分けてご自宅かご自宅以外で考えます。
道子：自宅って、あんな状態で家になんか帰れるんですか？
MSW：<u>制度を使って、それを基にしたサービスを活用することで、不可能ではないかもしれません。また病院や施設を利用される場合でも、福祉制度の認定が必要な場合もありますので、まずお父様がお使いになれる制度の確認からしましょうか。</u>介護認定は受けていらっしゃいますか？
道子：はい要介護5です。
MSW：身体障害者の認定は？
道子：それは……初めて聞きました。前に聞いたかもしれませんが、頭に残っていなくて。
MSW：<u>沢山することがありましたものね。</u>障害が固定した状態になると身体障害者の認定が受けられ、身体障害者手帳を交付されます。お父様のように脳血管のご病気の場合は、大体6カ月経過したときが、固定したと見なされるので、そろそろですね。
道子：<u>やっぱり父は障害者になってしまうんですね。</u>
MSW：<u>この制度はレッテルを貼るためではなく、お体がご不自由になった分、経済面やサービスで応援して、少しでも暮らし</u>ては、結局「他の人と同じように退院する」ことを強要されていることになります。

個別化：生活の支援は、個人の希望や諸事情に対応するよう、サービスを「うまく活用する」ことが重要で、そのためには、個々の事情を丁寧に、一緒に検討・確認していきます。

受容：「頭に残っていない」という道子さんの状態を責めずに受け入れています。

非審判的態度・統制された情緒的関与：父は障害者になってしまうのかといういわば短絡的な反応を批判したり、感情的に反応せず、冷静に説明しています。
※障害者になる父親を受け入れられない道子さんへ、単なる制度の

やすく、できれば社会復帰していただくためのものですよ。
道子：どんなサービスがあるのですか？
MSW：ちょっとお待ち下さい（患者さん向けの身体障害者手帳のパンフレット取り出す。）例えば……（身体障害者手帳の主なサービスと障害者総合支援法のそのメリットと利用負担、手続きを説明。）
道子：わかりました。申請したほうがいいですね。お金も助かるし。
MSW：では申請の方法をご説明しましょうね。（説明する。）診断書を区役所に取りに行かれるためには平日お休みをしなければいけないでしょう。ここにも用紙がありますから、これを使ってください。
道子：ありがとうございます。
MSW：それとこれはまだ先のことですが障害年金も申請されたほうがいいですね。（「障害年金」と書いたメモを渡す。）
　今、お父様は傷病手当を受けていらっしゃいますよね。ちょうどそれが切れる頃、障害年金が申請できます。（説明）
道子：よかった。収入がなくなるかと心配していました。
MSW：日本の福祉制度は、自分で申請しなければ使えないので、しっかり覚えておいて申請されたほうがいいですね。
道子：教えていただいてよかったです。
MSW：そういえば倉持さん、労災を申請していらっしゃいましたよね。その後どう

説明ではなく、制度を使っての社会復帰の可能性を示唆しています。障害に対するマイナスイメージがまだまだ強いなか、十分ではないものの障害者に「必要な支援」を提供するための法制度があり、必要な支援やサービスを使ってその人らしく生きるという障害観を変えていくための大切な局面で、それは広義の福祉教育の実践として、ソーシャルワーカーの重要な役割の一つです。

※患者さん向けのパンフレット等はあらかじめ整備しておきます。その際情報の更新を怠らないこと。身体障害者手帳、難病、小児慢性疾患など各種診断書は、あらかじめ役所から取り寄せて、整備しておくのも一つの方法です。

※障害年金の申請は、仮に労災が認定され、治療の後で後遺症が認定されても、労災支給分が調整支給される、つまり併給される形になるので、この時点で説明しておく必要があります。

なりましたか？

道子：それが全然進んでなくて、この前監督署に電話したら「検討中」と言われて相手にされませんでした。このままでいいのか不安で、前の病院のソーシャルワーカーさんに相談しようと思っています。

MSW：それがいいですね。労災が認められれば今ご説明した制度より、もっとメリットのある制度が使えます。

道子：わかりました。問い合わせてみます。

MSW：ところで、今日倉持さんがいらした本題のご相談は、この病院を退院された後、お父様のいらっしゃるところについてでしたね。

道子：そうです。先生はリョウヨウかロウケンとおっしゃっていましたが、それはどんなところでしょうか。老人ホームのようなところですか？

MSW：（療養型病床と老人保健施設の説明をする。）

道子：そうですか……そのようなところが父の行く場所なんですね……（ため息。）

MSW：その他に最初にお話しかけたご自宅という方法があります、サービスを使ってご自宅でという……。

道子：（MSWのことばをさえぎって）それはできません。家は古い一軒家でどんなに改造しても車椅子は無理です。私も自分のことで精一杯ですし、引き取ることはできません……。

【離婚後、独りで生きていく決意をした独居男性の転院と家族援助事例】

MSW：決してご自宅に帰れと言っているわけではないですよ。あくまで一つの可能性です。それにしても倉持さんお一人で何もかもなさっているようですが他に協力してくださるご家族は？

道子：……実は……母がいることはいます。父と離婚して、私は何年か母と暮らしていました。でも母は父とは一切関わりたくないということで私とは時々連絡をとっていたのですが、今回の父の入院も一切知らせていません。父も今後は母に迷惑をかけたくないと言っていましたし。私もよくわからないのですが、何か複雑な事情があるみたいです。だから余計父と一緒に住めないのです。前の病院で母のことはお話したのですが、あまり言いたくなかったのでこちらには伝えないよう、ソーシャルワーカーの方にお願いしてしまいました、すみません。他の方には言わないでいただけますか。

MSW：もちろんですよ。ここだけの話で、どなたにも言いたくないご事情はありますから。それで倉持さんおひとりでお父様のお世話をなさらなければならないんですね。
　ところで、お父様ご自身はどう思っていらっしゃるのでしょうか？

道子：（語調強く）それは家に帰りたいに決まってますよ。だれだってそうでしょう。私の顔を見ると、カレンダーを指して何か言うんです。「いつ帰れるのか」と訊いているようで……。「カイシャ」とも言いま

統制された情緒的関与：道子さんの感情にそのまま反応するのではなく、客観的な状況を確認することで、なぜ在宅を否定しているのかを理解しようとしています。

受容・秘密保持：道子さんの秘密にしたい気持ちは決して例外的なことではないという理解を示し、秘密を守ることを保証しています。

自己決定：道子さんの事情に配慮しつつ、山本さん本人の希望を確認する必要を道子さんに示唆しています。

すし、とにかくあんな体になっても仕事が気になるみたいです。
MSW：お仕事熱心だったんですね。
道子：母と別れてから父は仕事にのめりこんでいました。仕事に逃げていたんですね。
MSW：<u>お父様もいろいろおつらかったんですね。</u>

受容・非審判的態度・統制された情緒的関与：山本さんの過去に関わらず、そのつらさを理解し、それを示唆することで道子さんの感情表出を促しています。

道子：ええ……。昔は自業自得だと思っていましたが、今は父も可哀想な人だったのかなと思うようになりました。何の楽しみもない生活が続いて、その上、あんな体になって。だから私もまた、迷惑をかけられたと思ったり、せめてできるだけのことをしたいと思ったり……。（涙ぐむ。）でも母とのこともあるので、やっぱり引き取るのは無理……と思ったり、悩んでいます。（突然顔を上げて）岩城さん、私が会社をやめても父を家に引き取って世話をするべきでしょうか？　そうしている方もありますよね。

道子さんが自身の気持ちを語り始め、涙ぐむ様子から、自らの気持ちに素直になり始めたことがうかがえます。

MSW：<u>いえ、そんなことはありませんよ。それぞれご事情が違いますから。</u>お父様のお気持ちはもちろん大事ですが、そのためにご家族の生活を犠牲にしていいということはありません。お父様もそれは望まれないでしょう？

個別化・非審判的態度：それぞれの事情によりできることが違うので、他の人と同じようにする必要はないことを伝えています。

道子：ええ、父は私のことが気になるようで、元気なころから顔を見れば早く嫁に行けというんですよ。ホントにうるさくて。（笑顔になる。）

MSW：<u>優しいお父様ですね。</u>ではお父様にも倉持さんにもよい方法を考えてゆきましょう。倉持さんは、お父様に何が必要と思われますか？

道子：やっぱりリハビリをさせたいです。ことに言葉のリハビリを。それと自分のことがまだ全部できないので、安心して暮らせるよう、ケアをしてほしいです。

MSW：リハビリ、ことに言葉のリハビリと安全に暮らせるようなケアですね。リハビリのスタッフもまだ続けたほうがいいと言っています。ことに言葉は長い時間が必要なようです。お仕事については、いまはなんとも言えませんが、リハのスタッフのみたてでは、前と同じは難しいかもしれないけれど、なんらかの仕事はできるようになるのではないかということでした。

道子：本当ですか？　たとえ、簡単なことでも仕事ができれば……。でないと父は生きる気をなくしてしまいます。

MSW：社会参加は大事ですよね。お父様はまだまだお若いし。第一候補としてこの市のリハビリテーションセンターがあります。そこは当院のような病院を退院したあとの社会復帰を支援するセンターです。

（パンフレットを見せる。）

道子：とても充実した内容みたいですが、私の家から遠いですね……。もっと近いところはありませんか、費用はどのくらいかかるのでしょうか。

受容：道子さんの見せた明るい面に共感し、それを表出しています。

MSW：この種類の施設はほとんど自治体に一つなので、他にはないのです。費用は保険以外の分はほとんどかかりません。その保険の分も身体障害者の手帳をおとりになれば無料になります。

道子：費用は安いのですね。……父によければ……。

MSW：ただあらかじめお伝えしておかなければいけないのは、入所がどうしても若い人が優先になって、正直お父様の年代では断られる可能性もかなり大きいのです。

道子：そうなんですか……。行くところがないと、家にひきとらなければいけないんですか？

MSW：<u>いえ、そんな場合には次の方法として先生のおっしゃったロウケン、老人保健施設ですね。これは本来高齢者の施設ですが、介護度をお持ちでしたら、お父様の年でも利用できます。若いと言っても60代の方ですが、老人保健施設の利用者としては若い人が多く、リハビリに力を入れているところをご紹介します。</u>

　<u>例えばローズホームというところは道子さんのお宅からもわりに近くて、一人ですが、言語聴覚士もいます。</u>

道子：そうですか。行くところがないと困りますが、父はそのようなお年寄りの施設しか行くところがないんですね……。（悲しそうな表情で黙ってしまう。）

MSW：<u>確かにお父様はまだお若いですか</u>

受容・自己決定：現状では資源に限界があり、なかなか希望どおりの退院先をみつけるのは難しい。MSWはできるだけ道子さんの希望に沿う選択肢を一緒に考えようと提案しています。

受容：老人保健施設に入る父親へ

ら、もともとお年寄りのためにつくられた施設で一生を過ごされるのももったいないですね。万一センターに入所できない場合もう一つの選択肢としてこの病院からまっすぐご自宅に帰るという方法もあります。

道子：（ちょっと苛立ったように）ですからそれは無理だと……

MSW：先ほどもそのようにおっしゃっていましたね。ご心配はもっともだと思います。でも、何の準備もなく、いきなりお帰りになるのではありません。介護保険や身体障害者の制度でいろいろなサービスがありますので、それを活用すると生活してゆくための不自由さを減らして、いずれは社会参加もできるようになります。

　もちろん、当院のリハビリスタッフも、私もお手伝いしますし、退院されてからはケアマネージャーや役所の障害福祉の担当が相談に乗ってくれます。決して何の支えもなく退院されるのではないのですよ。

道子：実際にそのようにして家に帰って暮らしている人もいらっしゃるのですか？

MSW：もちろん、いらっしゃいますよ。この病院にも障害をもちながら、社会生活を送っていらっしゃる方たちの会があります。よければご紹介しましょう。お話を聴いてみるのも参考になると思いますよ。

道子：ここから家に帰るのがまったく不可能ではないということはわかりました。でも、私はやはり父にはできる限りリハビリ

の道子さんの気持ちを言い換えて受け止めています。

統制された情緒的関与：何度も「自宅は無理」と言っている道子さんの気持ちをいったん受け止めてから、制度を使って在宅生活することにより本人らしい生活を送ることの可能性の説明に入っています。

　また、慣れない福祉制度の申請・利用にあたっては、なにもかも道子さんが一人でやるのではなく、相談体制があることを伝えて、道子さんの不安、負担感を減らす配慮をしています。

※多くの人（特に若くて健康な人）にとっては、後遺障害のある人のリハビリや退院後の実際の生活については情報がなく、想像することすら難しいのが一般的でしょう。そのような時には、制度やサービスの説明をするとともに、実際に同じような後遺障害をもつ当事者（ロールモデル）から話を聴く

をしてもらいたいのです。だからまずセンターに申し込んでみたいです。断られたら、直接家に帰ることも考えなければならいと思いますが。
MSW：私もお父様はリハビリテーションセンターにチャレンジしていただきたいです。お体の機能はゴールに近づいていますが、ことばや、高次脳……高次脳機能障害っておわかりになります？
道子：はい、先生に説明を聞きました。
MSW：そうですか。その高次脳や言葉の回復にはまだまだ専門家の手を借りる必要があります。そのため、その専門家のいるリハビリテーションセンターに入って、そこで充分準備をして、社会復帰をされるのがよいと思います。
道子：私も申し込みたいです。父のためにそれが一番よいという気がします。
MSW：<u>では頑張ってチャレンジしましょう。先生には私から報告しておきます。まずお父様にもご相談したいと思いますが、お家に帰れないとがっかりなさるでしょうか？</u>
道子：いえ。父も今の体で帰ろうとは思っていないので、リハビリをして仕事の準備もするということなら納得すると思います。私にも迷惑をかけないし。このパンフレットを見せて話します。
MSW：よかったらご一緒に行きましょうか。私が今後のことのお手伝いをする人と

ことが有益です。

受容・自己決定：道子さんの判断を積極的に受け止めつつ、山本さん本人の意思確認の必要性を提案しています。

いうことはお話しているし、何度もお会い
　　　　　
　　　　　
　　　　　
　　　　　
　　　　　
　　　　　
　　　　　
　　　　　
　　　　　
　　　　　
　　　　　
　　　　　
　　　　　
　　　　　
　　　　　
　　　　　
しているので。
道子：そうしていただければありがたいで
す。父は私が相談室にいくことを知ってい
るので気にしていると思いますから。
MSW：今伺うとお食事前ですが、この時
間で大丈夫ですか？
道子：大丈夫ですよ。この時間はいつもリ
ハビリもなくて、ぼーっとしています。
MSW：では伺いましょう。<u>倉持さんに何
回もいらしていただかないようにと思っ
て、今日は沢山のことをお話してしまいま
したが、大丈夫ですか？</u>
道子：えーと。身体障害者の手帳の申請、
年金ですね。まずはハビリテーションセン
ターに申し込むことでしたね。
MSW：そうですね。身体障害者手帳の診
断書は先生に早く書いていただくようにお
願いしますが、できるだけ早く申請なさっ
てくださいね、センターは申込書だけ書い
てくだされば、あとの書類は病院で準備し
ます。返事がきたらご連絡しますね。
道子：入れてもらえるといいですが。
MSW：そうですね。返事を待ちましょう。

※元々、道子さんが動揺して訪れた予定外の面接であったにもかかわらず、道子さんが思わず感情を吐露する展開となり、かつ制度の説明や障害をもつ人の生活状況などの話など情報量の多い面接となったことに対して、MSWとして、道子さんが消化不良に陥っていないか、過剰な心理的負担を負わせることになったのではないかなどを確認することが必要です。もしそのようなことがあれば、その場で補足説明や心のケアをしてフォローすることが重要となります。

　　その後、MSWは道子さんと一緒に山本さんの病室に行く。

MSW：山本さん　失礼します。<u>さきほど
娘さんとこれからのことについてお話しま
した。そのことで山本さんのご希望を聞き</u>

自己決定：山本さんの今後について、娘の道子さんと相談をしたことをまず開示したうえで本人意思

たいと思ってきました。今、大丈夫ですか？
山本：（やや緊張してうなずく）
MSW：大事なお話ですから、静かなところがいいですね。

の確認をしようとしていることを伝えています。

秘密保持：面接の内容の秘密を守ることを示しています。

看護師の許可を得て、道子さんが介助し、車椅子で面談室へ移動した。

MSW：山本さんリハビリ頑張っていますね。頑張っていますが、いますぐ家に帰るのは難しいですね。
山本：（悲しそうにうなずく。）
MSW：もっとリハビリをして仕事の準備もできるようなところに移られてはどうでしょうか。（パンフレットを見せる。）市のリハビリテーションセンターです。ここは社会に戻るためのリハビリをするところですよ。山本さん、まだまだお若いし、お仕事もしたいので、ここでリハビリをしてはどうかなと思いました。
山本：（はじめは険しい表情であったがパンフレットの写真を興味深そうに眺め、ことに就労支援で利用者がパソコンに向かっている写真に興味を示し、MSWを見て「パソコン」というようなことばを発する。）
MSW：（「パソコン」と紙に書いて）そうパソコンです、山本さんも使ってましたか？また練習したいですか？
山本：（大きく何度もうなずく。）
道子：（叫ぶように）それがいいお父さん、

※失語症の方の障害に配慮し、婉曲な言い回しを避け、ただし、非礼にならないような表現をしています。

【離婚後、独りで生きていく決意をした独居男性の転院と家族援助事例】

ここがいいわよね、ここに申し込もうよ。
MSW：（笑いながら）道子さんはそれが一番いいと思っていらっしゃるのよね……。でも山本さん、すぐに決めなくていいですよ。よく考えてからで。
山本：（「お願い……」というようなことばを発する。）
道子：お願いって言ってるわ！
MSW：お願い、ですか？　申し込みします？
山本：(うなずく。)
MSW：では申し込みましょう。　でも審査があるので（審査と書く）入れるかどうかまだわかりませんよ。
山本：（困ったようにMSWに手をあわせる。）
MSW：私に頼まれてもねえ。（笑）入れるかどうかわかったら、すぐ来ますね。
（山本さんがベッドに戻った後、MSW退出。）

受容・自己決定：道子さんの勧めたい気持ちは受け止めつつ、山本さん自身が道子さんの善意のプレッシャーに左右されず自己決定できるよう配慮し、「今すぐ決める必要はない」と助言しています。

自己決定：山本さんなりの方法で意思を表明しました。

※失語症の人は、障害の内容によっては状況がわからないため、とりあえずYESといってしまう傾向があります。またNOの表現ができないこともあります。従って失語症の人の「自己決定」「本人の意思」の確認は多角的かつ慎重に行われなければならず、本人が「はい」とうなずいたから意思を確認したと安易に決めることはできません。この場合、MSWは度々STのコンサルテーションを受け、STが面接に同席し「したいか」「したくないか」「好きか」「きらいか」レベルの意思の表明はできると判断したうえでの面接です。

　その後、身体障害者手帳を申請し、道子さんと相談してサマリーを作成して申し込み、1週間後、センターのソーシャルワーカーより判定が通ったので、家族の面接に来てほしいとの連絡があった。待機は1カ月か1カ月半ということであった。MSWが山本さんに報告したところ、「ありがとう」というような言葉を発し、涙を流した。その後、道子さんに連絡、面接の予約をとってもらう。あわせて主治医はじめスタッフにも報告した。

【場面7】岩城 MSW と道子さんとの2回目の面接

　道子さんからセンターの面接のあと報告したいと電話があり、約束の時間に道子さんが来室した。

MSW：お疲れ様でした。いかがでしたか。
道子：はい、とても大きなところで圧倒されて、ソーシャルワーカーの方も沢山質問されるので、緊張してしまいました。でもいろいろ説明していただいて、見学もして、ここなら父ももっとよくなるかもしれないと希望がでてきました。仕事ができるなんて、夢だと思っていましたが、何人もの父のような方が、パソコンを使ったり、一生懸命練習していらっしゃって感動しました。ただセンターの方は父くらいの年になるとなかなか仕事は難しいとは言われていましたが……。
MSW：<u>どうしても若い人のようにはいかないかもしれません。でもやってみなければわかりませんし、職場復帰は無理でも障害者の方の働く場所はいろいろできていますよ</u>。そういえば、お父様の休職期間はいつまででしたっけ？
道子：怖くてきちんと聞いていないのですが、多分傷病手当の終わる頃だと思います。
MSW：それは確認しておいたほうがいいですね。もし労災になれば、費用など条件が違いますし、解雇制限もありますから。
道子：そうなればうれしいですね。セン

個別化：年齢だけで決め付けず、また多様な就労形態や雇用先があることを伝え、可能性をつなげています。

ターに移ることも報告しておきたいのでそのとき休職期間も訊いておきます。
MSW：それがいいですね。会社のほうもこれから就業規則の確認をして、休職期間も確認していくことになると思います、労災申請の第一歩として、就業規則の確認はできるだけ会社と協力関係を保って、労災の進捗状況など教えていただくとよいでしょう。お一人では難しいこともあると思いますが、NPOの労災相談センターはご存じでしたっけ？
道子：はい、前の病院のソーシャルワーカーさんに紹介していただいて一度、伺ったことがあります。
MSW：それはよかった。あと一つお伝えしたいことは「障害者の雇用の促進等に関する法律」という法律があって、従業員50人以上の職場では障害者を2％以上雇わなければならないことになっています。お父様の会社は社員50人以上ですか？
道子：さあ……訊いたことはないですが、父の下に働いている方も10人以上はいらっしゃると聞いたことはありますので、50人以上はいるかも。これも訊いておきます。でもそんな法律があるとは知りませんでした。障害者の方が会社で働いているところはテレビでも見たことはありますが、特別な会社と思っていました。法律で決められているんですね。
MSW：前は1.8％でしたが、2013年4月

※労災については「場面4」のコメントと巻末の「MSWのための労災入門」を参考にしてください。

※障害者福祉だけでなく、労働法制にも障害者が使える制度はあります。2013年に改正された障害者雇用促進法（2016年施行）では、障害者権利条約批准（2014年批准）のための法整備として、雇用における障害者への合理的配慮がないことは差別であるとして公的機関では合理的配慮義務を課し、民間事業者は努力義務とされています。障害をもつ人が働くとき、職場の現状に合わせて障害者だけが努力するのではなく、障害のある人が働きやすくするための環境整備や合理的配慮は社会の責任であるという考え方に世界の標準は移り変わっています。

自己決定：ワーカーは、クライエ

からは２％になりました。もちろん、実際に運用となるといろいろ問題も出てくるので、今度いらっしゃるリハビリテーションセンターのソーシャルワーカーさんにいろいろ協力していただくとよいでしょう。

道子：はい、そうします。これからもいろいろ相談にのっていただかないと。

……（突然）ねえ、岩城さん。私、母に父のことを話そうと思っているんですよ。

MSW：（突然の話題の転換に）……。

道子：別に面倒をみてもらいたいとかそういうことじゃないんですよ。でも父のことを言わないために、母との関係もぎくしゃくして、電話もらってもいい加減な返事ばかりで、食事に行こうと言われても、忙しいと言って逃げていたり、これでは親子の関係もだめになってしまいますよね。今回の父のことで、やっぱりいやなことから逃げたり、隠していては何もはじまらないとわかりました。今まではその余裕もなかったけれど、いまやっと父も方向が見えてきたので、父にも言って、母に話そうと思います。

　母がどうするかは母の考えで、私の決めることではないですが、私はいまの家族がこうなんだということをきちんと自分でも受けとめて、人にも隠すのはやめようと思います。そのほうが楽になりますから。これからまだまだ大変なことが続くと思うので、できるだけ余計な気を使わず、すっき

ントがその内的資源と地域社会の資源を用いながら、その問題を解決するため、自分の方法とペースで進むことのできる潜在的な力を促進する役割があります。ここでは制度を受動的に受けるだけでなく、法的な理念、位置づけを理解し、積極的に活用できるよう、情報を提供することによって、自己決定を助けています。

自らの気持ちを素直に見つめられるようになり、父親の今後の方向性も見えてきた道子さんは、これまでの親子関係をふり返り、前向きに向き合い取り組もうとする気持ちが出てきました。

自己決定：道子さんは自分の意思で母親のことを話そうと決めました。

りした生き方にしたいんですよ。だから皆さんに母のことを言ってもいいですよ。
MSW：いえ、特に言わなければならない状況でもないですよ。急なお話でびっくりしましたが、道子さんがご自分の人生のためによく考えて決められたことは素晴らしいと思います。ご両親のためにもよいことかもしれませんね。

受容・自己決定：道子さんの決断を受け容れ、その自己決定をMSWも心から喜ぶとともに、支持しています。

道子：そう思われますか？　よかった！余計な話をしてすみません。今日ほっとしたら、ついしゃべりたくなって。

MSWとの関係のなかで生まれた安心感により、道子さんの気持ちが解放されてきました。

MSW：いいんですよ。今までご両親の問題の中で一生懸命生きていらして、今回のお父様の病気にも大変な中で頑張ってこられた倉持さんが、新しい選択をなさったことを私もうれしく思います。お父様のお世話と一緒に、ご自分の生活も大事になさってくださいね。

受容・個別化：道子さんなりに家族問題を背負いながら一人で頑張り、新たな段階に進んでいることを承認しています。

道子：そうします。いつか父にウエディングドレスを見せられるかも。（いたずらっぽく笑う。）
MSW：それは素敵！　楽しみですね。
　ところで、入所の日ですが、１カ月か１カ月半の間でご都合の悪い日はありますか？

統制された情緒的関与：道子さんの楽しい夢に共感を示しつつ、急に解放された道子さんの気持ちを無意味に引っぱらず、話題を変えて「今、ここ」の現実につなげています。

道子：いえ、特にありません。前もって分かれば休みをとれます。
MSW：では入所の日がわかり次第、ご連絡します。介護タクシーも予約しますか？
道子：お願いします。私のクルマでもいい

かもしれませんが、ちょっと遠いし、私一人なので、介護タクシーのほうが安心だと思います。
MSW：わかりました、できるだけ安いところを選びますね。
道子：いろいろありがとうございました。

　１カ月半の後、身体障害者手帳も給付され、山本さんはスタッフに送られ、道子さんと何度も頭を下げながらセンターに向かった。
<u>１カ月後、MSWがセンターに状況を聞いたところ</u>、ADLもあがり、発語も増え、簡単な作業に熱心に取り組んでいること。
　道子さんが中年の女性を「母です」と連れてきたことを聞いた。
　１年後、突然道子さんから電話があり、監督署から労災の「不支給」の連絡があった。納得がいかないので労災相談センターのソーシャルワーカーの協力を依頼し、審査請求の手続きをしているとの報告があった。

※「退院すればそれで終わり」ではなく、自分の支援の検証のためにもフォローが必要です。それを行う時期、また連絡を本人・家族にするのか、関係者（例えば施設職員、在宅ならケアマネージャー等）にするのかはアセスメントが必要になります。

参考　MSW の労災入門

高山俊雄

1　MSW にとっての労災問題

　労災の問題を説明するにあたって、この問題が MSW の業務にとってどのような位置を占めているのか、私の理解を述べたいと思います。端的に言いますと、労災への取り組みは MSW の専門性の一つであると私は考えています。この取り組みはどのようなことかといいますと、私たちは、転院の相談や在宅復帰の相談、経済的問題や、家族関係調整の問題、様々な相談を受けます。しかし、こうした「主訴」を相談として受けながら、どのような相談からでも「労災の被災者を発見すること」が第 1 の専門性だということです。第 2 の専門性は、発見した被災労働者の「労災認定を勝ち取るために最大限のサポートをすること」です。

　第 1 の専門性を獲得するためには、MSW はどのような病名は、どのような仕事で発する可能性があるのか、という知識をもつ必要があります。例えば、昔炭鉱で働いていたり、隧道工事（トンネル工事）をしていたり、溶接工等の仕事を数十年していた人たちには「じん肺」という病気が多く発見されます。更にこの「じん肺」という病気には、「肺がん」や「肺結核」「続発性気管支炎」といった合併症も生じやすいということがあります。このように病名と仕事との関係を知識として知っておく必要があるということです。この知識は本などで知るだけでなく、積極的に働く現場を見る機会を得て、そこではどのような病気が起こり得るのかを働く人々から教えてもらうことも必要です。また、厚生労働省がどのような化学物質や鉱物に発がん性があるかと公的に認めているものがあり、これを知っておくことも大切です。こうしたことを勉強し発見するという専門的な仕事は、医療機関内部で MSW 以外の職種では行うことは難しいでしょう。もちろん医師の中に、労災に関心をもち、労働現場をよ

くご存じの医師もおられますが、例外と言ってよいでしょう。

　第2の専門性を獲得するためには、その病気と仕事との因果関係を証明するのが、患者さん本人であって、労働基準監督署(以下、監督署)や会社ではないということを認識しておく必要があります。また、労災を決定するのは、会社ではなく監督署であることも認識しておく必要があります。むしろ多くの場合、会社は労災の認定を認めたくないために(保険料アップというペナルティや、被災者を発生させたという会社への汚名は避けたい)、「そんな病気は会社は労災とは認めないよ」とか、「うちは労災保険に入っていないよ」と言ったり、監督署の事情聴取に事実と異なる証言をする場合があったり、非協力的な場合があります。このような会社側の発言に惑わされてはいけません。労災を決めるのは監督署であって会社ではないこと、労災保険はパートでもアルバイトでも一人でも雇用していれば義務加入なのです。こうしたなかで患者さんや家族の力だけで仕事との関係を証明するのは、かなり難しいことと言えます。だからこそ、認定のためのノウハウをMSWはしっかりと身につけ、最大のバックアップをする必要があるのです。

　バックアップで最も重要なことは、監督署に対して自分の病気は仕事が原因で発生したのだと自己主張をする「自己意見書」作成に全面的に協力することです。病気によって確認する項目は異なりますが、例えば作業時間、残業時間、労働内容、労働体制、労働する姿勢、作業が屋内か屋外か、取り扱っている物質はどのようなものか、本人の責任の軽重、業務に追われていたことの有無、会社内での人間関係(パワハラや差別)など、こうしたことの事実確認を本人あるいは家族との間で時間をかけて確認していきます。はっきりしない場合は、家族から会社に確認してもらうこともあります。このようにして得られた情報に基づいて「自己意見書」を作成します。ただこの文章化を本人や家族ができなければ、MSWが代行して文章化することになります。この場合のポイントは、あくまでも仕事と病気との因果関係を証明するための文章化ですから、想像力をたくましくして書いていく必要があるでしょう。その文章力を高める努力も必要ということになります。

　自己意見書の協力以外では、仕事との因果関係を証明する方法として、他の医療機関の医師の意見書が求められないかの検討、仕事との因果関係を立証す

るために文献で証明できるものはないかの検討、労働組合があれば組合の協力を得ることはできないかの検討、本人と一緒に仕事をしている方で協力いただける方がいないかの検討等も、自己意見書作成と同時に大切なことです。

実際の相談に入る前に、次節で労災についてもう少し事務手続き的な説明をします。また、労災には大きく分けますと、「労災事故」「職業病」「通勤労災」の三つがありますので、この三つを念頭において理解してください。

2 労災・職業病を整理する

（1）労災の手続きについて

①労災の申請とは

労災の申請は、難病や小児慢性疾患のような申請書というものがあるわけではありません。労災では、療養費（治療費）、休業補償、後遺症、遺族補償、葬祭料と、申請する内容によって書類が違っています。労災事故と職業病では同じ用紙を使います。①療養費の請求のための用紙は、最初の医療機関では5号様式。医療機関変更の場合は6号様式。②休業補償を請求するための用紙が8号様式。③後遺症を請求するための用紙が10号様式。④遺族補償の請求をする用紙が12号様式です。⑤労災保険を取り扱っていない医療機関への受診の場合は立て替え払いが必要になります。その場合は7号様式によって立て替えた分を取り戻す手続きをします。⑥葬祭料の請求は16号様式です。これらの用紙は監督署にもありますが、基本的にはインターネット上からダウンロードすることができます。また、通勤災害の場合は、上記の書類は使わず、療養費（16-3号様式）、医療機関変更（16-4号様式）、休業補償（16-6号様式）、後遺症（16-7号様式）、葬祭料（16-10号様式）などを使います。

②労災申請の流れ

労災は、①で申請した書類の中で最初に監督署に書類が届いた日に、労災申請があったということになります。このあと監督署は、（ⅰ）本人に状況を聴く本人聴取、（ⅱ）会社に対する事情を聴取及び会社から必要な書類の提出を求める。（ⅲ）本人が受診している医療機関に対して本人の病気が業務と関係

があったのかどうかを主治医に「医証」(意見書)という形で求めます。また、現在治療している医療機関だけでなく、それまでに労災申請している病気で治療を受けた医療機関の医師にも同じように意見を求めます。本人がやらなければいけないものではありませんが、自己意見書を提出することができます。多くの場合、労災事故でこうした書類を書くことはなく、(3)で説明する「職業病」の場合に提出することがほとんどです。監督署は、これら資料を集めて、業務上の病気なのか否かを判断することになります。労災では、請求人はあくまで被災労働者ですが、代理人を立てることができます。MSWが代理人を引き受けることは全く問題ありません。

③業務上外の決定について

「業務上の決定」があった場合、そうした内容の通知はありません。決定すれば、本人に通知されるのは休業補償請求に対する「支払通知」です。医療機関にも、支払うことになったとする通知だけです。「業務外」になった場合は、「法律何条に基づいて業務外とする」という内容の通知は本人に来ますが、その理由は何も書かれていません。労災の制度は行政不服審査法(行政が決定を出したものに不服の場合、上級庁に審査のやり直しを求めること)での不服申立てができますし、労働基準局、その上の厚生労働省を相手に「再審査請求」(更にもう一度審査をやり直してほしいという請求)をすることができます。これらは共に決定を受けてから(正確には、請求労働者がそれを知った日から)60日以内にその意思表示をする必要があります。

ところが、監督署での業務外の理由が分からず争点が不明では、上級庁に行ってもなかなか認定になりません。そこで、一つは決定を出した監督署に直接理由を聞きに行くという方法があります。もう一つは、担当官がいろいろと調べて、監督署長に対して最終的にこのように判断したいという「調査結果復命書」というものを出して決定します。これが業務上外決定の根拠になるものです。それを「個人情報保護法」に基づいて開示請求し、監督署がどのように判断したのかを検討することが重要になります。時間的な余裕があれば後者のほうがいろいろな情報が書かれていますので、こちらがお勧めです。これに対して、審査請求や再審査請求の審理の結果は、会社からの資料も、被災労働者

が提出したものも、更に監督署や基準局が独自に集め審査の俎上に載せたすべての資料が、裁判の判決書のような形で一冊にまとめられ、決定文書として本人及び代理人に送られてきます。

　提訴は、審査請求を行い2カ月経過しても決定が出されない場合、その時点で行うことができます。なお、監督署の不支給決定に対して労働基準局への審査請求、その後の労働基準局の不支給決定に対して、厚生労働省に対する再審査請求というのは、「行政不服審査法」に基づく被災者の権利です。ところが、2014年にこの法律が変更されることになりました。具体的にはほぼ2年以内に具体的な手続きが定められることになっていますが、従来の3回の審査を2回にしようという内容です。このことは、労災の審査に限らず、あらゆる行政決定について変更されることですから、どのように変更になるのか注意が必要です。

④時効

　労災の時効は、療養費と休業補償では通常の時効とは異なります。本人が労災であるとして療養を続けている限り、そのことに時効はないのですが、お金の支払われる期間を決めているというのが、労災での時効です。例えば、療養費と休業補償の時効は2年と定めています。例えば、本人が当初は労災と考えてはいなかったが、ある時に労災申請をしようとしたとします。その時に遡って請求できるのが、2年までですよというのがこの時効の考え方です。つまり労災の時効は、いつまで遡って請求できるかという期限を定めたものということができます。しかし後遺症と遺族補償は5年と定めていて、こちらは他の時効の考え方と同じできっちりしています。後遺症は医師が後遺症と認定した日から5年以内しか請求できませんし、遺族補償も当人が亡くなってから5年以内にしか請求することができません。アスベスト問題では、仕事で取り扱っていたアスベストが原因で死亡したことがわからなかった人たちがたくさん発生しました。このため、アスベストであったことの証明をすることができれば、遺族補償として認定するという「時効救済」という制度を、地域住民が曝露を受けての新しい制度「環境再生機構」による救済制度の中に入れ込んで制度化しています。

（2）労災事故

労災事故では、事故の現場を見た人（「現認者」といいます）がいれば、認定そのもので争うことはほとんどありません。誰も事故を知らなかったとか、責任者に伝えていなかったような場合（現認者がいない場合）に、その事故にあったことをどのように証明するかで、認定上の争いになることはあります。

（3）職業病

仕事が原因で病気になったのかどうか、言い換えれば仕事と病気に因果関係があるとして被災労働者が労災申請する場合がこれにあたります。この場合、どのように因果関係を証明するかが問題になります。例えば職場の仕事机に座っていて脳出血になったとします。しかし、職場で発病したからといって、労災が認められるわけではありません。あくまでその人が従事していた仕事と、脳出血の因果関が証明されなければ労災とは認定されないことになります。これは、申請者だけでなく、担当官にとってもなかなか難しい課題です。このために職業病の場合、国はそれぞれについて「認定基準」というものを作っています。（職業病でも基準が作られていないものもあります。）要するに、その基準に合致していれば、すんなり認定するというわけです。しかし、これは、あくまでも「目安」と考えてください。それに合致していなくても、証明の仕方で認定を勝ち取ることはできます。ただ、労災の認定では、この職業病の認定がもっとも手間と時間がかかると言ってよいでしょう。

本書の事例に出てくる「脳血管疾患」の認定基準は、厚労省では「脳・心臓疾患認定基準」として整理しています。その考え方をまとめて紹介しておきます。

「業務による明らかな過重負荷を受けたことにより発症した脳血管疾患の認定要件は、次のものです。①異常な出来事（発症直前から前日までの間において、発生状態を時間的及び場所的に明確にしうる異常な出来事に遭遇したこと）。②短時間の過重業務（発症に近接した時期において、特に過重な業務に就労したこと）。③長時間の過重業務（発症前の長期間にわたって、著しい疲労の蓄積をもたらす特に過重な業務に就労したこと）。④労働時間として発症直前から前日までの間に

特に過度の長時間労働（時間外労働）が認められ、発症前概ね1週間以内に継続した長時間労働（時間外労働）が認められること。具体的には発症前1〜6カ月間に平均で月45時間を超え、この時間が長くなるほど関連性が強くなる。発症1カ月前に100時間の残業、または2〜6カ月平均で月80時間を超える時間外労働は発症との関連性は強い。⑤時間外労働だけではなく、負荷要因となるものは総合的に判断される。」

（4）通勤災害

　通勤経路の届出をしていて、通勤経路上でアクシデントにあった場合に労災になりますが、届出ている経路途上から外れたところでのアクシデントですと「逸脱行為」として、労災としては認められません。例えば、会社の帰り飲み屋に行き、その帰りにころんで怪我をしたとか、会社帰りに入院している友人の見舞いに行き、その後交通事故にあったとか、がこれにあたります。しかし、保育園に子どもを迎えに行った帰りとか、夕方の買い物をするためにスーパーに寄った後事故にあった場合は、これらの立ち寄りが日常生活を営む範囲のものとして、「逸脱行為」とは考えていません。

　なお、補足ですが、一般的に労災補償を受けている間、労働者は労働基準法の規定(注)によって解雇されることはありません。ところが、通勤災害で労災補償を受けた場合、この規定は適用されません。それは、労災補償を業務災害に限定しているためです。このことは、通勤災害を労災とすることが法律制定当時からあったのではなく、制定後に労働運動によって勝ち取られたものであり、それ故に既に述べたように、通勤災害の請求用紙も「事故」や「職業病」のものとは異なっているのです。

　次に労災の相談があったと仮定して、労災が認定できるようにするためには、どういう観点で相談者に対処したらよいか、そのポイントを以下の3点に絞って説明します。

3 労災・職業病相談の最初のポイント

(1) 労働者性

　あたりまえのことですが、労災申請するためには労働者であることが必要です。管理職であっても給料をもらっていれば、労災上の労働者といえます。会社の専務や常務は給料ではなく、「役員報酬」をもらっていますので、労働者ではありません。しかし、労働者であっても、トラックを所有して、それを持ち込んで工事現場で働いている「請負契約」により仕事をしている、いわゆる「一人親方」の場合は、労災上の労働者であるとはいえません。大工さんが家を建てるとき、そのつど請負契約をしている場合も同様です。ただし、労働者でない一人親方の場合「特別加入」という、労災保険の加入方法があります。ただ、この特別加入は義務加入ではありませんので、一人親方の場合は、特別加入しているかどうかの確認が必要ということになります。従って労災の相談があった場合、労災事故や職業病の可能性があっても、その被災者が労災保険の対象者であるかどうかを確認することが、第1に重要なポイントということになります。

(2) 業務遂行性

　労災申請しようとしている病気の発生が、仕事をしている最中のことなのかどうかをチェックするのが第2のポイントです。そこでは、病気発生が業務時間内か、休み時間だったか、上司の命令のもとでの行動中であったか否かが問題となります。例えば昼休み中、私用で外出していて交通事故にあったという場合、労災認定は難しいと考えられます。反対に上司から昼休みに業務で必要な物を買ってくるように言われ、外出時に交通事故にあったような場合は、労災になる可能性が十分です。基本は一定の時間内で定められた業務の遂行過程で生じたものか、どのような時間帯であっても、上司の命令によって行われる業務の遂行過程で生じたアクシデントが労災保険の対象になるということです。ただし、業務遂行途中でないときに生じ得る「脳血管障害」や「心臓疾患」、あるいは「自殺行為」、あるいは業務上取り扱っていた物質が原因で病気が発生する「職業病」は、次に述べるような、発生した病気とそれまで従事し

ていた業務との因果関係が証明されれば、遂行性は問題になりません。

（3）業務起因性（「相当因果関係」）

　ここでは、その病気はその人が行っている業務が原因で起こったのかどうかを証明していくことが第3のポイントということになります。この証明のためには、患者さん本人か家族の「自己意見書」、あるいは、その方の仕事をよくわかっている人や、労働組合の人、更には主治医でなくとも別な病院の医師で専門の分野の人などに「意見書」という形で、因果関係を立証する立場から書いていただくことが重要な方法ということになります。

　あるいは、それを証明する文献を集めたりすることもあります。MSWは、この証明のために本人の「自己意見書」作りを大いにサポートすることが重要な役割になります。言い換えれば、本人や家族から労働の状況を詳しく伺うこと。場合によっては、働いていた現場に行き、現場を見る、働いていた同僚や上司に労働の実態を聴く。これを、本人あるいは家族から聴いたものと突き合わせ、どのような論理立てで仕事が原因で病気が発生したのかを考えて、依頼があれば、自己意見書を本人・家族に代わって書くということになります。この作業がMSWにとって最もつらい作業になると思います。

注
　労働基準法第19条「使用者は、労働者が業務上負傷し、又は疾病にかかり療養のために休業する期間及びその後三十日間並びに産前産後の女性が第六十五条の規定によって休業する期間及びその後三十日間は解雇してはならない。ただし、使用者が、第八十一条の規定によって打ち切り補償を支払う場合又は天災事変その他やむを得ない事由のために事業の継続が不可能となった場合においては、この限りでない。」

第Ⅲ部

ソーシャルワークの行動原則

はじめに

　第Ⅰ部・第Ⅱ部でバイステックの「ケースワークの原則」に則って面接場面でどういう態度をとるべきかということを見てきました。そのうえで更に、面接場面以外でソーシャルワーカーが具体的に動くときの行動の倫理、行動の原則としての「ソーシャルワークの原則」が必要であると私たちは考えました。日々忙しい現場で、仕事に振り回されるのではなく、自分の原則をつくり、それに則って仕事をすること、自分の仕事に転換するために何を大事に行動するか、ということです。仕事をワーカーの側に引き寄せることによって、気持ちのもち方が変わり、どんなに忙しくても、本質を外さずにすむようにするためのものです。

　普段、個々の医療ソーシャルワーカー（MSW）はそれぞれケースをもち、日々、忙しく動いています。複数職場では毎朝の申し送りのあと、なかなか話す時間もなく、一日が終わることもあります。しかし、それぞれのワーカーは行動の原則を意識しているかどうかは別として、自然と自分なりのやり方や方法で行動しています。AワーカーにはAワーカーのやり方があり、BワーカーにはBワーカーのやり方があります。それを一度振り返り、原則として意識し、お互いに共有することによって、自分の原則としても取り入れられるものは取り入れる機会にしたいと思いました。

　ここでは、編者が自身の経験から編み出した「ソーシャルワークの原則」を提示しています。まず言葉にできるものは言葉にし、共有化できるものを仲間と共有して、お互いを理解していくことから始めてみませんか。そのうえでMSWの業務を一個人だけのものとしてではなく、医療ソーシャルワークそのものの質を問い直すようにしたいものです。それぞれの現場でそれぞれの「ソーシャルワーク原則」を洗い出し、いつの日か全国のソーシャルワーカーと共有化できる日がくることを望みます。

私の考えるソーシャルワーク原則

高山俊雄

　ソーシャルワーク原則は、医療ソーシャルワーカー（以下、MSW）が行動するための原則を指しています。それは、長く現場で携わっている人であれば、その人なりのソーシャルワーカーとしての行動原則を誰もがもっているものと私は考えています。ただし、残念なことに私たち MSW の業務に従事している者が、自分の行動原則を出し合い、より良い行動原則づくりの議論の場をもつことはこれまで一度もありませんでした。

　現場では、何を確かな拠り所にして仕事をしたらよいのか、経験が少なければ少ないほど拠り所を欲しているのも事実です。その欲した者が、ある問題については、どのようにしたらよいかといった、How to ものを求める傾向にあるのは、理解できないわけではありません。しかし、ソーシャルワーカーの仕事を相談内容に応じて How to として整理をすれば、膨大な量になるのははっきりしています。ワーカーはそれら全部を覚えるのが勉強ということになるのでしょうか。そうだとすれば、HIV の相談や、外国人問題といったある時突然生じた新しい相談ケースの場合は、誰かが苦労して方法を確立するまでは何もできないことになってしまいます。それは現実的ではありません。現実的でないということは、How to を積み上げて現場の問題に対応しようとするやり方は適切な方法ではないということになります。

　ではどのようにしたらよいのでしょうか？

　私は、How to ではなく、相談内容がはっきりした後、次にワーカーが具体的に動くための行動原則を整理すべきだと考えました。あらゆる相談事に踏まえるべき原則です。その原則を仮に「ソーシャルワーク原則」と名づけました。すべて私の経験の中から整理したものです。全国のワーカーから意見を求めれば、もっといろいろな意見が出る可能性はありますが、とりあえず、そうした作業の必要性すら共有されていない現状では、私の経験をたたき台にして、読

者の皆さまも自分なりの原則を整理されることを提案させていただきます。

第1原則：事実確認の原則

　伝聞によって伝わった事柄に基づいて動く（それは当事者でない人からの話であるとか、電話での相談だけであるとか、精神障害者の場合によくある近隣の人からの苦情などがある）と、それらの話を鵜呑みにして動くことになる場合があります。相談業務のスタートは、相談者が来室し、相談内容を聴くことによって始まりますが、先ほどの精神障害者のように相談そのものの事実関係を確かめる必要性が出るときもありますし、相談内容をうかがいながら、今後のケース展開を想定して事実関係を確認しておく必要性が出てくる場合もあります。

　例えば、転院相談の場合、まず、転院ということを一緒に考えていく人が来談者なのか、それとも別にいるのか確認する必要があります。特に兄弟姉妹が多かったり、親戚関係者が多い場合は必要になります。キーパーソンが誰なのかという確認です。また、転院相談がスタートした後、事実確認が必要なこととして、費用負担の問題があります。転院対象となっている本人の収入や預貯金の有無、それらが、今後全て本人の療養のために使用できるのか、できないのかの確認。できない場合、誰が、どの程度負担可能であるのかの確認。（ただし、誰がどの程度負担可能かという問題は、負担額の見当がつかないと決まらない場合が多いので、転院先の状況などと併せて考えていく。）

　また、相談関係が成立した後での事実確認が重要なものに二つの分野があります。一つは労災申請の中でも認定がなかなか困難な職業病の労災申請です。この申請では、この事実確認が「自己意見書」（被災者自身が、仕事が原因で病気になったという自己主張のために書く意見書のこと。本人が亡くなっている場合は、奥様などが自己主張することになる意見書のことである）作成の重要なポイントになってきます。この労災の申請では、立証責任を負っているのは、労災申請する側になります。労働基準監督署（以下、監督署）は、病気が職業病の場合、独自に会社や医療機関から収集した資料と本人から提出された資料を併せて検討資料とし、全体の資料から、国で決めている病気ごとの認定基準（一般

的な職業病でないため、認定基準がまだ作られていないものもあります）に合致していなければ、労災を認めようとはしません。従って被災者は、事実の積み上げによって仕事が原因でその病気になったのだとの主張を、あらゆる資料や証言によってしていかなければなりません。特に、先ほど述べた、一般的な職業病として認められていない場合には、先例がないということですから、相当綿密な、因果関係の立証のための事実確認をしていく必要があるわけです。これに対して会社側は、事実を語らなかったり、会社側には責任がないよう、有利に監督署に証言する場合が多いことも念頭においておく必要があります。

　二つ目は医療被害の相談です。医療被害の相談では、裁判をしたいということを含んだ場合と、裁判はやりたくないが病院側の意見をともかく聞きたいという場合、あるいは裁判にかかわりなく、死亡の原因を知りたいといった相談などがあります。この中で裁判を希望する場合は、その被害の立証責任は被害を訴えた側にあるので、当然のことながらかなり綿密な事実関係の収集と整理が必要になってきます。もちろん、こうした作業はワーカーではなく、弁護士と被害者とで進める作業ですが、多くの被害者の気持ちを察するに、最初から裁判をしようと考える人は極めて少ないと言ってよいでしょう。むしろ少しずつ不明であったことが明らかになるにつれて、裁判も視野に入ってくることが多いものです。

　しかし医療裁判だからといって、特別な法律が存在するわけではありません。提訴は民法の二つの条文を根拠に行います。一つは債務不履行による損害賠償請求です。治療を受けることを診療契約と考え、何らかのアクシデントが生じた場合、契約不履行、法律的には加害者側に債務があり、それが履行されないという形になります。この請求権の時効は発生の事実確認から10年となっています。この10年の数え方ですが、当初は医療被害とは考えていなかったものの、何らかのことで被害を知ることとなったという場合もありますので、それを知ることになった経緯は、事実をよく聴いたうえで判断する必要があります。もう一つは不法行為による損害賠償請求です。こちらの請求権の時効は損害の事実を知ってから3年。発生から数えれば、20年となっています。このことは、治療が終わっても、実は患者側が「医療事故」であることを知る前の時間的猶予が与えられていると考えてよいと思います。

いずれにしても MSW のところに相談にみえる場合は、最初から裁判希望ではありません。MSW に相談に来るのは、亡くなっておられるなら死亡原因を知るにはどうしたらよいのかであり、相手の病院と話し合いをしようと思うが、どのようにしたらよいのかといった内容になると思います。このような相談で大切なことは、カルテの開示請求とレセプトの開示請求です。つまり、仮にそれらが事実でないかもしれないと思われても、議論はそこに書かれていることを事実として展開することになります。ですから書かれていることに疑問をもったら、書かれていることが事実ではないということをどのように崩せるのか、そのような作戦を立てざるを得なくなると思います。それでも、この二つの資料入手が医療事故では出発になります。ただし、日本では、その二つの資料入手が法律で保障されてはいませんが、開示に関する「ガイドライン」は作られています。

第2原則：現場確認の原則

　この原則は、第1原則と似ていますが、同じように正確な情報を収集するに際して、自分の目で見て、自分なりに判断する必要性を原則としたものです。
　MSW の動きは、いくつかのケースを同時に受けながら、更に院内 PHS などでケース依頼があることも多いものです。その依頼が例えば転院の依頼であったとします。大変な忙しさの中で受けた依頼に、医師から受けた病状説明だけを根拠に家族と面接してしまうこともあるかもしれません。しかし、患者さんに会うことなく先に家族に会うのは、情報不足で面接することになり、極めて不適切な対応と言わざるを得ません。医師から病気の説明を聞いても、転院先を考えるためには、併せて現在の病態像を知る必要があります。
　ここでいう病態像とは、食事はどのような形で摂取しているのか。排泄はどのように行われているのか。意識レベルは問いかけにどの程度反応するのか。移動は車椅子なら大丈夫なのか、ストレッチャーでないとだめなのか。褥創の有無はどうなのか。入浴はしているのか、それとも単に清拭だけなのか。リハビリの可能性はどうなのか。などを本人に会い確認することです。そのうえで、看護師からの情報も併せてもっておく必要があるのです。なぜそのような情報

をもつ必要があるかといえば、『第２回転院調査報告書』(「転院問題を考える会」発行。第１回、第２回の調査。同会のホームページで確認できる)によれば、家族は寝たきりに近い病状でも「リハビリ」をやればもっと良くなるのではないか、あるいは、積極的な治療を続ければもっと良くなるのではないかと考えていることがわった、と報告されています。つまり、本人の病態像を知らずにすぐに家族に会えば、そうした家族の希望がニードとして確認され、場合によっては直ちに修正せざるを得なくなる可能性が出てきます。

　つまり、相談の信頼関係を築くためにも、面接の当初から、必要な情報を入手したうえで家族に会うことが必要だということです。

　また、自宅復帰を希望する方に、MSWが自宅を見ることなく復帰させてしまうと大きな誤りを犯す場合もあります。回復期リハビリテーションでは、このことはルーチンワークになっていますが、回復期リハの対象者だけでなく、仕事の仕方として身につけることが必要です。単身者の復帰であれば当然自宅の様子を見ることがルーチンワークとなっていると思いますが、家族がいる場合には大丈夫なはず、といった先入観で自宅を確認しないことがよくあります。しかし、家族の有無にかかわりなく、何かの準備をしての復帰の場合には、あらかじめ自宅への訪問をルーチンワークにすべきだと思います。何かの準備とは、経管栄養セットを必要とする場合、人工呼吸器や在宅酸素を必要とする場合、家屋改造を必要とする場合などです。

　また、職業病の労災申請などでは、働いている現場を見ることは「自己意見書」を書く際に大切なポイントです。更に可能であれば、そこで働いている方々に話を聴くということも、より充実した意見書を作るためにあってよいことだと思います。転院の相談などでも、限界はあるものの、ワーカーが提示した医療機関を家族が実際に見に行っていただくことは、しないよりは良いと思います。ただ、医療機関というのは外面的に見ても中身まではわからないことが多く、入院してみて細かなことがわかることもあり、見学することでわかったはずといった理解は適切とは思えません。むしろ、提示する医療機関の情報を、これまでに転院された患者さん・家族からの情報を密に収集し、同じ医療機関でも反応が違う実態までを含めて提供できるように、日ごろの情報収集が大事なのではないかと思います。

第3原則：法的根拠確認の原則

　社会福祉の仕事は、法律を基本として成立していることを認識するための原則です。そのうえで、更に頭に入れておくべきことは、その法律は国の法律なのか、あるいは、施行規則なのか、細則なのか、それとも法律ではない、通知とかガイドラインなのかを確認する必要があります。また、都道府県レベルの条例なのか、市区町村でつくられた独自の条例なのかを知る必要があります。もう一つ大切なことがあります。この法律を駆使して実際の行政運営を行っている官僚の皆さんは、末端の役所であっても、常に法律によって行動が縛られているということです。縛られているということは、公平性が絶えず求められているのであって、その制約の限りにおいての対応であれば非難される理由はどこにもありません。ところが、MSWの多くは、法律に精通していない場合が多く、患者さんはもっとわからない。よくわからないという場合、たとえば国会を通ったものだけが法律ではなく、それを実際に運用する規則とか細則とか、適用対象を決める政省令なども法律ですから、そこまでくるとほとんどわからなくなります。

　また、2000年4月1日に施行された「地方分権一括法」は、それまで通達行政で国から末端の地方自治体に一本の通達で指示をして国の意志どおりに行っていた行政事務が、この法律の施行によって、地方自治体の自治権（分権）が重視されることとなり、必ずしも国に右倣えしなくてもよくなったのです。言い換えれば、独自の判断ができるようになったということです。従って、現在の地方自治体が行う事務は、国から依頼され、それを末端行政として行う「受託事務」（従来の機関委任事務に相当するもの）と、独自の判断で行うことができる「自治事務」の二種類になったのです。しかもこの受託事務は大幅に少なくなりました。この国との関係とは別に、地方自治体が独自に法律を制定するものもあります。これを「条令」と称していますが、社会福祉の関係でも、制度が利用できるのか、できないのかという場合、既述のようになかなか複雑であるため、末端事務官僚の言い分に、なんとなくわからないまま納得してしまっているMSWの実態があるように思えます。

筆者の経験では次のようなことがありました。生活保護を受けている方が、担当者に転居の申し出をしました。担当者は「転居には20以上の転居承認の理由があり、それに該当しなければ、転居費用は出すことができない」と言い、相談者はこれでは転居することはできないがどうしたらよいのかと、相談にみえました。筆者はおかしな話だと思い、担当者に電話すると、「転居を承認できる理由が20以上あるが、そのどれかに該当すれば転居は認められる」というのです。相談者は、そのように解釈しておらず、それら全てに該当しなければ転居はできないと思い込んでいたのです。もう少しわかりやすく説明をしてほしいと思いましたが、そのように言葉の理解の齟齬でトラブルになることもあります。

　また、こんな相談を受けたこともありました。身体障害者手帳の2級を所持している65歳の方が相談にみえ、「これまでは自立支援法でのヘルパー派遣などの援助を受けていました。ところが、65歳になったとたん、役所から、65歳になると必ず介護保険に移行しなければならないので、介護保険を申請してください、と言ってきました。しかし、私は障害者としてケアをずっと受けて生きたいのです。どうにかならないのでしょうか」という相談です。そこで、担当者に電話してみました。65歳になるとどうして介護保険に移行しなければならないのですかと。すると、担当者は「国からの通達でそのようになっているのです」との答え。その通達を教えて欲しいというと、「自分にはよくわからないが、そのような通達が来ていると、聞いています」との返事。筆者は直ちに厚生労働省に電話しました。そこでわったことは、地方分権一括法施行の結果、一方的に通達で国の意向を指示することはできなくなったこと。といって国としては、従来どおり国の意向を通したい場合の方法を法律違反にならない範囲で新しい方法をつくったのでした。それが「技術的助言」というものです。この場合の事例で言えば、65歳になったら介護保険の申請をして、そちらに移行するように促す通達を出しました。公文書「障企発0328002号」「障省発0328002号」（平成19年3月28日発出）の2本です。この文書のはじめのほうに「この文書は技術的助言です」という文言が入っています。要するに、そのようにやって欲しいけれど、その判断は地方自治体が独自に決めることで、そのためのこの文書を一つの方法として提示するので参考にして下さい、とい

う意味合いがこめられている通知文なのです。ですから、相談にみえた方が居住する区がこの通知をどのように判断したのかを調べてみました。すると、その区はこの通知を受けて「介護認定審査会」の運営要綱まで変更させ、この通達を受け入れていることがわかりました。ここまでわかって、相談者に説明し、ご納得いただきました。

　現場の仕事の中には、行政運営がどのようになっているのかがわからないために、行政に確認することも多くあります。そのような場合、官僚の回答がいつも正しいとは限らないということです。すべてを確認する必要はないと思いますが、自分の常識で考えて何かおかしいと思ったり、不公平な部分があるのではないかと思った場合、答えた担当官僚にその法的根拠を問うことが必要です。制度といえども、人間がつくったものです。そこに知らない間に不公平が生ずることもあるでしょう。あるいは、官僚が法律的根拠がないのに、先輩からの言い伝えで、それを厳守していることがないとは言えません。従ってMSWが行政とやりとりするとき、行政担当者の言い分が何の根拠に基づいてのことであるのかわからないまま鵜呑みにすることがないよう、どの法律に基づくものか、どの通達に基づくものかを確認することを原則としました。その通達なり、法律が手元になければ、FAXなどで送ってもらい、確認のうえで折衝することも必要でしょう。これによって、行政担当者と議論がしやすくなりますし、もし、担当者が話の内容からよくわかっていないと思えるときは、上司を電話口に出してもらうこと。それでも納得できない場合は、その上の上級機関に確認すること。そのような経過でも、患者さん・家族が依然納得がいかない場合は、裁判という方法もありうることを明示し、その希望に沿って対応することが必要です。

第4原則：労働内容確認の原則

　病気と仕事は極めて強い関連性をもっています。これまでの大学教育では面接時に「職業」を訊くのは、社会復帰するときに考慮すべきことの一つ程度にしか理解されてきませんでした。しかし、職業を訊くというのはそのことよりも、その人の病気と仕事に因果関係がないのかどうか、これを知るために必要

なことなのです。つまり、「労災・職業病」への認識をもって最初の面接段階で職業を訊く、さらに職業だけでなく、病名から類推される場合は、取り扱っている物質を訊く、あるいは作業の動作を訊く、脳血管や心臓疾患などでは残業の様子なども訊く。更に現在の職業だけではなく、過去どのような仕事をされていたのかも大変重要になります。それは遅発性の病気があるためです。

　例えば、炭鉱とかトンネル掘りのような明らかに粉塵に曝露されるような仕事、あるいは、工場などでも溶接の仕事を長年されていたような場合には、30年後くらいになって初めて「じん肺」という病気が起こってきます。あるいは、かつて建築関係の仕事をしていたり、建物を解体する仕事に就いていたり、船舶や旧国鉄でボイラー関係の仕事に従事されていた方々は、アスベストを混ぜて外壁に吹き付けたり、それを壊したり、アスベストがそんなに危険なものと知らずにボイラー本体や周辺を掃除するなかで曝露を受けることがわかっています。それが40年近く経って初めて「アスベスト肺」「悪性胸膜中皮腫」「アスベストが原因の肺癌」「びまん性胸膜肥厚」「良性石綿胸水」等というアスベストに特有の病気が生じることがわかっています。アスベストの場合、2005年6月に明らかになったクボタの「旧神崎工場」からのアスベスト曝露によって地域住民が発症したアスベスト関連疾患のように、細かく聞いても本人がどこでアスベストに曝露されたのか、全く不明という場合もあります。不明の中には、住まいの近くにそうした工場や会社の有無を調べるだけでなく、アスベストに全く関係がない仕事をしていたのに、仕事をしていた建物にアスベストが吹き付けられ、時間経過のなかでそのアスベストが剝がれ、空中に浮遊したために、曝露を受ける場合もあります。

　大切なことは、本来医師のところでこうしたことが確認されていれば、MSWのところで真剣に聞く必要はないのかもしれません。しかし現実は、医師は大部分、病気の診断や治療に一生懸命であり、その病気は仕事が原因で起こり、労災の申請をしようとまで考える余裕はないと言ってよいでしょう。時間的余裕だけでなく、医学教育の中に仕事と病気の関係を学ぶ講座が、産業医大など限られた大学でしか行われていない現状では、MSWが患者さんにとって最後の砦ということになっているのです。

　多くのMSWは、労災事故なら当然労災保険の利用という形で、違和感はな

いと思います。が、職業病となると、尻込みするMSWが少なくないように思います。つまり、その方の病気と仕事が関係があるのかないのか、よくわからないし、そのことを問われても医師に訊いて欲しい、と思うMSWが多いと思います。しかし、医師とて既述のようにあまりよくわからないといえます。その意味では、MSW自身が労働の実態を知る機会を多くもつ必要があるでしょうし、取り扱い物質と病気の関係を学ぶ必要があると思います。

相談事がどのようなものでも、仕事を訊くということを原則にしたいものです。

第5原則：法律を武器にする原則

社会福祉の仕事が法律によって規定されていることは明らかなことですが、ソーシャルワークの動きもこの法律を根拠にしながら動くことをいつも意識して従事してほしいという意味で原則としました。

様々な相談のなかで、行政を相手に何らかの申請をし、国民にとってその申請が生活上、あるいは医療を継続して受けるうえで、「行政手続法」「行政不服審査法」「情報公開法」「個人情報保護法」が特に重要です。この四つの法律は関連した法律といえます。行政手続法は、国民が申請手続きをしたものを決定する流れをガラス張りにすることを目的につくられました。ガラス張りというのは単に外からよく見えるようにするという意味だけでなく、一方的な決定ではなく、国民への行政事務の公平性が確保されていることが外部からわかるようにするということです。そして万一行政の決定が不公平であると感じたり、申請が認められなかったことに納得できない場合は、不服の申立てができる制度が、行政不服審査法に基づく申立てです。そして不服申立てを行う場合、行政がいろいろな調査をしたうえで決定した、その調査内容を知ることによって行政決定の不公平さや、納得いかない内容が明らかになる可能性をもっています。情報公開法では、行政機関の職員が職務上作成し、行政が保有する「行政文書」の開示を誰でもすることができるようになっています。少し具体的な例で考えてみましょう。

超過滞在の外国人が、あらかじめ入手しておいた「入院助産」や「養育医

療」や「育成医療」の申請をしようと保健所や福祉事務所に行ったとします。役所は、健康保険のない人は受け付けられません、とか在留カードがなければ受け付けられませんと言うかもしれません。しかし、行政手続法では、その7条で受付そのものを拒否することはできず、受け付けたうえで、不備な部分がある場合は補正を求める期間を設けて提出してもらうとしています。最近超過滞在外国人の「入院助産」「養育医療」などが受けにくいという話を聞きます。しかし、すでに2000年に「児童福祉、母子保健、身体障害、予防接種に関する質問主意書」が出され、森内閣はこれらについて、日本人と同様の利用を閣議決定して政府見解として明らかにしています。そうすると、最近の動きは書類を提出すること自体が拒否されていると考えられます。明らかに行政手続法違反の行為です。このことを知っていれば、当然強く抗議し、受付を求めるべきだと思います。

　行政不服審査法は、ある法律を国民が利用する際、法律本体に不服申立てができるという条文を書き込んでいる場合とそうでない場合があります。仮にそうした条文がなくとも、行政不服審査法は適用されます。相談の中で想定されるものは沢山あります。筆者がこれまで行ってきた不服申し立ての実例を以下に列挙してみます。

　①生活保護の廃止に対する申立て、②労災保険の申請及び障害年金等級決定に対する申立て、③国民年金・厚生年金の障害年金の等級変更に対する申立て、④身体障害者手帳の等級変更に対する申立て、⑤国民健康保険への移送費申請に対する不支給への申立て、などです。

　情報公開法において大切なことは、国が保有する自分の情報開示を求めることができることです。具体的には労災申請をしたとします。それが業務外の決定がされた場合、労働基準監督官がどのような調査をして、そのような判断をしたのかを知り、不服申立ての重要な根拠にすることができます。不服申立ては2回できますが、最初のものを審査請求、2度目のものを再審査請求といいます。つまり、裁判と同じで、3回審査してもらえるということです（注・行政不服審査法は2016年までに2回の審査に変更される予定です）。

　2回目と3回目は、裁判における判決文のような「裁決書」という文書が出されます。その裁決書には最初に不支給決定を出した監督署の意見と自分が

提出したいろいろな意見書が監督官によって吟味され、何故そのような結論になったのかがわかるように書かれています。ところが、最初に監督署に申請したことに対する決定文書は、2回目、3回目のような裁決書はありません。書いてあるのは「労災保険法〜条に該当しないと考え不支給とする。」といった極めて不親切な内容なのです。これでは、何故不支給になったのかがわかりません。監督署は、理由を聞きたければ、直接聞きに来なさい、と横柄です。もちろん止むなく聞きに行きますが、それだけでは、全体像が見えません。それで、情報公開法を使って監督官が集めた資料とその判断を行った「復命書」の開示を求めるのです。そこで初めてどのような調査をし、どのような判断をしたのかがわかるのです。

　個人情報保護法は、特に相談者が医療機関と争いごとになったような場合、本人の受けた治療を知る有効な方法です。ただし、残念ながら、法律的には「カルテ」や「レセプト」などの診療の情報は、現時点では、法律を根拠に開示請求できるようにはなっていません。その代わりと言ってはおかしいですが、「診療情報開示ガイドライン」というものが作られており、亡くなった患者さんの情報も、同じように請求できるようになっています。

第6原則：即応性の原則

　相談ケースの中には、直ぐに対応しなければならないものと、それほど慌てなくともよいもの、少しずつ進める必要のあるもの等があります。1ケースずつ余裕をもって対応できるのであれば、こうした判断は必要ないでしょう。しかし実際は、いくつもの相談を同時に抱えていることが一般的です。ここでは、直ちにスピード対応が求められるものを意識する必要性を原則としました。例えば、生活保護の申請は、入院などで本人が福祉事務所に赴けない場合、医療機関からの電話で申請の意思を伝えて、生活保護の決定があった場合、連絡日にまでさかのぼって支給されます。連絡が1日遅れれば、医療費なり、生活費はその分支払われないことになってしまうわけですから重要です。他にも、最近の諸制度の申請は、申請書が保健所に届いた日をもって対象となるものが増えています。それらをいつも意識の中に明確にさせておく必要があります。ま

た、障害年金の申請も忘れがちですが、1年6カ月経過しておれば申請が可能なので、そのような情報は漏れなく患者さんに伝えるようにしたいものです。

医療費や生活費以上に即応性が求められるのは、入院先を探さざるを得ない場合です。例えば、外来に見えている患者さんが直ちに入院する必要があるが自分の病院にベッドがない。あるいは、二次救急で夜間は入院していたものの、自分の病院の一般病床は確保できず、午前10時頃までには入院先を探さざるを得ないという場合です。生命にかかわるこうした相談は、他にどのような相談が来ようと何より第一に対応せざるを得ません。

第7原則：あきらめるなの原則

ソーシャルワークを進めていくなかには、制度上どうしても認められないことに出会うことがよくあります。例えば、外国人への医療費の問題やビザ取得の課題など、制度上は認められていないというものです。しかし、生活の大変さ、困窮状況、これらを訴えることで、何度か交渉するうちに、道が開けてくるということがあります。外国人に限らず、制度上対象にならないというだけで、諦めず、生活実態を訴えることで粘り強く交渉することが大事であるという意味で原則としました。

筆者の経験ですが、生活保護を受けている方が癌のため喉頭を切除し、人工喉頭に変えなければならなくなりました。その際当初は患者さんが福祉の担当者とやり取りし、人工の喉頭器を購入したようです。ところが使い始めると、どうも上手くいかない。電気を充てても充分に声が出ないということがわかり、ST（言語聴覚士）に相談したところ、機器に2種類あって、彼の場合はもう一つのほうでないと声は出づらいということがわかりました。しかし、既にお金は支払われており、必要な器械を入手する交渉を頼みたいと、STが私の部屋にやってきました。既に使っているものが古くなったから買い替えたいというのと違い、買ったばかりのものが使えなかったから別の物に替えたいというわけですから、随分勝手な話なのです。福祉事務所との交渉はかなり時間がかかりました。確か3～4時間もかかったと思います。買ったものが役に立たず、余計な出費は不適切というなかで、担当者も上司と何度も話してくれて、「私

どもでもそうした違いを知らなかったという反省を込めて、今回は高い授業料だと思いますが認めましょう」と言ってくれました。

　さてこの原則を別の観点から見てみますと、患者さんとの面接のなかで「これしかない」というような発言を慎むべきことをも示唆しています。例えば転院相談において、気管切開をしている患者さん、あるいはMRSA（メチシリン耐性黄色ブドウ球菌）や多剤耐性菌がついていて、どうしても転院の仕事を進めなければいけない場合、確かに少ない受け入れ可能な病院を提示して「これしかないんですよ」という言い方をしがちです。しかしそうした発言は、MSWの限界をただ露呈しているに過ぎないのではないでしょうか。「これしかない」という言葉の中には、どの程度までを調べたのかが問われています。転院の相談では、多くが同じ相談室仲間からの情報であったり、知り合いからの情報であったり、限られたところからのものであって、日頃から多くの医療機関の情報集めが必要であることを肝に銘じる必要があります。インターネットの時代に、知り合いからの情報だけで仕事をしていること自体が、既に古い方法に立って仕事をしていることを認識しなければならないと思います。いつも自分の中に別の可能性を見ようとしているか否か、その姿勢を問う原則なのです。

第8原則：直接交渉の原則

　制度が利用できるかどうかという非常に微妙な場合が現実の相談の中にはあります。しかもその微妙な部分はソーシャルワーカーの動き方によって確実なものになるか、不確実なものになるか決まるような場合があります。例えば、生活保護を受けている方が、他の区に転居したいといったような場合、福祉事務所はなかなか他区への転居を認めません。病気で他区への転居が必要であれば、医師の診断書で実現させることはあります。例えばHIVの患者さんで他区から通院しているが、薬をきちんと飲んでいるかどうか不明なため、病院のそばに転居してもらって毎朝外来に来て看護師の管理の下で服薬を確認する方法をとりたいといった場合です。しかし、病状の問題でなく、本人の希望で他区へ転居したいという場合、ケースによっては、その交渉のため、福祉事務所

に赴き、その必要性を訴えるほうが認められやすいことがあります。

　筆者の担当していた一人暮らしの生活保護の患者さんが自宅のトイレで亡くなっていたことがわかり、その後始末をした不動産屋さんから相談を受けました。その部屋を片付けるのに清掃会社に頼んで始末をしてもらったが、相当の費用がかかったので、福祉事務所に支払って欲しいと頼んだところ、断られたというのです。福祉事務所の回答には、それをお支払いできる根拠がないと言われたといいます。筆者はその話をうかがい、これは直接福祉事務所に言って話す必要があると思いました。不動産屋さんと赴いて筆者が言ったことは「法律的には支払いの根拠はないでしょうが、法外援護として検討願えないか」ということでした。しかも、他区で法外援護としてやっている区を確認し、そのやり方まで聞いて赴いたのです。初めは元気がよかった担当者と係長は、私の話を聞いて黙り初め、結局「検討してみます」の回答で、その後その費用は支払われました。このように人は、電話でのやり取りでは顔が見えないこともあって、かなり言いたいことを言いますが、顔を付き合わせるとその勢いは削がれてしまいます。電話では拒否されたものが、直接会うことで問題が解決することがあるのです。このことを考えると、ケースによっては、直接交渉することの効果を考え、これを原則とすべきと考えました。

第9原則：家庭訪問の原則

　ソーシャルワーカーにとって家庭訪問は、患者さんあるいは家族の方からの訪問要請がなければなかなか行い難いものです。しかし、家庭訪問という手段を使うことで、家族間の問題が解決までいかずとも和らぐ場合や、ワーカーとの関係が従来以上に密になり、関係が良くなるという場合があります。筆者の経験を少し話してみます。

　夫婦として50年近く一緒に生活していた子どものいないご夫婦。ご主人に慢性関節リウマチがあり、その後脳梗塞になられました。奥さんは精神疾患があり、お二人とも医療機関にかかっていました。そのお二人は毎日のように喧嘩が絶えず、ぎすぎすした関係にありました。ある時、夫から私に電話があり、妻が包丁をもって「あなたを殺して私も死ぬ」と喚いているのですぐに来て

ほしいと言ってきました。家に行くと、その通りの状態でした。夫は、「年をとってからこいつに面倒をみてもらうなんて、俺も地に落ちた」と言い、妻は「私の（リウマチから作られた傷の）処置の仕方が悪いと言って怒られる。どうしていいか、くたくたです」と言う。わたしは世話をしている妻が心身ともに疲れきっているのを感じ「明日私が食事を作りに来てあげます。待っていてください」と言ってしまいました。翌日私はクリームシチュウを作りました。3人で食卓を囲んだときに夫が言いました。「これが俺たちの初めてのレストランだな」と。

　かなり長く癲癇で通院していた60歳代の女性が、ある時主治医に電話をかけてきました。話が長くなり困った主治医が私に電話を回してきました。長々と聞いているうちに、筆者はこんなことは初めてのことだと気がつき、きっと夫婦の間で何かあったなと思いました。それで、家に訪問したいがどうかと尋ねたところ、すぐに来て欲しいとの返事。それで直ちに向かいました。そこでどういうことがあったのかわかりました。夫は八百屋で、車でいつも一緒に売り歩いていた。それが今日は夫に怒られたから行きたくなくて休んだというのでした。夫には以前お会いしたことがあり、とても物静かな語り口の人でした。そんな夫が怒るにはよほどのことがあったのでしょう。自分が悪いことも感じていたから、バツが悪かったのかもしれません。本人は後日来院したときに謝りにきました。

　家庭訪問は、病院で会うときよりも、患者さんにとってMSWに対する一層密な気持ちが醸成される場所だと思います。ただ、密な関係になり過ぎないように職業人として注意しなければなりません。その意味では、求められての訪問以外では、MSWの判断が重要になります。筆者は訪問に理由をつけないとできない訪問ではなく、ケース展開のなかでMSW自身の体が自然に訪問に反応することが最も望ましいと思っています。訪問を新しいケース展開のためのチャンスと捉え、上手に使ってほしいと思います。

第10原則：「逃げるな」の原則

　私たちは相談室にいて患者さんや家族から相談を受けるだけでなく、院内職

員から電話で依頼を受ける場合もありますし、医師や看護師が直接来室し、相談を依頼されるという場合もあります。その相談依頼があったとき、自分が不得手な相談であったり、知識を十分にもつていないテーマの相談であったり、かなり手間がかかることが想定されるケースであったり、かなり困難が予測されるケースであったりすると、できれば他のワーカーが担当してくれないかと考えるのが多くのMSWの心情ではないかと思います。医師や看護師が相談室にみえ、「〇〇のことで相談にのってほしい患者さんがいるんだけれど……」という声を聞いただけで、だんまりを決め込み、職員のほうには顔を向けず、何か仕事をしているように書き物を始めたり、本を読み何かを探しているような素振りを始めたり、急に電話をどこかにかけ始めるといった態度をとるMSWがいます。仮に病棟担当制をとっているような場合でも、外来ケースでそのようなケースが持ち込まれることはあるものです。

　MSWが複数いれば指摘したようなことが十分に起こりえますが、MSWが一人の場合でも、MSWの心の中に生ずる暗雲は同じであるといってよいでしょう。

　しかし考えてもみましょう。どれだけの人が最初から十分な知識をもってMSWの仕事をしているでしょうか。どれだけの人が困難な仕事を楽にこなすことができるでしょうか。誰がやっても、大変さは同じであるし、手間のかかり具合が、人によって随分違うということもありえないことです。要するに、このような態度をとるMSWは、単純にMSWという仕事から「逃げたい」と思っているだけなのだと思います。MSWの仕事はすべて地道な積み重ねのなかで培われていくものです。どのようなケースが来ても、ニードに沿いながら相談者の納得や確認を通して、少しずつ進めていくものです。そのプロセスにおいてMSWは当然に悩むことになります。悩むなかで、ニードを実現しようとするからこそ、あらゆる情報を可能な限り伝(つて)を使って入手しようとするでしょう。そしてその情報を基にして試行錯誤を繰り返すでしょう。やってみて、失敗も多くするでしょう。しかし、そうした後の無数の傷は、MSWを大きく成長させること間違いないと思います。言い換えれば、このような仕事の後、その人が結果として多くの知識や経験を身につけていることを自分自身で知ることになると思うのです。いつも逃げることを考えているMSWは、いつ

までたっても仕事を身につけることはできないのです。このことは、単に最初のケースを自らが担当するか否かの部分だけにあるわけではありません。ケースの展開過程において、主訴に沿うことをどこまでやりきるか、沿いきれるかを問う原則でもあるのです。

あとがき

　私たちは外国人問題に取り組むNPOの皆さんや新人MSW、学生さんを意識して「バイステックの原則」を基に、解説書ではなく、現代という時代が抱えるいろいろな問題を通して、援助者のありようを学んでいける本の出版を企画しました。これは大変つらい作業でした。つらさの最も大きな理由は、作業の出発時点では、「原則」がもつエッセンスを私たち執筆者が十分には理解していなかったことにあったのではないかと思います。

　作業は2009年から始まり、ほぼ5年間、毎月のように編集会議をしました。結局私たちは、会議に名を借りて「バイステックの原則」の勉強会を継続してきたというのが実態となってしまいました。このような出版を前提とした会議は、豊富な経験をもち、十分に原則を理解している方たちであれば、これほど長い期間はかからなかったであろうと思います。私たち7人は経験年数は異なるものの、現場経験をもつという一点のみが共通項でした。その意味では、かなり無謀な取り組みを意図したのかもしれません。

　私たちの苦境を救ってくださったのは、窪田暁子先生でした。窪田先生は会議発足の翌年にはメンバーのお一人として参加してくださり、「とても面白いので、優先的に予定表に入れるわ」とおっしゃって、ほぼ毎回、お亡くなりになる直前までご参加いただきました。私たちがどのような壁にぶつかり、それを窪田先生のアドバイスでどのように乗り切っていけたのか。この場をお借りして、先生の味わい深い一言一言を再録したうえで、私の理解を述べてみたいと思います。

　まず、「個別化」（第1章）です。個別化というと、相談者一人ひとりが違っていることを援助者は認識していなければいけないと発言した執筆者に対して、先生は次のように発言されました。「相談内容を十把一絡げにして認識するのはよくないが、その相談は百人百通りだと認識するのも誤りである」と。では

どうしたらよいのか。それは「相談者のこの年齢、この時代、この職業、この家族構成、など常に一般的な状況を念頭においたうえで、ケースのもつ特徴や特殊性を浮き彫りにしていくことも大切です。そこにその人のこだわりや、しがらみといったもの、あるいは人との関わり、社会とのつながりなど、その人そのものが見えてくるものです」と。つまり相談者の多くは、自分の抱える問題を特殊なものという思い込みをもって来所する傾向があるという認識をもったほうがよいだろうということです。だからこそ相談を相談者一人ひとりのディティールにだけ沿って対応するのでなく、個別化のために一般化をしながらケース全体を捉える必要があることを、私たちは学んだのでした。

続いて「意図的な感情表出」（第2章）。援助者として意図的な感情表出を考えなければならない相談者の多くは、相当な苦しみの中にあっての相談であると考えられます。先生は来談者がそうした相談者であるのかどうかを見ていくポイントとして、「非言語的」な部分への注意がとても大切であると語り、その例として、相談者の「言葉に付随する音声的な部分」である、「声のトーン」や「大きさ」「抑揚」から相談者の感情を通じて、相談内容の重さを理解することであるとおっしゃいました。一方、援助者側にとっての「声のトーン」「大きさ」「抑揚」なども重要で、その声の反応の仕方で、相談者の気持ちに変化が出てくる場合もある。だから援助者としてもどういうときにどういう反応をするのが適切なのかを学ぶために、「ドラマツルギー」を勉強するとよいとアドバイスをいただきました。

ドラマツルギーとは演劇理論とか演劇をどのような手法を使えば、より効果的かの技法などを指します。巻頭言に書かれている先生の最後の言葉も、こうした先生独特の認識の中で語られたものだと思います。

次は「受容」（第3章）。編集会議の中で、この「受容」の章で書いてほしいのは、援助者としての価値観と相談者の価値観に違いがあるなかで、相談者を受け入れていくことの困難さをどうするのか、読者にどう提案していけるのか、ということに尽きるとの意見がありました。執筆者からは、相談者を理解することと、自分自身を理解することであるとの発言がありました。

これに対して先生は、恩師ジゼル・コノプカの発言を引いて、ご自分が受容するときの手掛かりにしていることについて話してくださいました。「それは人間であるということ」。もう少し説明を加えれば「どんなに聖人君子と思われているような人でも、人間以上ではないし、人間以下の存在でもないということ。そのことを知っていなければいけないということ」。そのことは、先生の、わからないことをわかりたいとするときのエネルギーになっているというお話でした。そして人間存在としてのその人を理解しようとすることについて、一行くらい付け加えたらどうか、と提案されました。

　続いて「非審判的態度」（第4章）。非審判的態度の検討の中で、援助者が患者さんの考え方や行動を褒める場合と患者さんの訴えに共感して発する言葉との違いがなかなか明確になっていないということが議論になりました。褒めることは審判的態度であるが、共感することは非審判的態度であるとして、窪田先生は次のような例で、その違いを説明してくださいました。
　教育や保育の現場で、先生が「みなさん手を洗いましょう。手を洗ったら見せに来てください」と言って、子どもたちが洗った手を先生に見せにくる。その時、子どもにどのような言葉をかけるか。「きれいに洗えてるわね」と言ったら、評価をしていることになる。しかし、子どもの手をとって、その手を自分の顔に当て「石鹸のニオイ、とっても良いにおいね」と言ったとすれば、結果的には評価していることになるが、その場面では、評価したわけではない。あるいは相談者が介護の大変さを話すとき、「よく頑張りましたね」よりも「そんなに頑張って、あなたのお体は大丈夫でしたか？」とか、それが前の出来事であれば「その当時を振り返ってみて、今はいかがですか？」という表現のほうが評価をしていない言い方になると話されました。

　次に「自己決定」（第5章）。「自己決定の原則」では、2種類の自己決定の形があるのではないかとの議論がありました。一つは問題解決にあたって、援助者がいくつかの選択肢を提示し、その中から相談者が一つを選ぶという形の決定の仕方。この場合の問題は、援助者側がどの程度の努力のなかで選択肢を準備したかが重要で、その努力次第で選択肢そのものが変わってしまう可能性

があるということです。そこでは、不十分な準備による選択肢提供による相談者の決定も自己決定と考えてよいのか、という提起をされたのです。もう一つは選択肢には関係なく、自分自身の今後をどうするかに対する自己決定があるということです。

　この対立しているようにも見える自己決定のありようについて、先生は次のように発言されました。「私はとてもシンプルに、誰も他人の運命を決める権利はない」というのが自己決定のエッセンスであると。要は、決定するにあたって何からも、誰からも圧力がかかっていない状態で相談者が決めることを自己決定というのであって、それ以前の努力がどうであったかまで含めて考えると、そもそもどれだけ努力をしたら自己決定をするに十分な状態といえるのかどうかすらわからないということになり、そこに新たなスケールが必要になってしまうということなのだろう、と私は理解しました。

　最後は「秘密保持」（第6章）です。相談業務において秘密保持が大切な原則であるとは誰もが認識していることですが、では何故、MSWが相談者本人の秘密に深くコミットできるのかという議論をしていたとき、先生は次のように整理されました。「人は自分に関する情報の主人公である。しかし、ソーシャルワーカーはそこに踏み込まないとできない仕事である。だから秘密を守る義務がある。そして本人は自分の情報が誰にどのようなことまでを知られているのかを知っている権利がある」と。秘密保持のエッセンスがここにあると、私たちは認識することになりました。

　「原則」ごとに窪田先生からいただいた言葉のエッセンスをここに抜き出しましたが、こうした有益なアドバイスは他にも実にたくさんありましたが、残念ですがここでは書ききれません。こうした多くの示唆をいただいて、それぞれの章の執筆者が充分な展開でエッセンスを書き伝えることができたかどうかは、読者の皆様の判断にゆだねるしかありません。執筆は全員で議論を尽くした結果ですので、責任は参加者全員にあります。

　さて、現在の多くの相談現場では、じっくり時間をかけて相談・援助をする

というより、地域の中にいろいろな機能をもつ機関がつくられ、それらが連携して問題の解決にあたっていくスタイルが一般的になってきています。そのことは、自分が所属する機関はある問題を受けもつ機関という、狭い仕事の範囲しか想定しない相談員をつくり出す可能性をもっているともいえます。ソーシャルワークは歴史的にも現在においても、声として社会に届くことのできない小さな声を代弁して届ける役割があることを再認識しなければなりません。言い換えれば、生活者のある部分の問題に接しながら、結局、生命(いのち)のありようを相談者と共に考え、社会に訴えていく仕事といえます。この役割を果たそうとする多くのソーシャルワーカーに本書が読まれ、活用され、そして多くのご批判をいただくことができれば、私たちもまた新しい一歩を踏み出すことができると思います。

　最後になりましたが、最初から最後まで会議に参加され、適切なアドバイスをいただいた現代書館の小林律子さんに、感謝と共に御礼申し上げたいと思います。

　2015年2月10日

　　　　　　　　　　　　　　　　　　編集委員会を代表して　高山俊雄

❖執筆者紹介

安仁屋衣子（あにや・きぬこ）
精神保健福祉士、医療ソーシャルワーカー。三宿病院（1990年～93年）を経て、93年～現在、全国土木建築国民健康保険組合厚生中央病院勤務。東京都医療社会事業協会理事（2007年～）、自殺総合対策東京会議ハイリスク者等対策分科会委員（2013年～）。共著に『How to 生活保護』（東京ソーシャルワーク編、現代書館）。

伊藤正子（いとう・しょうこ）
医療法人財団健和会みさと健和病院 医療ソーシャルワーカー（1996年～99年）。山梨外国人人権ネットワーク・オアシスにて相談活動に参加（1999年～2004年）。高崎健康福祉大学健康福祉学部（2003年～05年）を経て、2005年～現在、法政大学現代福祉学部教員。

大川昭博（おおかわ・あきひろ）
1987年横浜市に社会福祉職として入職。現在は保土ケ谷区福祉保健センター課長補佐。「移住労働者と連帯する全国ネットワーク」運営委員。神奈川県「多文化ソーシャルワーク講座」検討委員・講師。

鶴田光子（つるた・みつこ）
社会福祉士、医療ソーシャルワーカー。聖マリアンナ医大病院鶴巻温泉病院勤務、北海道医療大学、静岡英和学院大学教員を経て、現在、鎌倉リハビリテーション聖テレジア病院勤務。NPO法人MICかながわ役員。神奈川県「多文化ソーシャルワーク講座」検討委員・講師。共書に『新訂　保健医療ソーシャルワーク原論』（相川書房）、『滞日外国人の実践事例から学ぶ　多文化ソーシャルワーク』（中央法規）等。

山名友紀子（やまな・ゆきこ）
社会福祉士。1990年～児玉経堂病院、あそか病院を経て、牧田総合病院医療ソーシャルワーカー（1998年～2014年）。共著に『How to 生活保護』（現代書館）。

山根珠妃（やまね・たまき）
社会福祉士、認定医療社会福祉士。伊勢崎福島病院（1997年～99年）を経て、1999年～現在、葛飾赤十字産院勤務。

❖編著者紹介

高山俊雄（たかやま・としお）
1945年生まれ。
1971年、東京都に入職。医療ソーシャルワーカーとして都立病院3カ所に勤務。
現在、ひらの亀戸ひまわり診療所勤務。
著書に『50のケースで考える医療ソーシャルワーカーの心得』（現代書館）、共著に『すべての外国人に医療保障を』（発行・海風書房、発売・現代書館）、『医療サービスを上手に使う本』（時事通信社）がある。

現場で磨くケースワークの技――「バイステックの原則」を基に

2015年3月10日　第1版第1刷発行

編著者	高山俊雄
発行者	菊地泰博
組版	具羅夢
印刷	平河工業社（本文）
	東光印刷所（カバー）
製本	越後堂製本

発行所　株式会社　現代書館　〒102-0072　東京都千代田区飯田橋3-2-5
電話 03 (3221) 1321　FAX 03 (3262) 5906
振替 00120-3-83725　http://www.gendaishokan.co.jp/

校正協力・電算印刷
© 2015 TAKAYAMA Toshio Printed in Japan ISBN978-4-7684-3536-6
定価はカバーに表示してあります。乱丁・落丁本はおとりかえいたします。

本書の一部あるいは全部を無断で利用（コピー等）することは、著作権法上の例外を除き禁じられています。但し、視覚障害その他の理由で活字のままでこの本を利用できない人のために、営利を目的とする場合を除き、「録音図書」「点字図書」「拡大写本」の製作を認めます。その際は事前に当社までご連絡ください。
また、活字で利用できる方でテキストデータをご希望の方はご住所・お名前・お電話番号をご明記の上、右下の請求券を当社までお送りください。

活字で利用できない方のためのテキストデータ請求券
『現場で磨くケースワークの技』

高山俊雄 著
50のケースで考える 医療ソーシャルワーカーの心得
――時代と向き合う実践記録

何のために医療の場に医療ソーシャルワーカーがいるのか。五百床超の大病院にMSWとして初めて配属され、一人でてんてこ舞いした新人時代から四十年。ベテランワーカーの経験と知恵を集積させた「ソーシャルワーク原則」が出来上がるまでの五〇の事例集。新人ワーカー必携。1800円＋税

柴田純一 著
プロケースワーカー100の心得
――福祉事務所・生活保護担当員の現場でしたたかに生き抜く法

毎年、市町村での異動のたびに〝貧乏くじ〟扱いの生活保護担当員。憲法で保障された「健康で文化的な最低限度の生活」を支える生活保護の最前線で働く人々のあまりにも「貧しい」実態を改善し、制度に則した現場対応のための実践的知恵とノウハウ、理論。新人ワーカー待望の書。1800円＋税

東京ソーシャルワーク 編
How to 生活保護【生活保護法改定対応版】
――申請・利用の徹底ガイド

戦後初の本格的生活保護法改定に対応し、制度の仕組み、申請・受給の流れ、窓口の申請抑制や理不尽な対応に対するアドバイス、高齢者・障害者・女性・野宿生活者・外国人の利用法、医療とのかかわりを現場の担当者が詳解。制度に則った現場対応の原則を提言。詳細なQ＆A30問付き。1000円＋税

山口道宏 編著
「申請主義」の壁！
――年金・介護・生活保護をめぐって

年金、介護、施設利用、生活保護、高額医療費還付も保育所まで、政策決定してきた制度利用は申請しなければ何も始まらない。しかし制度は複雑で、日本の福祉制度のように申請すらさせない給付抑制が行われている。高齢化社会で制度利用困難者が増えるなかでの申請主義の弊害を暴く。1700円＋税

加藤真規子 編著
精神障害のある人々の自立生活
――当事者ソーシャルワーカーの可能性

医療・福祉の専門職や家族が利害を代弁し、当たり前の生活、権利を奪われてきた精神障害があるワーカーとしてピア（仲間）による自己決定支援、地域生活支援に乗り出す。日・米・加の当事者インタビューから、語り合い、体験的知識を分かち合うセルフヘルプ活動の可能性を追求。2000円＋税

竹端寛 著
権利擁護が支援を変える
――セルフアドボカシーから虐待防止まで

日米の権利擁護機関、セルフアドボカシーの実践例を含め、当たり前の生活、権利を奪われてきた精神障害や知的障害のある人の権利擁護をセルフアドボカシー、システムアドボカシー、そして社会福祉実践との関係から構造的に捉え返す。当事者と支援者が「共に考える」関係性構築のための本。2000円＋税

庄司洋子・菅沼隆・河東田博・河野哲也 編
自立と福祉
――制度・臨床への学際的アプローチ

障害者、高齢者、ひとり親家庭、生活保護利用者等の福祉対象者が、パターナリズムの下に置かれ、自律性を奪われてきたことを規範・制度・臨床面から検証し、社会福祉実践、ソーシャルワークがどう自立／自律支援に向き合うのかを展望する。2300円＋税

（定価は二〇一五年三月一日現在のものです。）